_____ 은/는
무조건 합격하는 공부만 한다

이윤규 변호사의
공부법을
먼저 접한 이들의 후기

오늘 변호사 시험 초시 합격했습니다. 학원이나 인강 들을 형편이 안돼서 막막했는데, 변호사님 공부법 덕분입니다. 이 공부법을 몰랐다면 정말 많이 헤맸을 거예요.
_WaveO**

4개월 동안 1차 준비하고, 한 달 동안 2차 준비해서 임용시험에 최종 합격했습니다. 저도 이런 후기를 얼마나 남기고 싶었는지요. 변호사님 덕분입니다. _Bell Ep****

이번에 공무원 시험 5급 공채에 최종 합격했습니다. 공부법으로 고민 많던 때에 변호사님 강의가 큰 도움이 되었습니다. 시험공부에 대한 제 시각을 바꿔주셔서 감사합니다.
_금*섭

변호사님 영상 보면서 마인드 컨트롤하고 공부했는데 오늘 본 학교 시험에서 1등 했습니다.
_이*재

45살에 변호사님 영상 보고 이번 공인중개사 합격했네요. 일하면서 짧은 시간에 합격했습니다. 다들 어떻게 이렇게 짧은 시간에 합격했냐고 놀랍니다.
_김*현

공부 초기에 변호사님 강의를 접하면서 듣고 있던 기본 강의 때려치우고 바로 기출문제집부터 공부했습니다. 그리고 올해 국가직 9급 합격했습니다.
_장*은

항상 8~9등급이었던 제가 일과 병행하면서도 3주 만에 전기기능사 필기시험에 합격하게 되었습니다. 변호사님 아니었으면 몇 개월이나 공부했을 거예요. 제게 기적을 주셔서 정말 감사합니다.
_박*민

변호사님 강의가 저의 공부 가치관과 인생을 바꿨고 제 목표를 달성하게 해주었습니다. 기간제 교사로 일하면서 임용시험을 준비했음에도 안정적으로 합격할 수 있었습니다. 저도 좋은 선생님이 되겠습니다.　　　　　　　　　　　　　　　　_이*진

인풋과 아웃풋에 대해 정확히 이해할 수 있었던 시간이었습니다. 이렇게 섬세한 포인트들이 있는지는 몰랐습니다.　　　　　　　　　　　　　　　　　　　　_이**

서른 넘어 도전한 경찰공무원 시험, 인강 듣지 않고 1년 만에 최종 합격했습니다. 변호사님 공부법 강의 들으면서 처음 접하는 과목들도 무리 없이 해낼 수 있었습니다. 꿈을 이루게 해주셔서 감사합니다.　　　　　　　　　　　　　　　　　　_강*훈

변호사님 공부법으로 이번에 PEET 점수 50점 올려서 약대생이 되었습니다. 시간만 늘리면 될 줄 알고 바보처럼 책만 붙들고 있던 제게 빛을 보여주셨습니다.　_조*희

현 시점, 한국에서 공부법 강의의 종착점은 이윤규 변호사님 강의가 맞는 것 같습니다.
　　　　　　　　　　　　　　　　　　　　　　　　　　　　　　　　　_3****

인풋의 기술, 아웃풋의 기술, 회독의 기술까지 적용하는 방법과 틀을 잡을 수 있었음.
　　　　　　　　　　　　　　　　　　　　　　　　　　　　　　　　　　_뱅*

아… 공부법이 있다는 걸 50이 다 되어 알게 됩니다. 아이들에게도 꼭 이런 수업을 공유하고 싶네요.　　　　　　　　　　　　　　　　　　　　　　　　　　　_필**

누구나 가질만한, 그리고 가지고 있어도 인지하지 못하고 공부에 방해되는 심리적 오류들을 바로잡아 주는 최고의 강의입니다! 구체적 방법에 대한 팁도 상당합니다. 뭔가 공부가 막히는 느낌이 드는데 원인을 모르겠다 하시는 모든 분들께 강추합니다.^^　　　　　　　　　　　　　　　　　　　　　　　　　　　　　_박**

수험의 과정을 일목요연하게 설명 잘해주셨어요.　　　　　　　　　　　_박**

공부를 시작하기 전에 새로운 인식의 전환을 가질 수 있는 계기가 되어서 좋았습니다.

_워***

모든 사람이 다 다르듯 공부법도 사람마다 맞는 게 따로 있다 생각해서 전 '제 방식이 맞다'는 생각을 늘 가지고 살아왔습니다. 다른 사람들이 어떻게 공부하는지 크게 관심도 없었고 월등히 공부 잘하는 사람들을 보면 그냥 '타고난 머리가 좋구나' 하고 말았습니다. 그런데 변호사님 영상 본 후로 뒤통수 엄청 세게 맞은 기분이에요. 변호사님의 공부법대로 적용해보니 과장 조금 보태서 인생이 달라진 거 같습니다. _지*

세세한 부분을 알 수 있어서 너무 좋았습니다. 노무사 시험 준비하기 전에 공부법을 터득하려고 보고 있는데 주관식 작성법은 도움이 많이 된 거 같습니다. 감사합니다.

_신**

약 10년 만에 직장 다니면서 공부하는데 공부의 갈피를 잡아주셔서 감사하네요. 공부시간 부족한 직장인 수험생에게 최적의 공부방법입니다. 번창하세요! _세***지경

난생처음 들은 공부법 강의. 정말, 레전드 이윤규 변호사님. _잘******

제 상황에 맞는 대처방법을 알 수 있어서 좋았습니다. _회*****

공부에 대한 전체적인 관념을 재정립시켜준 강의입니다. _Y***

누구도 가르쳐주지 않았던 공부 기술을 배울 수 있었습니다. 고시·자격증·수능이라는 전쟁터에 임하는데 맨손으로 가시겠습니까? 현존하는 최고의 무기를 갖추고 전쟁에서 꼭 승리합시다. _이**

아웃풋을 하는 것에 이렇게 치밀한 접근이 필요한지 몰랐습니다. _김**

효율적인 공부법의 정석. _y4******

공부법 전반적인 내용을 듣고 나는 어느 부분에서 약했는지 점검할 수 있었습니다. 인풋의 순서, 기출문제 정답과 이유 먼저. 시험 시작 직후에는 쉬운 문제 먼저, 유형별로 접근.
_j****

다른 사람들 이론 공부를 하고 있을 때, 저는 배운 내용을 적용하여 기출문제로 공부했고, 에너지를 평소보다 적게 쏟으면서 시험도 합격할 수 있었습니다. _G******

인풋과 아웃풋의 개념이 확실치 않았던 제게 이에 대한 체계를 잡을 수 있었던 최고의 시간이었습니다! 저처럼 공부 베이스가 잘 잡혀 있지 않으신 분들이라면 더더욱 추천 드립니다!
_김**

공부법을 배울 수 있는 좋은 강의입니다. 제가 제일 좋았던 점은 누구나 그 꿈을 이룰 자격이 있고, 가능성 또한 있다고 느낄 수 있다는 것입니다. 변호사님의 강의는 단순히 '할 수 있어!' 식의 희망고문이 아니라 해당 공부법으로 단기간 합격한 변호사님의 사례와 많은 분을 상담하면서 증명된 근거를 보여줍니다.
_이**

생각지도 못했던 공부의 기술에 대한 구체적인 설명을 들을 수 있었습니다. 추상적인 공부법을 구체화 시키는 데 도움이 많이 되었어요! :)
_김**

그동안 나의 공부 방법이 틀렸다는 걸 깨달았다. 진작에 알았으면 좋았을걸. _rl*******

임용시험 공부하기 전에 꼭 보세요.
_su*****

공부법 책은 뻔한 정신론적인 내용이 대부분일 거란 생각 때문에 꺼려왔는데 정말 유용한 방법론적 내용들로 가득 차 있어서 좋았습니다.
_hj*****

변호사님 공부법 덕분에 경단녀로 살다가 독박육아하며 틈틈히 공부해서 원하던 대학원에 합격했습니다! 꼭 감사의 말씀을 드리고 싶어요. 특히 시험 전 멘탈 잡는 방법이 크게 도움이 되었습니다.
_Ka*e

무조건 공부를 시작하기보다 먼저 방향을 잡아야 한다는 것을 알려줍니다.

_ql*******

정말 공무원을 준비한다면 꼭 읽어봐야 합니다. 기출의 중요성을 다시 한번 느끼게 해줍니다.

_ju*****

변호사님 말대로 기출 먼저 푸니까 공부도 재밌어졌습니다. 저같이 기본서만 가만히 못 보는 수험생들에게 최고의 솔루션입니다. 공부할 맛납니다.

_haeu**0

변호사님 덕분에 강의에 의존하지 않고 효율적으로 공부할 수 있었고, 올해에 원하던 시험에 합격하였습니다.

_*영광

어려운 단어나 표현 없이 쉽게 설명해주셔서 좋아요.

_얍*

지난 학기에 이윤규 변호사님 조언대로 공부한 과목이 A+ 나왔습니다. 거의 벼락치기여서 기출문제 해답을 먼저 체크한 후, 회독 정도만 시도해볼 수 있었습니다. 그것만으로도 뭐가 중요하고 아닌지 또 어느 부분이 강조되는지 파악할 수 있어 큰 도움이 됐습니다.

_Sos**

작년에 변호사님 영상을 보고 자극받으며 임용시험 공부해서 합격한 애기 엄마예요. 문득 생각나 감사 인사드리러 왔습니다.

_*덩실

작년에 순경 2차시험에 합격했습니다. 형법이 제대로 잡히지 않아 힘들었는데, 이윤규 변호사님의 형법 유튜브 인강, 공부법책, 공부법 영상들이 정말 많은 도움이 되었습니다. 덕분에 인강 위주의 공부에서 탈피할 수 있었어요.

_leoh**745

저는 중등 임용시험을 준비하고 있는 물리교육과 학생입니다. 변호사님 영상을 보고 암기과목인 과학교육론부터 적용을 해보았는데 정말 효과가 너무 좋아서 친구들한테도 추천했어요.

_임*생

공부할 때 목차를 먼저 보면서 내용을 이해하거나 암기하고 공부하면 좋다는 팁은 정말로 유용했음!
_*메

개인적으로 공부법 책을 많이 봤지만, 시험 합격을 위해 가장 공감되고 유용한 책인 거 같음. 다 같이 합격합시다~!
_so******

주위에서 늘 말하는 '효율'을 집대성한 책. 공부하는 누구에게나 유효한 공식을 잘 설명해준다.
_as******

변호사님의 공부 방법론들을 자주 시청하였고, 덕분에 짧은 시간 안에 목표했던 시험에 합격하게 됐습니다. 처음에는 인강도 없이 기출을 풀라고 해서 기만자 같아 보인 것도 사실입니다. 그러나 여러 사람의 공부 방법론이나 합격 후기 들을 살펴본 결과 95퍼센트 탈락자의 방법보다 5퍼센트 합격생들의 방법이 더 효율적이라고 느꼈습니다. 이는 이윤규 변호사님이 소개한 공부법과 일맥상통했습니다. 그래서 몇백만 원 써 가며 강의나 책을 사지 않고, 요약서와 기초서 그리고 기출만 무한 회독하면서 가끔 사설 모의고사를 봤습니다. 처음에는 '턱걸이 합격'이 목표였지만 결론적으로 남들 2~3년 걸려도 못 받는 고득점으로 합격했습니다. 이후 다시 이윤규 변호사님의 영상들을 시청해보니 느낌이 또 달랐습니다. 자격증 시험에서만큼은 정말 효과적인 방법으로 누구나 기본기 없이도 합격할 수 있는 최고의 공부법이라고 생각됩니다. 물론 고시나 사시급 시험은 제가 경험하지 않았기에 속단해서 말할 수 없지만 최소한 국가자격증 시험에선 이 방법이 가장 정도正道가 아닐까 생각됩니다.
_gari*****77

항상 이론 공부에 집중해와서 그런지 아무리 열심히 개념을 익혀도 시험칠 때마다 60~70점 밖에 안 나왔는데 기출을 먼저 분석하니까 처음으로 97점 받았어요. 제 은인이십니다. 모든 걸 완벽하게 공부하는 것보다 시험에 나오는 걸 공부하는 게 점수를 잘 받는 법이라는 걸 이제 알았네요
_sj

아, 진짜 솔직히 말하면 변호사님 구독자 다 쫓아내고 나만 보고 싶다….
_김상*

저는 '미리 공부할 거면 수업은 왜 듣나'라고 생각하는 예습 회의론자였습니다. 그런데 변호사님이 '자원의 중복을 피하기 위함'이라 가르쳐주신 걸 들은 후로는 예습을 하게 됐고, 수업 효율 자체가 달라졌습니다.

_*지혜

와, 그동안 저의 중등 임용시험 실패 요인을 단 4분 만에 깨달았습니다. 기출문제를 토대로 출제될 부분보다 오히려 안 나올 부분에 쫄아서 더 시간 투자했네요…. 고등학교 때까진 상위권이었는데, 그 공부법 그대로 하려고 하니 통하지가 않았습니다. 영상 보는데 많이 반성합니다. ㅜㅜㅜ

_yonii****29

이번 5급 공채 재경직 2차 시험에 합격한 수험생입니다. 변호사님의 패턴 공부법 영상 덕분에 2차 과목을 전략적으로 공부하여 이번에 3차 면접만 남겨두고 있습니다. 정말 감사드립니다.

_d****back

나는
무조건 합격하는
공부만 한다

나는 무조건 합격하는 공부만 한다

개정판 1쇄 발행 · 2025년 4월 25일
개정판 2쇄 발행 · 2025년 5월 15일

지은이 · 이윤규
발행인 · 이종원
발행처 · (주)도서출판 길벗
브랜드 · 더퀘스트
주소 · 서울시 마포구 월드컵로 10길 56 (서교동)
대표전화 · 02) 332-0931 | **팩스** · 02) 322-0586
출판사 등록일 · 1990년 12월 24일
홈페이지 · www.gilbut.co.kr · **이메일** · gilbut@gilbut.co.kr

기획 및 편집 · 송은경(eun3850@gilbut.co.kr), 유예진, 오수영 | **제작** · 이준호, 손일순, 이진혁
마케팅 · 정경원, 정지연, 이지원, 이지현 | **유통혁신팀** · 한준희
영업관리 · 김명자 | **독자지원** · 윤정아

디자인 · studio forb | **교정교열** · 최진, 정아영 | **CTP 출력 및 인쇄** · 정민 | **제본** · 정민

- 더퀘스트는 (주)도서출판 길벗의 인문교양·비즈니스 단행본 브랜드입니다.
- 이 책은 저작권법의 보호를 받는 저작물로 이 책에 실린 모든 내용, 디자인, 이미지, 편집 구성은 허락 없이 복제하거나 다른 매체에 옮겨 실을 수 없습니다.
- 인공지능(AI) 기술 또는 시스템을 훈련하기 위해 이 책의 전체 내용은 물론 일부 문장도 사용하는 것을 금지합니다.
- 잘못 만든 책은 구입한 서점에서 바꿔 드립니다.

ISBN 979-11-407-1309-7 (03190)
(길벗 도서번호 090277)

정가 22,000원

독자의 1초까지 아껴주는 정성 길벗출판사

(주)도서출판 길벗 | IT단행본, 성인어학, 교과서, 수험서, 경제경영, 교양, 자녀교육, 취미실용 **www.gilbut.co.kr**
길벗스쿨 | 국어학습, 수학학습, 주니어어학, 어린이단행본, 학습단행본 **www.gilbutschool.co.kr**

인스타그램 · thequest_book · **페이스북** · thequestzigi · **네이버포스트** · thequestbook

26살, 9개월 만에
사법시험을 패스한
이윤규 변호사의
패턴 공부법

나는 무조건 합격하는 공부만 한다

이윤규 지음

더 퀘스트

개정판 서문

이 책의 초판이 나온 것은 2019년 12월이었다. 그때로부터 꽤 오랜 시간이 흘러 개정판을 내게 되었다. 실은 책을 낸 이후로는 다시 내용을 들춰볼 일이 없었다. 과거를 반추하기에는 다른 할 일이 너무도 많았을뿐더러 나는 언제나 당시의 생각이 그때의 나라는 사람의 총체를 대변한다고 생각하기 때문에 바뀐 지금의 입장에서 내용을 다시 들여다볼 마음이 선뜻 들지 않았다. 그리고 5년 여의 시간이 흘러 처음부터 다시 책을 살펴보려고 하니 엄습해오는 두려운 마음을 억누를 길이 없었다. 당시에는 나름대로 외국의 공부법까지를 모두 분석해서 정리한 것이었지만, 이후에 쌓인 공부나 검증된 점들에 비추어 볼 때 어떤 변경 사항이나 오류가 있을지 모르는 일이었기 때문이다.

이 책의 마지막장을 덮은 뒤에는 생각이 바뀌었다. 지금 다시 책을 쓴다고 해도 이만큼의 책을 쓰기는 어려울 것이라는 결론에 도달했다. 간결하게 핵심만을 전달하고 편하게 어려운 점이 있을 때마다 반복해서 찾아보게끔 하고 싶다는 초판 집필의 취지에 비추어―그리고 대중서라는 성격에 비추어 참고서적이나 전문서적, 논문 등의 인용은 아예 배제하였지만―그 당시에 분석하고 정리한 내용 중에 고쳐야 할 부분은, 적어도 내 기준에서는 놀랍게도 없었다.

하지만 이러한 점이 언제나 좋은 의미로 다가오는 것은 아니다. 이 책을 펴낸 이후, 수험생들의 공부법에 대한 관심은 이전보다 높아졌지만, 블로그, 유튜브 등에서 공부법 콘텐츠를 다루는 분들이 그저 스스로의 개인적 경험만을 전달하는 데 그쳤고, 지속적으로 연구를 하거나 검증을 하는 경우는 전무했다는 것은 참으로 아쉬운 일이라고 할 것이다.

나는 초판을 낸 이후로 공부법학회를 결성하여 학습기술(교육심리학의 한 분야에 해당한다)을 전문으로 하는 교수, 멘탈 관리와 관련된 최고의 전문가라고 할 수 있는 정신과 전문의, 스포츠 심리학 교수, 교육현장의 일선에서 임상과 피드백을 주시는 교사, 교육자들과 함께 계속하여 공부 전략과 기술 등을 검증하고 업데이트하였다. 특히 아직 우리나라의 공부 현실에서는 중요성이 충분히 인식되고 있다고는 할 수 없는 멘탈 관리, 시간 관리 등의 기술(학습기술에서는 이것을 '2차적 공부기술Support Strategy'라고 부른다)을 보강하고 실제 공부에 적용하는 데 많은 시간과 노력을 쏟았다. 이 책에서 추가된 대부분은 이런 부분들이다.

개정판에서는 대한민국에서의 시험 전체를 분석하여 시험에는 총 세 종류가 있다는 점, 내발적 동기를 활용하는 방법, 이해와 암기에 대한 설명, 연습과 훈련의 구별, 직장인의 시간 관리법, 서술형과 구술형의 공부법 등에 관해 비교적 많은 분량에서 손을 보았다. 그리고 시험공부법으로 유명한 회독법을 좀 더 상세하게 설명했으며, 실제 수험생들에게 공부법을 지도하며 가장 많이 받은 질문 중 하나였던 책 정리법에 대해서도 개정판에서 새롭게 다뤘다. 이 외에도 그룹 스터디의 방식이나 시간 관리(특히 직장인 시간 관리법) 등도 기억해두어야 할 개정 부분에 해당하고, 지금을 기준으로 문장을 손보거나 의미를 보다 명확하게 해야 할 부분들도 모두 짚을 수는 없지만 전면적으로 손을 보았다. 다만 그 과정에서 너무 이론에 치우치지 않고 바로 써먹을 수 있는 그런 책을 만들고자 하는 초판에서의 집필 방향은 그대로 유지하였다.

이 책을 개정하는 과정에서 초판의 작업을 함께 해준 송은경 편집자님과 또 함께하게 되었다. 편집자님은 아주 딱딱한 법률문장으로 글을 쓰는 것이 익숙해져 있는 나에게 대중서의 눈높이에 맞춰서 쉽고 편안한(적어도 내 기준에서는 그러한) 책을 쓸 수 있도록 이 책의 탄생부터 개정까지 많은 작업을 함께 해주신 분이다. 또 다른 베스트셀러인 《무조건 합격하는 암기의 기술》이나 《몰입의 기술》도 송 편집자님과 함께 한 작업의 결과물이다. 내게 있어서는 또 다른 면에서의 글쓰기 스승님이라고 할 수도 있는 분인데, 편집자님의 헌신적 도움에 고마움의 글을 적지 않을 수 없다. 이곳에 기록하여 감사한 마음을 전하고자 한다.

2025년 3월 17일
이윤규

시작하며

대한민국에 산다면 누구나 한 번은 꿈을 위해 공부한다

학창 시절, 나는 철부지였다. '하고 싶은 일'과 '해야 하는 일'을 전혀 분별하지 못했다. 게임에 온 정신이 팔려 학교 대신 피시방으로 등교하는 날이 더 많았다. 해가 갈수록 정도가 심해지는 아들 걱정에 어머니의 눈물은 마를 날이 없었다.

그런 내가 '무사히' 법대에 가자 부모님은 한시름 놨다고 생각하셨을지도 모른다. 그러나 나는 공부를 한다고 하고는 여전히 피시방으로, 오락실로 나다니며 대부분의 시간을 게임하는 데 쏟았다. 진학 후 부모님의 감시에서 벗어난 내게 '고시생'이라는 타이틀은 그간 마음껏 하지 못했던 일을 자유롭게 할 수 있게 하는 감투와 같았다.

변화의 계기는 불현듯 찾아왔다. 방탕한 생활 때문에 학교에서 제적을 당하게 된 것이다. 제적 통보를 받고 일주일 뒤엔 영장까지 받게 되었다. 비록 마음을 잡지 못하고 게임에만 몰두했지만 꿈이 없는 건 아니었다. 우리나라에서 가장 어려운 시험이라는 사법시험에 합격하고 싶었고 변호사가 되어 어려운 사람들을 돕고 싶었다. 그런데 그때 나의 문제는 제적과 영장뿐이 아니었다.

그즈음 사법시험 폐지와 법학전문대학원 도입이 결정되었다. 당시 내 학점으로는 법학전문대학원 진학이 불가능했던 터라, 그대로라면 변호사가 되고 싶다는 꿈은 영원히 이룰 수 없는 먼지가 될 수 있었다. 그렇게 나는 마지막으로 내게 남은 기회를 잡기 위해, 꿈을 이루기 위해 '공부'를 결심하게 되었다.

꿈을 이루기 위해 공부를 선택한 당신에게

대한민국에 산다면 누구나 한 번은 꿈을 이루기 위해 시험을 친다. 저마다 가진 꿈이 다르므로 시험에 응시하는 이유도 다양하다. 승진하기 위해서, 월급을 더 많이 받기 위해서, 아이들을 가르치고 싶어서, 고생하시는 부모님을 기쁘게 해드리고 싶어서, 훌륭한 사람이 되어 세상을 바르게 만들고 싶어서, 억울한 사람들을 돕고 싶어서, 친구나 가족들에게 자랑을 하고 싶어서 등.

각자 다른 인격과 개성을 가지고 있으므로 그 꿈의 모양은 다 다르겠지만, 꿈을 이루고 싶다는 간절한 마음만큼은 모두 같을 것이다. 제적을 당하고 나서야 그것을 제대로 깨달았을 뿐 나 역시 꿈을 이루고 싶다는 간절한 마음은 다른 누구 못지않았다. 꿈에 도전하겠다고 결심한 후에는 밥을 먹고 자는 것부터 교재를 선택하고 책을 읽고 문제를 푸는 순서까지 24시간 모두를 '합격'에 맞췄다.

이상하게도 주변에서는 이런 나를 이미 시험에 떨어진 사람처럼 안타깝게 보았다. 내 공부 방식이 많은 수험생이 따르는 기존 방식과 매우 달랐기 때문이었다. 하지만 막상 시험을 치르고 뚜껑을 열어보니, 나는 합격했고 그들은 재시험을 준비했다.

그들 대부분은 그냥, 우직하게, 묵묵히, 많은 사람이 하는 방법 그대로 공부를 하고 있었다. 그것이 자신이 준비하는 시험에 맞는 방식인지 아닌지 고민하지도 않은 채 말이다.

나는 합격하고 싶다면 절대 '그냥' 공부해서는 안 된다는 이야기를 나누고 싶었다. 공부할 때 나 스스로 '이것이 합격에 맞는 공부인지, 내가 도전하는 사법시험에 맞는 공부 방법인지' 굉장히 고민을 많이 했기 때문이다. 방향이 맞지 않는 노력은 아무리 열심히 해도 헛된 것이다. 나는 그렇게 젊음과 인생을 낭비하는 경우를 너무도 많이 보아왔다. 내 방법이 절대적으로 옳다고 말하는 건 아니지만, 꿈을 이루고 싶어 시험에 도전한다면 합격에 이르는 방향으로 가야 한다고 보여주고 싶었다. 이것이 내가 유튜브를 통해 공부법을 이야기하고 그 내용을 바탕으로 책까지 내게 된 이유다.

이 책은 꿈을 이루기 위해 '시험공부'라는 '수단'을 선택한 사람들을 위한 것이다. 대학수학능력시험, 공무원 시험, 5급 공채, 법원행정고시, 법무사 시험, 변호사 시험, 변리사 시험, 각종 자격증 시험까지 세상엔 꿈에 도달하는 관문과 같은 시험이 무수히 많다. 이런 시험을 통과하기 위해서는 지적 수준의 향상을 바라는 '공부'가 아니라 점수 획득을 목표로 하는 '시험공부'가 필요하다. 그런 맥락에서 이 책에서는 공부와 시험공부를 다른 의미로 쓰고 있다.

만약 이 책을 보고 있는 독자 중에 진리를 추구하는 방법이나 학문적 시각에서 지식을 쌓는 공부법을 원하는 분이 있다면 이 책은 별반 도움이 되지 못할 것이다. 이 책은 철저히 실용적인 측면에서 어떻게 하면 시험 점수를 잘 받을 수 있는지 설명하기 위해 쓰였기 때문이다.

영어는 대한민국의 모든 사람이 공부하는 대표적인 과목이다. 그런데 막상 영어공부를 한다는 사람들을 만나보면 무엇을 위해 공부하는지 잘 모르는 사람이 많다. '영어는 필수니까', '해야 하니까', '영어를 잘하면 좋겠다' 등 막연한 생각으로 영어공부를 시작한다. 마치 모두 동시통역사나 번역가가 목표인 양 말이다. 또는 문장을 읽고 그것이 몇 형식인지, 어떤 의미인지 완벽히 알아야만 공부를 제대로 하고 있다고 느끼는 것 같다.

하지만 영어공부도 내가 무엇을 목표로 삼느냐에 따라 구체적인 공부 방법이 달라지고 또한 달라져야 한다. 입사 지원의 요건으로 토익 점수가 필요하다면 영어 문장을 완벽하게 번역하거나 유창하게 영어로 말하지 않아도 된다. 오로지 정답과 오답만 가릴 줄 알면 된다.

시험공부도 이와 같다. 그냥 공부가 아니라 시험에 합격하기로 했다면 철저히 시험문제를 푸는 데 필요한 지식을 습득하는 방향으로 공부를 해야 한다. 그 이상의 공부는 욕심일 뿐 아니라 적절한 지식의 습득에 해가 된다.

가장 빠르고 확실한 합격의 기술, 패턴 공부법

그렇다면 시험문제를 잘 풀기 위해서는 어떻게 공부해야 할까? 바로 시험이 요구하는 정답의 '패턴'에 맞게 해야 한다. 그래서 나는 이 방법을 '패턴 공부법'이라 부른다.

우선 시험의 패턴을 알아야 한다. 이것은 기출문제 분석을 통해 이루어진다. 기출문제 분석을 통해 우리는 공부해야 할 범위를 정하고 효율적으로 습득할 수 있게 지식을 유형별로 나눌 수 있다.

다음은 지식을 습득input(본문에서는 인풋이라고 한다)해야 한다. 이때도 분류한 패턴에 맞게 습득해야 효율을 최대로 높이는, 즉 같은 시간에 더 많은 것을 기억하는 공부를 진행할 수 있다.

그다음은 실제로 문제를 풀면서, 그동안 습득한 지식을 제대로 출력output(아웃풋)할 수 있게 연습해야 한다. 합격의 관건은 출제된 문제의 의도에 맞게 지식을 출력할 수 있는지에 달려 있다. 이 역시 패턴별로 연습해야 높은 확률로 답을 찾을 수 있다.

문제나 답을 유형별로 인식하고 그에 맞게 지식을 입력하고 출력하는 패턴 공부법을 실천에 옮기려면 세세한 계획과 실행 방법이 필요하다. 이 책은 패턴 공부법을 100퍼센트 실행하게 만드는 계획부터 교재 선정, 베개만큼 두꺼운 책도 통째로 외우는 인풋 방법, 1초 만에 답을 찾는 아웃풋 방법까지 공부의 전 과정을 다루고 있다. 게다가 때때로 찾아오는 슬럼프를 극복하는 멘탈 관리, 순공 시간 늘리는 방법, 인강 듣는 방법 등 수험생이라면 자주 겪는 어려움과 궁금증에 대해서도 빠짐없이 이야기하고자 노력했다.

초반부에는 다분히 기술적인 얘기들을 많이 하겠지만 내가 진정으로 독자들께 전하고 싶은 것은 따로 있다. 바로 시험공부에 있어 가장 중요한 것은 공부법이 아니라 마음가짐이라는 점이다.

결국 사람은 자신이 더 좋아하고 끌리는 일에 집중할 수밖에 없으며 그럴 때 효율이 높아진다. 내가 가장 좋은 공부법을 안다고 해도 스스로 공부할 마음의 준비가 되어 있지 않으면 전혀 소용이 없다. 그리고 공부라는 것은 행복에 다다르는 여러 가지 방법 중 내가 선택한 하나의 과정에 불과하다. '내가 진정으로 공부를 해서 행복해질 수 있을 것인가?' 이 물음에 먼저 답을 하고 공부에 임할 때 비로소 '공부법'이 효과를 발휘할 수 있다.

부디 꿈과 행복을 위해 공부를 선택한 모든 사람들이 이 책을 통해 자신의 선택에 책임을 다하게 되길 진심으로 바란다. 그리하여 그들이 시험이라는 관문을 통과하고 자신의 꿈에 조금이라도 가까워진다면 그것이 내게 무엇보다 가장 큰 기쁨이 될 것이다.

차례

개정판 서문 ··· 12
시작하며 | 대한민국에 산다면 누구나 한 번은 꿈을 위해 공부한다 ··· 15

제1장
결국 해내는 사람은 사고방식이 다르다: 동기부여

동기부여

열심히 공부한다고 합격하지 않는다 ··· 29
나는 행복해지기 위해 공부를 선택했다 ··· 32
공부의 원천은 꿈의 유인력에 있다 ··· 36
전략적 이기심이 필요하다 ··· 41
자신감을 장착하고 시작하는 법 ··· 45

제2장
합격자처럼 계획하라: 교재 선정 및 계획

합격수기 분석, 교재 선정

대한민국에는 세 종류의 시험만 있다 ··· 53
가장 먼저 한 일, 합격수기 모으기 ··· 56
합격으로 가는 최적의 길을 찾아라 ··· 60
친절한 책일수록 부실한 무기 ··· 67
어떤 책을 선택해야 할까 ··· 72

계획	점수를 버려야 합격할 수 있다	⋯ 75
	공부의 3단계, 계획-실행-점검	⋯ 79
	공부 계획은 어떻게 세워야 효과적일까	⋯ 83
	계획을 투 트랙으로 짜는 이유	⋯ 92

제3장
책을 통째로 기억하는 공부법: 이해와 암기

인풋	공부는 인풋과 아웃풋으로 나뉜다	⋯ 101
	공부의 범위를 정하라	⋯ 104
	지식을 머릿속에 넣는 두 가지 도구	⋯ 107
	답을 알고 책을 보라	⋯ 111
	시험공부를 위한 책 보는 순서	⋯ 115
	목차를 복사해서 늘 가지고 다닌 이유	⋯ 120
	개념과 체계부터 잡을 것 _인풋의 기초	⋯ 125
	머릿속에 폴더를 만들어라 _레벨링	⋯ 128
	목차를 연결하여 스토리로 이해하라 _이미징	⋯ 138
	기본 지식의 뼈대에 살을 붙여라 _트리밍	⋯ 141
	지식을 연결하라 _컬러링	⋯ 144
	뇌에 각인되는 10분 복습 _로딩	⋯ 150
	합격을 결정하는 복습 타이밍	⋯ 155
	공부의 끝, 책 정리법	⋯ 159
	책 정리는 내 기준에 따라 지식을 재정리하는 것	⋯ 164
	합격을 위한 책 정리의 핵심	⋯ 174
	이해와 암기를 구별하라	⋯ 185
	성취감에 중독되어라	⋯ 192
	아무도 알려주지 않는 인강 듣는 스킬	⋯ 194
	이 공부법만은 피하라	⋯ 197

	그룹 스터디, 해야 할까 말아야 할까	… 203
	스톱워치를 멀리하라	… 206
멘탈 관리	자기관리는 운동선수처럼	… 210
	장수생이 되는 사람들의 특징	… 213
	합격을 부르는 태도	… 218
	나의 멘탈 관리 비법	… 222
	모든 것이 정해져 있기에 자유롭다	… 225
	공부에도 우선순위가 있다	… 228
	불면증을 겪고 있다면	… 230
	아침에 일어나는 것이 힘든 사람이라면	… 233
	매일 세 시간만 자고도 공부할 수 있었던 비결	… 238
	문득 찾아오는 열등감에 대처하는 법	… 242
	'낙관'하지 말고 '긍정'하라	… 246
	현재의 나는 모든 것을 바꿀 수 있다	… 249
	힘든 순간은 힘을 내야 할 또 하나의 이유일 뿐	… 252
	스트레스를 받지 않았던 이유, 고통 총량의 법칙	… 254
	괴로운 오늘은 합격수기의 한 줄에 불과하다	… 256
	한계를 조금씩 늘리다 보면 괴물이 되어 있다	… 258
	휴식에 인색한 것은 공부에 인색한 것	… 260
	직장인을 위한 시간·멘탈 관리법	… 262

제4장
1초 만에 답을 찾는 방법: 문제풀이

아웃풋

훈련과 연습을 구별하라	… 267
두 가지 길로 움직이는 뇌를 효율적으로 이용하라	… 271
찾지 않아도 정답이 보이는 문제풀이법 _객관식	… 274
전부 외우지 않아도 술술 써지는 문제풀이법 _서술형	… 279
적재적소에 꺼내 조합하는 문제풀이법 _구술형	… 288
지식의 틈을 채우는 단권화 방법	… 292
일타 강사처럼 설명하라	… 297
오답 노트를 만들어도 점수가 오르지 않는 이유	… 300
모의고사, 왜 치는지 알고 치자	… 305
막판 다지기, 회독법	… 309
누구도 알려주지 않는, 합격을 부르는 회독의 5단계	… 313
회독만 했을 때 생기는 참사	… 329
공부는 기출문제로 끝난다는 말의 의미	… 331

멘탈 유지

같은 시간을 두 배의 밀도로 쓰는 시간 관리법	… 333
'예상한 고통'은 덜 고통스러운 법	… 338
슬럼프가 왔다는 것은 열심히 했다는 증거	… 341
불안감을 맞닥뜨려야 불안감이 제거된다	… 344
심리적 쥐구멍을 마련하자	… 348

제5장
막판 뒤집기를 위한 승부수: 시험 전략

시험 전략		
	시험 한 달 전에 해야 할 것들	⋯ 355
	단기간에 시험을 준비하는 요령	⋯ 361
	뭘 먹고 뭘 입을지도 생각하라 _매크로 루틴	⋯ 364
	시험 하루 전에 해야 할 것들	⋯ 366
	시험 당일 1 _객관식을 푸는 기술	⋯ 368
	시험 당일 2 _서술형을 푸는 기술	⋯ 371
	시험장에서 잡생각이 든다면	⋯ 374
	빨리 포기할수록 합격이 빨라진다	⋯ 376
	이미 합격한 사람처럼 시험을 쳐라	⋯ 379

마치며 | 진정으로 바라는 것은 이루어진다 ⋯ 382
부록 | 수험생활의 길잡이가 된 합격수기 ⋯ 384

결국 해내는 사람은 사고방식이 다르다
- 동기부여

열심히 공부한다고
합격하지 않는다

성적이 잘 나오지 않으면 보통 '내가 충분히 열심히 하지 않았구나'라고 생각한다. 그게 아니면 주변에서 '네가 열심히 하지 않아서 그렇다'고 말하곤 한다. 그런데 정말 아이러니하게도 여러 불합격 사례를 살펴보면 생각보다 공부를 '너무 열심히' 해서 문제인 경우가 많다.

열심히 공부했는데 불합격한다고? 이해가 잘 안 될 수 있으니 이런 상상을 해보자. 당신은 조정 경기를 하고 있다. 당신 팀은 다른 어떤 팀보다 열심히 노를 저었고 그래서 단연 빠른 속도를 내며 앞서 나가고 있었다. 그러나 결승점에 가장 먼저 도착하지 못했다. 왜? 방향이 올바르지 못했기 때문이다. 그저 열심히 하면 우승할 것이라 믿고 방향은 전혀 고려하지 않은 것이다.

무턱대고 '열심히' 하는 공부가 가장 위험한 공부다. 방향성이나 계산 없는 공부는 큰 비효율을 낳는다. 만약 그 비효율이 어디에서 비롯되는지 정확히 진단할 수 없다면 시험공부 중에 겪게 되는 슬럼프를 극복하는 것도 굉장히 어려워진다. 운이 좋아서 방향을 잘못 설정했다는 사실을 알게 되었다고 해도, 다른 방향으로 열심히 노를 저어온 탓에 되돌리기에 너무 늦어버린 경우도 많다. 그리고 그 과정에서 적지 않은 심적 충격을 받는 경우도 허다한데, 그것이 공부에 얼마나 악영향을 끼치는지는 설명하지 않아도 잘 알 것이다.

'격'에 부합하는 상태를 만들어라

'공부'와 '시험공부'는 완전히 다르다. 공부는 새로운 지식을 깨닫고 습득하는 것 자체가 목표가 될 수 있지만 시험공부는 반드시 합격이라는 관문을 통과하는 것이 목표가 된다. 즉 시험공부는 일차적 또는 최종적으로 합격이 목표다.

합격이라는 말은 자격을 뜻하는 '격格'자에, 들어맞다는 의미의 '합合'자가 합쳐진 말이다. 즉 일정한 자격에 걸맞은 상태를 의미한다. 그래서 합격이라는 목표를 이루고자 한다면 만점이나 고득점이 아니라 '자격에 맞는 상태'에 도달하기만 하면 된다. 이것이 시험공부의 핵심이다. 시험공부를 하는 사람이 해야 하는 유일한 일은 격에 맞는 상태를 만들기 위해 정확한 노력을 기울이는 것이다.

운전면허 필기시험을 생각해보라. 1종은 70점, 2종은 60점만 넘으면 된다. 열심히 공부해 만점을 받는다면 자기만족은 될 수 있겠지만, 합격의 기준에서 보면 과도하게 시간과 노력을 낭비한 꼴이 된다.

시험공부는 효율성이 가장 중요하다

방향이나 효율을 고려하지 않고 에너지를 쏟고 시간을 쓰는 시험공부는 '열심히' 하는 방법이 아니라 우둔한 방법이다. 주어진 시간에 어떤 방법으로 얼마만큼의 에너지를 투입해 격에 맞는 상태를 만들 수 있는지 먼저 방향을 설정하고 계산한 후에 정확한 노력을 쏟아야 한다. 그럴 때만 그 노력을 비로소 '열심히'라고 부를 수 있다.

앞으로 우리가 나누게 될 이야기들은 '합격'이라는 목표 지점을 향해 가장 빠르고 효율적으로 갈 수 있는 방법에 관한 것이다. 그러려면 우선 공부의 패러다임을 바꿔야 한다. 지금까지 사람들이 요구해왔던 '평균적인 방법'이 실제로 얼마만큼의 효율을 가지고 있는지, 합격이라는 목표에 부합하는지 직접 확인해보고 새로운 방향을 모색하는 데 더 많은 에너지를 쏟아야만 한다.

나는 행복해지기 위해 공부를 선택했다

사람은 누구나 행복해지기 위해 살아간다. 추구하는 행복의 모습은 사람에 따라, 그 사람이 처한 상황이나 환경에 따라 제각각이다. 그러나 모두 자기 자신이 가장 중요하게 생각하는 가치에 부합하는 행복을 좇으며 살아간다는 점에서는 큰 차이가 없다.

다양한 행복의 모습만큼 행복이라는 목표를 달성하기 위한 방법도 무수하다. 가령 올림픽 육상 경기에서 금메달을 따고 싶은 육상선수에게는 달리기가, 자신의 작품이 비싼 값에 팔리기를 바라는 화가에게는 훌륭한 그림을 그리는 것이, 요리사에게는 맛있는 음식을 만드는 것이 그 방법에 해당한다고 할 수 있을 것이다.

내가 행복해지기 위해 선택한 방법은 바로 공부였다. 처음부터 공부에 재능이 있거나 머리가 좋아서 선택한 것은 아니었다. 처음에는 그저 내가 한 말과 행동에 책임을 져야 한다는 생각이 들었다. 어릴 적부터 나는 변호사인 아버지의 등을 보며 자랐다. 그래서일까, 은연중에 아버지의 뒤를 이어야 한다는 생각을 가지게 되었다. 그것은 자연스러운 것이었다. 외할아버지께서는 늘 우리 손자가 검사가 되는 것을 보고 싶다고 입버릇처럼 말씀하셨고, 나는 외할아버지를 즐겁게 해드리는 걸 좋아했다. "아버지처럼 법조인이 될 거예요"라고 나는 버릇처럼 대답하곤 했다.

내게 가장 큰 행복은 가족이다. 아버지, 어머니, 동생의 웃는 얼굴을 보는 것이 세상에서 제일 좋다. 당시에도 그랬다. '외할아버지를 한껏 웃게 해드리고 싶다.' 그것이 시험을 준비할 당시 내가 그린 가장 큰 행복이었다. 나는 그렇게 내 행복을 이루는 방법으로 시험공부를 선택했다.

법조인이 되는, 외할아버지를 웃게 만들, 그래서 내가 행복할 방법으로 다른 길이 있었다면 나는 공부를 선택하지 않았을 수도 있다. 그러나 제적과 군대 그리고 사법시험 폐지 등으로 내가 법조인이 될 기회는 눈앞에 닥친 시험밖에 없었다.

만약 당신도 나처럼 공부를 하기로 결심했거나 공부하고 있는 이 상황을 책임지기로 마음먹었다면, 그리하여 이 책을 읽어보기로 결정했다면, 공부라는 수단을 통해 행복해지겠다는 생각을 갖고 있을 것이다.

공부를 선택한 사람은 나, 그러므로 그 선택에 책임을 진다

내가 공부가 행복에 도달하기 위한 수단이라고 강조하며 이야기를 시작하는 데는 이유가 있다. 시험공부는 장기전이고 그래서 오랜 기간의 수험생활을 얼마나 현명하게 잘 보내는지가 관건이다. 이때 합격이나 점수 자체를 위한 공부가 아니라 행복의 일부 또는 내가 행복해지기 위한 과정에 공부가 있다고 생각하면, 그 과정이 힘들어도 얼마든지 감내할 수 있는 마음이 생긴다.

무엇보다도 이런 생각의 전환은 행복에 도달하기 위한 숱한 선택지 가운데 내가 선택했다는 책임감을 준다. 이것은 매우 중요하다. 내가 책임져야 한다면 결코 소홀하게 할 수 없기 때문이다. 이런 태도는 내가 수험생활을 할 때도, 현재 내가 지도하는 학생들을 볼 때도 정말 중요한 것이었다. '제 의지나 선택으로 공부하는 것이 아닙니다'라고 말하는 학생들이 좋은 결실을 얻는 경우는 거의 없었다. 이런 사람들은 책임을 회피하는 태도를 보이며 자신의 에너지와 시간을 공부에 쏟는 것에도 회의적이었고 결국 성과도 좋지 않았다.

이 책을 읽는 독자들도 이 지점을 꼭 한 번 더 생각해보길 바란다. 내가 공부를 선택한 이유와 왜 열심히 해야 하는지에 대해서 말이다. 구체적으로 내가 어떤 행복을 달성하고자 공부를 택했는지, 내게 어떤 책임감이 있는지 떠올리면 그 책임을 다하기로 한 모든 행위가 당신을 합격으로 이끌어줄 것이다. 진짜 공부는 여기서부터 시작이다. '행복'을 위해 '나'는 공부를 '선택'했고, 그 선택에 내가 '책임'을 다하겠다는 마음가짐에서부터 말이다. 이런 태도와 마음가짐이야말로 그 어떤 공부법보다 우선시되어야 한다. 구체적인 방법이나 세부적인 기술은 이 책임감을 구체화시키는 것에 불과하다.

공부의 원천은
꿈의 유인력에 있다

게임을 끊은 일은 내 인생의 가장 극적인 일 중 하나였다. 그 정도로 나는 게임을 좋아했다. 아니 단순히 좋아했다기보다 거의 생활에 가까웠다. 중학교 때부터 그랬다. 그때 나는 새벽 3~4시까지 게임을 했다. 학교 수업 시간에는 항상 잠을 자기 일쑤였고 아무리 호통을 쳐도 말 안 듣고 게임만 하는 아들 때문에 어머니는 매일 우셨다. 고등학교에 진학하고 피시방은 가지 않았다. 그렇지만 보약 대신 사달라고 조른 게임기를 틀어 놓고 집에서 종일 게임을 했다. 옆으로 누운 자세로 13시간 동안 게임을 하다가 디스크가 튀어나와 병원 신세를 질 정도였다. 대학생이 되어서도 비슷했다. 친구들에게 출석을 부탁해두고 종일 피시방에 앉아 있었다. 가끔 친구들을 따라 도서관에 가기도 하고 여자친구 손에 이끌려 독서실에 앉아 있기도 했지만 머릿속은 온통 게임 생각밖에 없었다.

그런 내가 사법시험 공부를 하겠다고 선언했다. 언젠가는 하겠거니 생각했지만 제적, 입영통지서, 사법시험 폐지라는 3연타를 맞고 시작한 시험공부는 너무 갑작스러웠다. 무엇을 어떻게 해야 할지 갈피를 잡지 못했다. 두렵고 막막했다. 그런 날이 반복되자 나는 다시 피시방을 찾기 시작했다. 일종의 도피처였다.

그렇게 본능과 죄책감 사이에서 괴로워하던 어느 날이었다. 그날도 피시방에서 내내 게임을 했다. 평소 같으면 밤을 새우고 아침이 되어야 기숙사로 갔을 텐데, 그날은 12시가 되기 전에 자리를 떴다. 그날은 죄책감이 본능을 누른 날이었나 보다. 기숙사로 돌아가는 길에 정말 많은 생각을 했다. 나는 왜 게임을 하는 걸까 하는 생각부터 게임을 해서 무엇이 남을까, 나는 왜 게임을 끊지 못할까, 공부하기 싫은 것을 게임으로 대체하는 것이 아닌가… 등등. 내게 큰 기대를 했던 소중한 사람들의 얼굴도 주마등처럼 스쳐지나갔다.

이렇게 살아도 되는 걸까, 복잡한 마음으로 길을 걷는데 그날따라 내가 가는 길에 쭉 서 있는 가로등이, 동시에 멀리 밤하늘에 떠 있는 별이 눈에 들어왔다. 내가 이루고 싶은 꿈과 목표보다 피시방, 오락실에 더 끌리는 이유가 뭔지 생각하던 참이었다. 내 눈에는 바로 앞에 있는 가로등이 훨씬 크고 빛나 보이지만 실제로 손톱보다 작아 보이는 저 별이 훨씬 크고 빛나는 것이겠지…

그 순간, 머릿속에 번쩍하고 어떤 생각이 떠올랐다. 사법시험에 합격해 훌륭한 법조인이 되겠다는 꿈이 저 별처럼 멀리 있어 실제 크기와 빛을 가늠할 수 없는 게 아닐까 하고 말이다. 그저 가까이 있기 때문에 더 크고 밝게 보이는 가로등처럼 게임을 '더 즐겁고 가치 있게' 느끼고 있는 게 아닐까 하고 말이다. 단지 나와 가까이 있다는 이유로 게임에 대해 일종의 과대평가를 하고 있었던 것은 아니었을까?

꿈의 유인력을 가늠하라

그날 나는 내 꿈, 내 목표가 가진 인력이 어느 정도인지 가늠하고 싶어졌다. '가로등과 같은 거리에 저 별이 있다면 어느 정도 크기일까?' 같은 질문을 '내 꿈'과 '내가 현재 느끼는 즐거움'에 대입해보았다. 실제 가로등 불빛은 별에 비하면 한 톨 크기도 되지 못하는 것처럼 게임의 즐거움은 내가 사법시험에 합격해 법조인이 되었을 때의 기쁨에 비하면 아무것도 아니었다.

그날 이후 나는 거짓말처럼 피시방에 가지 않았다. 처음에는 나의 꿈에 비하면 그건 아무것도 아니라는 의식적인 행동이었지만 나중에는 가고 싶은 마음이 아예 없어졌다. 공부를 하며 내 꿈에 가까워지고 있다는 그 사실 자체가 기뻤기 때문이다.

꿈이라는 것이 때로는 거창하고 막연해서 비현실적으로 느껴질 때가 있다. 하지만 수험생에게 꿈은 자신을 이끄는 가장 분명한 힘이다. 꿈은 힘든 순간을 버틸 수 있게 해주고 전력으로 그것을 잡을 수 있는 동기를 부여해준다. 나의 꿈은 중독이라고 할 수 있었던 게임을 한순간에 끊게 해주었고, 내가 좋아하는 다른 모든 것을 뒤로 한 채 오로지 모든 정신과 에너지, 시간을 한곳에 쏟을 수 있도록 해주었다.

당신을 공부하게 만든 꿈과 목표가 있다면 꿈이 당신을 이끌 수 있는지 한번 가늠해보길 바란다. 꿈이 어느 정도의 거리에 있는지 생각해보고, 내가 그 꿈에 충분히 가까워졌을 때 그 꿈이 나를 당기는 힘이 어느 정도인지 구체적으로 생각해보라. 충분히 가까이 갔음에도 꿈이 당신을 끌어당기지 않는다면, 유인력이 크지 않은, 적어도 자신에게 가치가 크지 않은 꿈일 수 있다.

꿈을 가늠하는 방법은 간단하다. 내 경우에는 내가 꿈꾸던 변호사가 되는 상상을 했는데 그때 진심으로 기쁘지 않다면 그 꿈은 유인력이 없는 것이라 생각했다. 무언가에 몰두할 수 있는 힘을 그 꿈에서 얻을 수 없다고 말이다.

손에 잡히도록
꿈을 쪼개고 구체화하라

꿈의 유인력을 높이는 방법이 있다. 행복이나 꿈은 다소 추상적이어서 체감이 어렵다 보니 그 힘이 충분히 발휘되지 않는다. 그러므로 당신이 추구하는 행복, 이루고 싶은 꿈을 손에 잡힐 만큼 구체화해야 한다. 꿈이 이루어졌을 때 얻을 수 있는 것 중 가장 가벼운 것을 목표로 하는 것이다. 내 경우에는 '할아버지, 할머니 그리고 부모님의 웃는 얼굴'이었다. 공부하는 동안 내가 시험에 합격하면 그분들이 얼마나 기뻐하실지 정말 많이 떠올려보곤 했다.

이런 이야기를 하면 어떤 사람은 너무 '사소하다'고 하고 어떤 사람은 '가볍지만은 않다'고도 한다. 중요한 것은 내게 '가족'은 중요한 가치였고 그래서 가족의 웃는 얼굴이 내가 떠올릴 수 있는 가장 구체적이고 피부에 와 닿는 상상이었다.

그런 의미에서 당신도 꿈을 쪼개고 손에 잡힐 수 있게 구체화하여 목표를 잡아보길 진심으로 바란다. 그래야 공부로 나를 이끌 '유인력'을 높일 수 있다. 나 역시 막연하게 훌륭한 법조인이 되는 것을 목표로 했다면 지금까지도 공부를 하고 있었을 거라고 생각한다. 나 역시 때때로 흔들리기도 했지만 피부로 느껴지는 목표를 세웠기에 마음을 잡고 다시 공부에 집중할 수 있었다.

전략적 이기심이 필요하다

내가 친 사법시험이나 국가직 공무원 시험, 대학수학능력시험, 자격증 시험 등 오랜 기간 공부하고 준비해야 하는 수험생활에는 여러모로 감수해야 할 것이 있다. 그중 대표적인 것이 인간관계다.

누구나 기존의 인간관계를 원만하게 유지하고 싶어한다. 그것이 인간의 보편적인 욕구 또는 본능에 해당할지도 모르겠지만, 수험생에게 그 대가는 가볍지 않다. 단순한 시간 손실만 가져오는 것이 아니기 때문이다. 가령 공부를 하던 중에 결별을 맞이하는 커플은 정신적으로도 심각한 타격을 입는다. 이성친구가 아니더라도 친한 친구와의 만남, 슬슬 찾아오기 시작하는 집안의 경조사 등 평소라면 당연하게 챙겼을 일들이 수험생에게는 모두 '부담'이 된다.

굳이 '기회비용'이라는 용어를 쓰지 않아도 그 숱한 모임과 만남이 공부를 선택한 당신에게 중요한 가치가 아니라는 사실을 잘 알 것이다. 그러한 만남은 인간관계를 유지할 수 있다는 일시적 안정감 또는 만족감을 줄 수는 있겠지만 합격의 확률은 떨어지게 만든다. 수험생은 모든 순간에 있어 합격률을 높이는 선택을 해야 한다. 그런 맥락에서 관계 유지를 위한 모임과 만남은 차단해야 하는 게 맞다. 어쩌면 중요한 경조사를 모두 무시할 정도로 철저히 자기중심적인 사람이 되어야 한다.

다소 이기적인 태도가 공부할 때 반드시 필요하다. 수준 이하의 인간이 되라는 의미가 아니라, 잠깐의 불편함이나 불안함을 감내하면 미래에 훨씬 큰 것을 얻을 수 있고 그동안 미루어둔 것들을 모두 만회할 수 있다는 뜻이다. 그리고 그에 따라 마음을 정해 행동해야 한다.

모든 것을 다 할 수는 없다. 내가 선택한 공부에 책임을 다하기 위해서 일정 부분 포기하고 참는 것도 있어야 한다. '지금' 내 자신이 즐겁고, '지금' 누군가를 기쁘게 하려는 일이 '미래'에 얻을 더 큰 행복을 지연시키는 일이 된다. 이것이 반복되면 당신의 꿈과 행복은 점점 멀어진다.

이기적이어도
괜찮아

실제로 나는 사법시험 공부를 할 때 철저하게 이기적으로 변했다. 아니, 정확히는 이기적인 사람이 되기로 결심했다. 당시 나는 동생과 함께 자취를 하고 있었는데 청소와 빨래를 비롯한 모든 집안일, 심지어 야식 준비까지 모두 동생에게 시켰다. 미안한 마음은 갖지 않았다. 그 당시에는 전략적으로 그렇게 행동했기 때문이다.

명절이 되거나 아버지 어머니 생신이 되어도 전화만 할 뿐, 집에 가거나 선물을 사는 일도 하지 않았다. 그날 하루, '좋은 형', '좋은 아들'이 되어 내 꿈과 행복을 놓치게 된다면, 결국 가족들이 나를 걱정하고 슬퍼한다면 더 안 좋은 결말이 펼쳐질 거라고 생각했다. 그리고 당장 집안일도 하지 않는 형, 집안 대소사는 거들떠보지도 않는 못난 아들일지 몰라도 시험에 합격한다면 그동안 가족들의 서운함을 보상할 만큼 큰 기쁨을 줄 자신이 있었다. 그렇게 나는 전략적으로 '이기적인 사람'이 되었다.

수험생이라면 누구나 이러한 전략적인 이기심이 필요하다. 그렇지 않으면 주변의 사정과 부탁에 흔들려 공부할 시간을 희생하거나 에너지를 소모하게 된다. 적어도 시험공부를 하는 동안에는 철저히 모든 것을 내 중심으로 맞추고 행동해야 한다. 어떤 순간에 자꾸 흔들려 꿈과 행복을 놓치는 사람이야말로 주변까지 불행하게 만드는, 정말 '이기적이고 나쁜' 사람이 아닐까. 자신은 행복해지기 위해 공부를 선택했고 또한 그 목표를 이룰 것이기 때문에 역설적으로 지금의 (전략적) 이기심이 가치가 있는 것이라고 생각해야 한다.

자신감을 장착하고
시작하는 법

지금은 정확한 계산식이 기억나지 않는다. 아마도 굉장한 엉터리 계산이었을 것으로 생각되지만, 내가 계산한 나의 합격률은 믿기지 않게도 112퍼센트였다. 2퍼센트의 오타가 아니라 정말로 112퍼센트….

내가 응시했던 2010년도 제52회 사법시험은 처음으로 최종합격자 인원을 1,000명에서 800명으로 감축한 때였고, 1차시험에서 오답으로 인해 몇백 명의 추가합격자가 발생하기도 했었다. 여러모로 악조건이었다. 객관적으로 당시 합격률이 3~4퍼센트 정도라고 발표가 났는데, 나는 어떻게 한 자릿수 합격률을 112퍼센트로 만들 수 있었을까?

진짜 라이벌을
가려라

그것은 진짜 라이벌을 가려내는 것에 있었다. 시험공부에 앞서 나는 절대로 양보할 수 없는 전제 하나를 설정했다. 나와 똑같은 지능에, 나와 똑같은 방법으로, 나와 똑같은 노력을 한 사람에게는 지지 않는다는 전제였다. 그런 전제를 두고 나는 다음과 같이 내가 시험에 합격할 가능성을 점쳤다.

사법시험은 1차시험에서 2차 합격자 3배수 정도를 뽑는 것이 일반적이다. 내가 응시한 52회 사법시험은 1차 합격자가 1,963명이었다. 전년도 51회 2차시험 불합격자는 437명 정도로 계산되었다. 게다가 출제 오류로 인한 1차시험 추가합격자 275명이 더 있었다. 그렇게 따지고 보니 대략 2,675명 정도가 내 경쟁 상대였다.

그다음은 나보다 공부 노력이 부족해 내 적수가 되지 못하는 사람들을 가려보았다. 우선 추가합격자 275명은 경쟁 상대에서 배제했다. 그들은 나보다 공부 시간이 부족하고 얼마 전까지도 추가합격 여부로 초조해하며 마음 졸였던 사람들이다.

나보다 공부 시간이 부족한, 2차시험을 처음으로 준비하는 사람들(이를 '초시생'이라 부른다)도 경쟁 상대가 아니라 생각하여 배제했다. 초시생 숫자가 공개되는 것은 아니기에 대략적으로, 1차 합격자의 4분의 1 정도인 약 500명 정도로 잡았다. 1차시험 합격 후 나는 4개월 뒤에 있는 2차시험을 준비할 여유가 없었는데, 제적을 만회하느라 학교 수업을 들어야 했기 때문이다. 그래서 그다음 2차시험이 약 6개월 반 정도 남은 시점부터 제대로 시험 준비를 할 수 있었다(1차 합격자는 2차시험을 두 번까지 칠 수 있다). 초시생들은 2월에 1차시험을 치고 다음 2차시험까지 4개월 정도 준비했지만 나는 그보다 더 많은 시간(대략 7개월 정도)을 할애, 결국 공부 시간은 더 많을 수밖에 없었다.

나보다 지능이 높거나 낮을 것으로 추정되는 사람도 경쟁자에서 배제했다. 대략적으로 300명 정도로 잡았다. 그러고 나니 합격률이 크게 상승했다. 마지막으로 언제 어느 경우든 운이라든가, 기적 같은 순간 집중력으로 합격할 사람들도 제외했다. 이 숫자는 굉장히 적은 비율인 100명 정도 잡았다.

이런 식으로 '가짜 경쟁자들'을 제하고 보니 합격률은 약 56퍼센트가 되었다. 여기까지 계산하자 나는 시험이 왜 '자기 자신과의 싸움'인지 깨달았다. 합격률이 50퍼센트 정도의 시험이라면 결국 합격 또는 불합격, 두 개의 선택지만 남게 된다. 이걸 달리 말하면 내가 나를 이기면 합격이고, 그렇지 않으면 불합격이라는 뜻이다.

이렇게 생각하고 보니 나 자신도 경쟁 상대에서 제거해야 한다는 생각이 들었다. 나는 스스로 자신과의 싸움에서 패배할 확률을 애초에 고려하지 않았기 때문이었다. 그렇게 계산한 최종 결과가 112퍼센트였다.

수학적으로는 말도 안 되는 엉터리 계산이다. 그나마 현실적으로

● **합격률 계산하기** ●

52회 1차시험 합격자 1,963명
+ 출제 오류로 인한 추가합격자 275명
+ 51회 2차 불합격자 437명
　　= 2차시험 총 응시자 수 2,675명

공부 시간이 부족했던 추가합격자 275명
+ 2차시험을 처음 준비하는 초시생 500명
+ 나보다 지능이 높거나 낮은 사람 300명
+ 운으로 합격한 사람 100명
+ …
　　= 나의 라이벌이 될 수 없는 응시자 수 약 1,480명

$\dfrac{1{,}480명}{2{,}675명} \times 100 =$ 합격률 약 56 퍼센트

→ 합격률이 50퍼센트 정도라는 것을 나는 '내가 나를 이기면 무조건 합격'이라는 의미로 받아들였다. 나는 나 자신과의 싸움에서 절대 지지 않으리라 생각해 나 자신도 경쟁 상대에서 제거, 최종 합격률을 112퍼센트로 산출했다.

도출한다고 해도 합격률은 약 56퍼센트에 불과하겠지만, 이러한 과정을 통해 나는 큰 자신감을 얻었다. 이후로는 시험장에 가서 시험에 응

시하는 것이 시험에 맞는 격을 내가 갖추었다는 것, 이미 합격했다는 것을 보여주는 '요식 행위'에 불과하다고 생각하게 되었다.

합격자처럼 계획하라
- 교재 선정 및 계획

대한민국에는
세 종류의 시험만 있다

공부를 본격적으로 시작하기 전에 미리 알아두어야 할 것이 있다. 바로 대한민국의 모든 시험은 세 종류로 분류가 된다는 것이다.

첫 번째 유형은 해설에 대한 별도의 공부가 필요 없이 바로 기출문제를 풀어보고 그 공부만으로도 충분한 시험이다. 운전면허시험이 이에 해당하는 대표적인 예다. 그 외에 시험의 난이도에 따라 조금씩 다르지만, 절대평가형 시험의 일부가 이에 해당한다. 두 번째 유형은 기출문제 그 자체에 대한 공부 외에 해설까지도 공부가 필요한 시험이다. 이에 해당하는 것으로 공무원 시험이나 각종 자격증 시험이 있다. 그 외에 전문직 1차시험 중 절대평가형도 이에 해당한다. 세 번째 유형은 기출문제 공부만으로는 부족하고 그 외의 문제나 교재에 대한 공부까지도 필요한 시험이다. 과거에 있었던 각종 고시나 대학수학능력시험이 이에 해당한다.

이와 같이 유형을 나누는 이유는 공부의 범위를 정해서 시간과 에너지를 낭비 없이 효율적으로 사용하기 위해서다. 예를 들어 두 번째 유형을 공부하는 사람이 기출문제 해설 외에 두꺼운 기본서로 공부를 하거나 학원강사가 만든 사설문제나 다른 시험의 기출문제까지 폭넓게 공부하는 것은 시험에 만전을 기하는 것이 아니다. 그건 '과유불급'에 해당할 뿐이다.

유형을 알고
효율적으로 공략하라

우리나라는 공부를 통해 얻는 결과보다는 공부를 하는 과정 그 자체와 태도를 숭상하는 분위기가 강하게 자리 잡은 편이다. 하지만 결과로 이어지지 않는 공부는 적어도 다른 사람들에게 인정받기 어려울 뿐 아니라, 합격 후에 정당하게 사용되어야 할 시간과 에너지를 미리 낭비하는 셈이 되고 만다.

한편으로 주의할 점도 한 가지를 덧붙이고자 한다. 지금은 설명을 위해 세 가지 유형으로 나누었지만, 이 모든 것은 내가 직접 그동안 나온 기출문제들을 모두 분석하고 시중에 출간된 교재, 합격수기들을 분석해서 얻은 결론이다. 즉 시험을 치는 사람의 입장에서는 처음부터 내가 치는 시험이 어느 유형에 해당하는지를 알기 어려운 것이 사실이다. 그러므로 유형을 정확하게 알기 위해서는 공부를 하고 기출문제를 반복적으로 분석하면서 이를 확인해야 한다.

가장 먼저 한 일,
합격수기 모으기

수험생은 하나같이 비슷한 방법, 익숙한 방식으로 공부를 한다. 이유는 다양하다. 공부 방법에 대해 아는 바가 적거나 자신에게 맞는 방식을 탐색할 시간이 부족하거나 많은 사람이 하고 있는 방법이 검증된 방법이라고 생각해서 그렇다.

어찌 보면 익숙한 방식을 택하는 것이 합리적인 선택처럼 보인다. 그러나 합격을 위한 최대 효율의 공부법을 찾는다면 이 선택을 반드시 재고할 필요가 있다는 이야기를 하고 싶다.

간접 체험을 통해
가장 효율적인 길을 찾는다

나는 게임을 좋아한다. 정말 어릴 때부터, 여덟 살 때부터 게임을 해왔다. 그런데 내가 어릴 때는 게임이 일본어로 되어 있어 공략집 없이는 도저히 게임을 할 수 없었다. 그래서 게임의 흐름이나 시스템을 제대로 이해하기 위해서는 반드시 한글로 된 공략집을 사서 읽어봐야 했다. 오랫동안 그런 식으로 게임을 익히다 보니 게임 전에 공략집을 먼저 보는 것이 나도 모르게 몸에 배게 됐다. 이후에도 나는 무슨 일을 시작하기 전에 활자로 된 안내서나 공략집을 통해 간접 체험을 한 후에 실행에 나섰다.

무언가를 배우는 방식에는 직접 경험과 간접 경험, 두 가지 방식이 있다. 직접 경험은 배울 수 있는 범위가 좁고, 그 경험으로 인한 이익과 불이익을 고스란히 받아야 한다는 단점이 있지만, 경험의 현실감을 체화한다는 면에서 장점을 가진다. 반면 간접 경험은 추상적이기는 하지만 직접 경험을 통해 발생할 수 있는 위험이나 불이익을 하나도 받지 않는다는 장점이 있다.

실제로 많은 사람이 전혀 모르는 곳으로 여행을 떠날 때, 무작정 표를 끊고 떠나기보다 여행책을 미리 보거나 인터넷 검색으로 미리 알아본 후 떠나는 것도 이와 같은 원리다. 시험공부도 마찬가지다. 시험공부에도 '공략집'이 필요하다. 합격자들의 수기가 바로 그것이다.

합격에 맞는 방법을
선택하라

합격수기를 읽고 분석해보면 공부 중 해서는 안 될 것과 해야 할 것을 구별할 수 있다. 그뿐만 아니라, 어느 정도의 시간 동안 어느 정도의 노력을 기울였을 때 어떤 결과가 나올지도 가늠해볼 수 있다. 본격적으로 사법시험을 준비하면서 나 역시 가능한 모든 범위에서 사법시험 '공략집'을 수집했다. 도서관에 가서 과거의 고시잡지들을 모두 뒤졌고, 단행본을 사서 보기도 했으며, 인터넷으로 수기를 스크랩해서 보기도 했다. 그렇게 모은 수기가 최연소 합격자와 수석 합격자의 것만 추려도 30~40개 정도였다.

그렇게까지 합격수기를 찾아본 이유는 합격을 위한 공부 방법이나 습관들을 수기에서 찾을 수 있으며 그것들이 이미 '검증된 방법'이라고 생각했기 때문이다. '많은 사람'이 좋다고 하는 방법은 합격을 위한 공부법이 아닐 수 있었다. 그보다 나는 '합격한 사람'이 말하는 방법이야말로 통계적으로나 경험적으로 성공이 검증된 방법이라고 생각했다. 실제로 그렇게 모아본 수기들 속에서 합격자들이 말하는 공부법과 습관에는 비슷한 공통점과 일정한 패턴이 있었다. 그것을 발견한 후 나는 이 방법이야말로 합격을 위한 방법이라고 믿게 되었다.

합격수기를 분석한 후 직접 고안한 방법으로 공부하는 나를 주변 사람들은 매우 이상하게 보았다. '그런 방식으로 괜찮겠어?' 진심 어린 걱정도 있었지만 '그런 방식으론 어림없다'는 식으로 비아냥거리고 조롱하는 사람들도 있었다.

그 기간에 나는 '왜 아무도 하지 않는 방법으로 공부하느냐'는 말을 정말 숱하게 들었고, 심하게는 '네 시험 결과는 대박 아니면 쪽박이다'라는 말을 듣기도 했다. 그러나 나는 확신이 있었다. 내게 그런 말을 하는 사람들은 아직 시험에 합격하지 못한 사람들이었지만, 내가 따라 하는 방법은 이미 합격한 사람들이 공통적으로 해왔던 것이었기 때문이다. 단지 그것을 모르는 사람들에게만 '불안하고', '생소한' 공부법일 뿐이었다.

합격으로 가는
최적의 길을 찾아라

합격수기에서 공부 전략을 찾기 전에 유념해야 할 것이 있다. 그것은 합격수기에도 참고해야 할 수기가 있고 그렇지 않은 수기가 있다는 것이다. 내가 다른 사람들과 조금 다른 상황이나 조건에서 공부를 하는 경우라면, 나와 비슷한 상황에서 공부한 사람의 합격수기를 보는 것이 도움이 된다.

나는 최연소 합격자와 수석 합격자의 수기만 모았다. 최연소 합격자에게는 공부법 또는 공부 요령을, 수석 합격자에게는 남다른 정신력을 배울 수 있었다. 물론 수석 합격자의 공부법에서도 굉장히 많은 것을 배울 수 있었지만 공부법의 탁월함은 최연소 합격자들의 수기에서 많이 발견했다. 그때 나는 최연소 합격자의 수기를 정말 '마르고 닳도록' 읽었다. 한 단어, 한 문장의 의미와 행간을 알아내기 위해 엄청난 노력을 했다. 반면에 수석 합격자의 수기는 책상머리 또는 화장실에 두고 약간이라도 슬럼프가 오거나 흔들리는 순간 꺼내 읽으며 마음을 다잡는 용도로 썼다.

최적의 전략법 찾기

몇 가지 수기를 예로 들어 합격수기에서 어떻게 공부법을 배울 수 있었는지 살펴보도록 하자.

> **#01** "겨울방학이 시작되니 벌써 남들은 7-5-3-1 회독법(7일, 5일, 3일, 1일을 할애해서 해당 범위를 반복해 읽는 공부법)과 같은 막판 정리에 돌입하고 있었지만 그럴 수 있는 사정이 아니었기 때문에 이런저런 궁리 끝에 내 방식대로 계획을 세우고 밀어붙이기로 했다. 우선 과목당 10일 내지 14일 정도의 여유를 가지고 천천히 3회독을 해나갔고, 이때 민법은 타 학원의 진도별 모의고사를, 형법은 김일수 교수님 문제집을, 헌법은 민경식 교수님 문제집을 풀어서 문제풀이 능력을 집중적으로 향상시켰다. 이 시점에 무슨 교수 문제집이냐고 말리는 사람들도 있었지만 개인적으로는 다양한 문제를 풀 수 있어서 큰 도움을 받았다."

내가 합격수기 분석을 시작한 시점은 1차시험을 한 달 반 정도 남겨뒀을 때였다. 위 예시의 합격자는 겨울방학이 시작하는 11월 말부터 공부를 시작해 2월 중순의 1차시험까지 두 달 반의 시간을 남겨두고 공부한 사람이었다. 나는 그보다 더 짧은 시간 안에 공부를 해야 했기에 과목당 일주일씩 세 번 보기로 계획을 세웠다. 4일, 2일, 1일로 계획을 세워 책을 세 번 읽었다. 마지막에 문제풀이를 하면서 내가 공부한 것을 제대로 기억하고 출력할 수 있는지 점검할 때 도움이 될 만한 문제집도 이 수기에서 알 수 있었다.

그리고 내 선택을 끝까지 밀고 나가는 고집도 있어야 한다는 점도 배웠다. 비록 다른 사람들과 같은 선택이 아니라고 해도 내가 선택한 합리적인 이유가 있다면 말이다. 이 합격수기의 저자는 보다 부드러운 어조로 말하고 있지만 "다양한 문제를 풀 수 있었다"는 부분에서 천천히 3회독을 하여 익힌 지식을 넓고 얕게 문제에 적용하는 연습을 했음을 알 수 있었다.

#02 "1차를 준비할 시간은 약 3개월이 남았습니다. 남은 3개월의 기간 동안 1차 선택과목을 포함한 모든 과목을 한꺼번에 다하려고 하니 엄두가 나지 않았지만 나름대로 전략을 세워야겠다는 생각이 들었고 '<u>객관식 문제집을 계속 풀어서 실전 감각을 익히는 것</u>'이 가장 효율적일 것이라고 결론을 내렸습니다. 시중의 <u>문제집 약 '20권 이상'</u>을 한꺼번에 구입하여 두 달 계획을 세우고 미친 듯이 풀어나갔습니다. 밤을 새운 적도 많이 있었지만 계획을 밀

리지 않고 끝까지 완수하였을 때 남다른 보람을 느낄 수 있었습니다. 그러다 보니 어느 정도 문제 유형에 익숙해질 수 있었고 약간의 자신감도 생기게 되었습니다. 1차시험 공부는 고등학교 수능과 매우 흡사합니다. 공부를 오래한 분들이 반드시 합격하는 것이 아니기 때문에 시험에 나올 내용만 효과적으로 공부하는 것이 중요합니다. 특히 문제집을 많이 푸는 것이 큰 도움이 됩니다. 솔직히 고백하면 기본서를 읽는 동안 내가 지금 읽는 내용이 무슨 의미인지 정확히 이해하기 어려웠습니다. 그러다가 객관식 문제집을 풀면서는 실체적인 의미를 알 수 있게 되었고 법학이 실생활에서 가지는 구체적인 의미도 어렴풋이 알아갈 수 있었습니다. 문제집을 통하여 또 하나 얻을 수 있는 것은 판례를 추상적으로만 아는 것이 아니라 시험에 나올 수 있는 유형으로 편집되어 있기에 간단하면서도 효과적으로 학습할 수 있다는 것입니다. 20권 이상 문제집을 풀다 보니 어떤 판례는 계속 반복해서 나온다는 걸 알게 되었고 그렇게 저절로 암기를 할 수 있었습니다. … 합격을 간절히 원하는 수험생 여러분에게는 도움이 될지도 모른다고 생각하여 이렇게 적어보는 것입니다. 또한 출제경향이 저처럼 공부한 사람이 고득점하는 추세로 가고 있는 듯해 더욱 추천해드리고 싶습니다."

이것은 어느 최연소 합격자의 수기인데 이 사람 역시 3개월이라는 짧은 시간 동안 1차시험을 준비했다. 기적을 만든 이 합격수기를 보면서 '나라고 그런 기적을 만들지 말라는 법은 없지 않은가?'라는 희망을 갖게 되었다.

또한 이 합격수기에는 아직까지도 배울 점이 많다. 먼저 짧은 기간에 지식을 채우기에 가장 적합한 도구는 교과서나 기본서가 아니라 문제집, 정확히는 문제집의 해설이라는 점이다. 이를 통해 고득점을 할 수 있었다는 내용을 통해 나는 출제 유형이 선별된 교재(=문제집) 해설을 정독하는 방법이 보다 입체적인 이해를 가능하게 한다는 걸 알게 되었다. 다만 문제를 많이 풀어도 안 좋은 결과가 나오는 경우가 꽤 많았으므로, 문제를 많이 풀면서 머릿속에 넣어둔 지식을 활용하는 연습에 집중했다.

이 합격수기를 통해 나는 무엇보다도 시험을 대하는 마인드를 완전히 바꿀 수 있었다. 기본서를 꼼꼼히 이해하고 논문이나 판례평석을 공부하는 것이 주변에서 흔히 볼 수 있는 전형적이고 표준적인 고시생의 모습이었는데, 이 수기의 저자는 전혀 다른 방법으로 좋은 결과를 만들었기 때문이다. 즉, 일반적으로 통용되는 방식이 반드시 효율적이지 않을 수도 있다는 생각을 갖게 되었다.

#03 "2차 공부는 단권화에 초점을 뒀습니다. 다만 따로 자료를 보충할 때는 기본서의 어느 행간에 들어가야 하는지, 왜 논의가 되는 것인지 생각하면서 신중하게 했습니다. 이러한 방식으로 공부를 했던 것이 흐름을 파악하고 이해도를 높이는 데 도움이 되었다고 생각합니다. 그리고 자료를 보충하는 것을 최소화하고 대신 기본서의 단어나 행간에서 내용을 이끌어낼 수 있도록 생각하면서 공부했습니다.

… 5월이 되면서 2차시험도 얼마 남지 않았는데, 재시로 시험 보는 사람들에 비해 저는 아는 게 부족했고 모의고사 점수도 생각만큼 나오지 않았습니다. 그 사람들과 같은 방법으로는 합격할 수 없겠다고 생각하고 '과락을 면하는 방법'으로 작전을 바꿨습니다. 저는 2차시험은 모범답안을 쓰는 시험이 아니라 '틀리지 않은 말을 쓰면 되는 시험'이라고 생각했습니다. 논점의 맥락을 정확히 이해하고 학설의 요점만 알면 답안지에 어지간히 지어서 써도 틀리지 않은 말이 된다는 것을 알았습니다. 과목마다 지엽적인 부분은 과감히 포기하고 논점별로 핵심단어 몇 개씩만 정리된 기본서에 따로 연필로 표시해 외우기 시작했습니다. 이런 방식으로 공부해 답안지를 작성해보면서 어느 정도 과락은 면할 수 있지 않을까 하는 자신이 생겼던 것 같습니다. 과락을 면하는 것을 목표로 공부하니 암기 부담이 상당히 줄었고 대신 맥락을 이해하려고 노력했습니다. 저는 중요한 판례는 무조건 다섯 줄 이상씩 쓰기로 마음먹고 판례가 제시하는 논거만큼은 머릿글자를 따서라도 암기해 답안지에 표현할 수 있도록 했습니다."

이 수기는 2차시험에 대한 나의 공부 패러다임을 완전히 바꾸어준 합격수기였다. 첫 번째 단락에서는 '단권화'를 어느 부분에 중점을 두고 해야 하는지 상세히 소개하고 있다. 핵심은 현재 내게 주어진 책의 '물리적인 양'을 늘리는 게 아니라 '내 지식의 양'을 늘리는 게 중요하다는 것이다. 그 과정에서 오히려 책에서 볼 양이 줄어든다는 점도 충분히 추측할 수 있었다. 나는 저 단락을 통해 단권화의 모든 것을 배울 수 있었다.

　두 번째 단락은 서술형 답안의 핵심을 설명해준다. "모범답안을 쓰는 시험이 아니라 틀리지 않은 말을 쓰면 되는 시험." 그간 모든 사람이 사법시험이라는 괴물에게 졌던 이유가 정확한 모범답안을 훌륭하게 써내야 한다는 것 때문이었는데, 이 수기는 그 논리를 정면으로 뒤엎는 것이었다. 실제로 이 부분을 읽고 나서 나는 이 말이 정말인지 궁금해 알아보았다. 서로 다른 모범답안 세 가지 정도를 펼쳐놓고 중첩되는 부분을 찾아 표시했더니 특정 어구나 단어로 집약된다는 것을 확인할 수 있었다. 말하자면 2차시험은 세부적인 부분까지 100퍼센트 맞아야 하는 시험이 아니며, 70퍼센트 정도만 정확하게 쓴다면 나머지 부분이 당락을 좌우하지는 않았다.

　이러한 패러다임 전환을 통해 나는 내가 공부해야 할 부분과 공부 방식을 명확히 파악할 수 있었다. 목표가 매우 낮아지면서 부담감을 많이 덜 수 있었고, 결정적으로 공부가 재미있어지기 시작했다.

친절한 책일수록
부실한 무기

대학수학능력시험에서는 오래전부터 요약서가 존재했지만 사법시험을 비롯한 다른 국가시험에서는 2000년대 중반에 들어서야 본격적으로 요약서가 일반화됐다. 그래서 그전까지는 이른바 체계서, 즉 어떤 학자의 지식을 정서하여 체계화시켜둔 것을 교과서 삼아 공부하는 것이 대부분이었다.

그러다 수험생들이 편리함을 추구하면서 교과서의 경향도 바뀌기 시작했다. 수험생들은 점점 얇고 간단하게 정리된 책을 찾았다. 그러나 그 경향과 별개로 수험생의 불안감은 쉽게 사그라지지 않는 법. 최근에는 '모든 것을 담고 있다'는 요약서가 점점 늘어나고 있는 추세다. 수험생들이 기본 개념이나 이론뿐 아니라 다양한 문제와 핵심정리가

● 체계서와 요약서 예시 ●

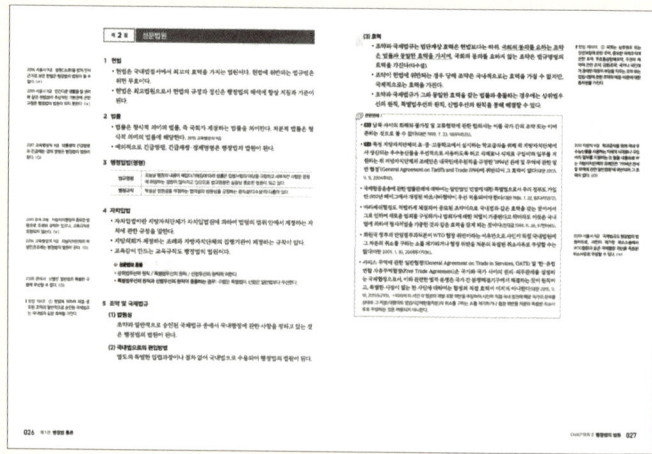

체계서 - 《행정법》(전면개정7판), 김철용 지음, 고시계사

요약서 - 《2020 전효진 한권 행정법 총론》 전효진 지음, 도서출판연승

모두 한 권에 들어 있는 책을 선호하기 때문이다. 한마디로 수험생들에게는 '정리가 잘되어 있고 먹음직스러운 책'이 요즘 인기라고 할 수 있다.

잘 정리된 책이 공부를 방해하는 이유

문제는 공부가 오로지 '스스로' 그것을 정리했을 때에만 의미가 있다는 것이다. 공부의 대상이 되는 지식과 정보들을 정리하고 배치하며 요약하는 작업 자체가(이 책의 다른 부분에서 상세히 밝히겠지만) 바로 '공부'이기 때문이다. 그러니 정리와 요약이 잘되어 있는 책은 저자 본인이 그 책을 '쓰면서' 공부한 결과에 불과할 뿐 수험생 본인이 공부한 것은 아님을 알아야 한다.

나는 그런 책으로 공부를 하는 것은 마치 요리사가 되려는 사람이 '3분 요리'를 뜯어서 요리 연습을 하는 것과 같다고 생각한다. 그렇게 한다면 짧은 시간 동안 굉장히 많은 요리를 먹어볼 수 있어도 결코 그것과 같은 요리를 만들 수는 없을 것이다. 결국 '기본 개념뿐 아니라 각종 문제와 핵심 정리까지 담긴 먹음직스러운 책'은 우리 스스로 정리하고 요약하는, 공부할 기회를 뺏는 책이다.

요즘 공부하는 수험생들을 보면 예쁘게 정리된 책만 찾고 그것을 눈으로 훑어보며 공부를 했다고 만족하는 것 같다. 그런 방식으로 공부하면 정작 스스로 직접 공부 대상을 다뤄보지도 않았는데 충분히 공부했다는 착각을 하게 되고, 거기에 계속 안주하게 되어 합격에서 멀어지게 된다.

얇은 책일수록
내가 공부해야 할 양이 많아진다

수험생들이 선호하는 책이 또 하나 있다. 바로 얇은 책이다. 짧은 시간 내에 전체적인 내용을 파악할 수 있고 반복해서 보는 데 시간이 적게 걸리기 때문인데, 얇은 책은 역설적이게도 공부하는 데 있어 가장 부담스러운 책이다.

'두꺼운' 책에 공부해야 할 전체 지식의 80 정도가 실려 있다고 해보자. 그렇다면 일반적으로 많이 보는 얇은 책에는 어느 정도의 지식이 실려 있을까? 책에 따라 다르겠지만 통상적으로는 30~50 정도의 양이 실려 있다. 이런 책으로 공부를 한 후 시험을 잘 칠 수 있을까? 안타깝게도 답은 '아니오'다. 이 점을 수험생들도 알고 있기에 보통은 인터넷이나 학원 강의를 통해 30~50 정도의 부족한 지식을 보충하려고 한다.

진짜 내 공부가 되기 위해
필요한 활자화 작업

여기서 또 하나 짚고 넘어가야 하는 것이 있다. 바로 보충 공부로 많은 사람이 선택하는 강의는 주로 음성으로 이루어진다는 사실이다. 음성은 활자에 비해 큰 에너지 없이 지식을 전달받을 수 있다는 장점이 있지만 지식을 전달하는 입자가 파편적이고 휘발성이 높다. 따라서 머릿속에 지식을 입력하기 위해서 다시 활자화해야 하는 추가 단계가 필요하다. 말하자면 강의는 강사가 쉴 새 없이 음성파일(.mp3)을 내게 전송해주는 것과 같은 방식이다. 결국 그 강의 내용이 내 것이 되려면 강의 전체를 그대로 옮긴 텍스트가 있거나, 그것이 없다면 다시 책에서 스스로 해당 내용을 찾아보면서 부족한 부분을 활자의 형태로 보충해야 한다.

그런데 이런 수고를 병행하며 공부하는 사람이 거의 없다. 마치 눈으로 책을 읽듯 강의도 귀로 듣고 별다른 정리 과정 없이 흘려버린다. 그렇게 공부를 하면 굉장히 많은 양의 강의를 '들었지만' 실제로 머릿속에 남는 것은 하나도 없게 된다. 얇은 책을 선택했다면 반드시 보충 과정을 거쳐야 한다. 그리고 그 과정은 타인의 언어를 나의 지식과 사고에 따라 재정비하고 활자화해야 하는, 매우 번거롭고 부담스러운 일이다.

어떤 책을 선택해야 할까

 합격수기를 보면 하나의 공식이라고 해도 좋을 정도로 교재 추천이 포함되어 있다. 합격자들이 추천하는 교재들 중 가장 많은 추천을 받은 책을 선택하는 것이 안전한 선택이라는 건 두말할 필요가 없다. 그러나 수험생에게 책은 전쟁에 가지고 나갈 무기와 같아서 나와 맞지 않으면 의미가 없다. 합격수기를 통해 책을 선택하는 것은 비교적 안전한 방법이지만 반드시 따를 필요는 없다.
 가장 좋은 교과서 선택법은 합격자들이 그 교과서를 선택하여 어떤 점을 보다 중점적으로 고려했는지, 어떤 이유로 선택했는지 살펴보고 그중 자신이 개인적으로 흥미를 느끼는 책을 선택하는 것이다. 아무리 좋은 책도 스스로 흥미가 생기지 않아 읽지 않으면 아무 소용이 없다. 그러나 흥미는 있지만 다른 책(추천도서)보다 내용이 부족하다면 부족한 부분을 스스로 보충하고, 넘치면 넘친 부분을 잘라내 사용하면 된다.

사법시험을 준비하면서 나는 다른 사람들은 좀처럼 보지 않는, 순전히 나의 흥미를 기준으로 교재를 선택했다. 물론 여기서의 흥미는 재미가 아니고 '지적인 흥미'를 말하는 것이다. 당시 내 선택 기준은 저자가 사법시험에 합격한 사람인지, 어떠한 문제에 대한 결론이 설득력이 있는지, 이 두 가지였다. 그렇게 선택한 책이 1997년에 발간된 책이었다. 내가 2010년의 시험을 준비하고 있었는데 10년도 더 된 책을 보고 공부를 하니 주변 수험생들은 하나같이 '너는 대학원 준비하는 거니?'라고 묻곤 했다. 그러나 나는 내가 선택한 책들을 믿었고 마치 게임을 하듯이 재미있게 탐독했다. 그 후 9개월이라는 짧은 기간의 준비로 합격할 수 있었다.

오래 볼 수 있는 책을 선택하라

다시 한 번 이야기하지만, 책 선택에서 가장 첫 번째로 고려해야 하는 사항은 지적인 흥미다. 시험공부는 며칠, 단 몇 주로 끝나는 것이 아니기 때문이다. 그런 점에서 반드시 질리지 않고 오래 볼 수 있는 책을 선택해야 한다.

나의 흥미를 끄는 책을 골랐다면 그다음은 이 책을 합격으로 이끌 완벽한 무기로 만들겠다는 책임감을 가져야 한다. 보통의 수험서들은 시험 내용의 약 80 정도만 담고 있다. 이를 스스로 100으로 만들겠다는 생각을 해야 한다.

어떻게 해야 80을 100으로 만들 수 있을까? 공부를 하다 보면 내가 선택한 책 외에도 주변에서 유용하다고 하는 참고서와 자료 등을 접할 수 있다. 나는 이를 적극 활용하라고 권하고 싶다. 보통 수험생들은 자신이 선택한 책과 교재 외에 다른 것은 잘 보지 않는데, 앞서 말한 것처럼 80을 100으로 만들려면 다른 자료를 참고하는 것이 도움이 된다.

점수를 버려야 합격할 수 있다

일반적으로 수험생들은 오로지 점수를 많이 받아야 시험에 합격한다고 착각한다. 나도 처음에는 비슷한 생각을 갖고 있었다. 그러나 합격수기를 분석하고 그들이 말한 것을 확인해보기 위해 기출문제를 정밀하게 분석하면서 중요한 사실 하나를 깨달았다. 역대 가장 어려운 시험으로 여겨졌던 사법시험조차 지난 5~10년 치의 기출문제를 완벽하게 풀 수 있다면 큰 어려움 없이 합격할 수 있다는 것이다. 그런데도 대부분의 수험생들은 마치 합격의 필요한 점수가 150점 이상인 것처럼 모든 것을 공부하려고 한다. 실제로는 기출문제만 잘 풀어도, 70점만 맞아도 되는 데 말이다.

시험공부는 격에 맞는 상태를 만드는 것이 관건이다. 1등만, 최고점만 합격하는 것이 아니다. 그러므로 몇 점을 목표로 할지, 이것을 먼저 명확하게 해야 한다. 그래야 어느 정도의 에너지와 시간을 공부에 쏟을 것인지 전략을 짤 수 있다.

아이러니하게도 강의를 하는 사람들조차 이런 전략적인 생각 없이 학생들을 가르치고는 한다. 해당 내용이 시험에 나오는지 안 나오는지 고려하지도 않고 모든 범위를 싹 다 가르치는 것이다. 그러면 강사 본인은 '이번 시험문제 모두 내가 가르친 부분에서 나왔다'고 말할 수 있다. 그러나 그 강의를 듣는 수험생은 시험에 나오지 않는 부분을 공부하느라 시간과 에너지를 낭비하게 된다. 안타까운 점은 수험생 본인이 시험에 나오는 부분만 골라서 들어야지 하다가도 문제를 하나라도 더 맞추고 싶다는 마음 때문에 강의 몇 강을 스킵하거나 교재 몇 단원을 건너뛰지 못한다는 것이다.

그러나 생각을 바꿔야 한다. 점수 일부를 버리더라도, 내가 선택한 교재나 강의를 100퍼센트 소화하지 못하더라도 시험에 합격할 수 있다는 발상의 전환이 필요하다.

합격에 필요한 점수를 계산하라

당시 사법시험은 선택 과목을 포함해 총 네 과목을 봐야 했다. 필수

과목은 각각 100점, 선택 과목은 50점이 만점이었다. 목표 점수를 정하기 위해서는 이전 시험의 커트라인 점수를 알아야 했다. 알아보니 내가 응시한 52회 이전의 1차시험 커트라인은 252점, 50회 시험은 255.99점, 49회 시험은 261.20점이었다. 커트라인 점수의 변동 폭이 3년간 10.5점을 넘지 않았으므로 나는 목표 점수를 최근 시험 중 가장 높았던 점수에 11점을 더해 273점으로 잡았다.

그중 선택 과목은 기출문제만 봐도 10문제 중 8개를 맞혀 최소 30~32점(표준점수)은 맞출 수 있다고 판단했다. 그렇다면 선택 과목에서 최소한도로 얻을 30점을 제외하고 나머지 세 과목에서 얻어야 할 점수는 약 243점이었다.

이는 과목별로 81점(243÷3과목)을 받으면 되는 점수여서 내 목표는 과목별로 19점을 버리는 것이었다. 선택 과목을 제외한 나머지 세 과목은 난이도를 기준으로 2점 문제가 25개, 3점 문제가 12~13개, 4점 문제가 2~3개 정도로 출제가 되었는데 가장 난이도가 높은 4점은 모두 버리고(최대 -12점), 3점은 2개를(-6점), 2점은 모두 맞히는 것으로 계획을 세웠다.

비슷한 맥락에서 나는 공부를 할 때 이해가 잘되지 않는 부분은 나중으로 미루어두었다. 지금 알 수 없는 것에 지나치게 많은 에너지와 노력을 쏟기보다 공부할 수 있는 것을 탄탄히 쌓은 후에 어려운 부분으로 나아가고자 했다. 현재 얻을 수 있는 지식을 확실하게 챙긴다는 전략이었다.

실제 시험장에서 문제를 풀 때도 마찬가지였다. 객관식 시험은 시작하자마자 눈으로 보면서 바로 풀리는 문제들을 제거해나갔고, 모르는 문제로 보이거나 시간이 많이 필요한 문제는 동그라미를 쳐두었다가 마지막에 에너지를 쏟아 맞히자고 생각하고 미루었다. 그리고 목표 점수에 따라 각 과목별로 '틀려도 되는 문제'의 개수를 계산해서 모르거나 어려운 문제는 미련 없이 포기했다. 그 결과 객관식은 90점이 넘는 좋은 성적으로 합격할 수 있었다.

합격의 조건을 역순으로 따져 발상을 전환하면 공부가 쾌적해지고 재미있어진다. 합격은 압축적으로 많은 양을 담고 있는 책의 구석구석까지 샅샅이 다 살펴봐야만 할 수 있는 게 아니다. 쉽고 기본적인 부분부터 정복해나가도 된다는 것을 알면 실제 합격에 필요한 공부 분량이 그렇게 부담스럽지 않음을 깨닫게 된다. 그렇게 되면 그 후 당신의 공부는 날개를 달게 될 것이다.

공부의 3단계, 계획-실행-점검

교내 고시반에 있을 때 고시반을 지도해주셨던 교수님과 면담하는 날이었다. 당시 나는 합격수기를 모아 나름의 준비를 하고 공부를 시작했으나, 진척이 없다는 생각 때문에 고민이 많았다. 교수님은 사법시험에 합격한 후 실무 생활을 하시다가 교단으로 옮겨온 분이셔서 실질적인 조언을 해주시기로 유명했다. 제 문제가 무엇일까요, 면담 시간에 내 고민을 이야기했다. 그때 교수님이 해주신 말이 내게 뜻밖의 깨달음을 주었다.

"이전의 공부와 달리 (사법)시험공부가 힘든 이유는 스스로 '계획'을 수립하고 '실행'하고 그 실행의 문제점과 성취도 등을 홀로 '점검'해야 하기 때문이야. 그런데 그걸 모르고 중·고등학교 때처럼 계획하고 실행만 하는 공부를 하고 있어."

우리는 스스로
점검하는 공부를 해본 적이 없다

초등학교, 중학교에 다닌 사람이라면 누구나 '계획하기'에 도가 튼다. 우리가 시험에 대비해 작성한 수십, 수백 장의 계획표를 떠올려보라. 고등학교까지의 성적은 대체로 얼마만큼 (계획한 것을) '실행'하느냐에 달려 있기 때문에 실행력의 중요성도 잘 인식하고 있다.

그러나 '점검'은 얘기가 다르다. 고등학생 때까지는 부모님, 선생님과 같이 주변에 점검기관이 많기 때문에 굳이 스스로 점검할 일도, 해야 할 필요성도, 아니 아예 '점검' 자체를 의식하지 못한다.

그런 상태로 성인이 되어 난도가 높은 '시험공부'를 하면 결함이 생기게 된다. 공부라는 것은 원래 계획-실행-점검, 이 3단계로 이뤄지는데 우리는 여태껏 계획과 실행에만 에너지를 쏟아왔던 터라 종종 이 점검 단계를 잊어버린다. 그런 맥락에서 성인이 된 후의 시험공부는 점검이 얼마나 정확히 되는가에 따라 성패가 좌우된다고 해도 과언이 아니다.

계획에서 '점검 단계'를
반드시 고려하라

교수님의 말을 듣고 보니 지금까지의 내 공부가 달리 보였다. 대한민국의 권력도 입법부, 행정부, 사법부로 나누어 계획을 수립하는 기관과 그 계획을 실행에 옮기는 기관, 그 계획과 실행의 적정성을 검토하는 기관을 각각 다른 프로세스에 따라 움직이게 하지 않았던가. 그런데 그중 하나가 빠진다?! 그러면 균형이 깨질 것이다. 공부도 그와 같이 단계를 나누어 접근해야 한다는 것을 나는 교수님과의 면담을 통해 알 수 있었다.

단순히 열심히 할 것이 아니라 어떤 계획을 수립할 것인지, 어떻게 얼마 동안 그것을 실행할 것인지, 그리고 계획과 실행이 적절히 이루어지고 있는지 확인하고 점검하는 순서로 공부를 해야 한다. 그리고 이 3단계를 의식하고 공부 계획을 세워야 한다.

나아가 공부의 단계를 나누는 것은 세부적인 공부에도 큰 의미를 준다. 가령 단순하게 오늘 공부한 내용을 되돌아보는 것을 복습이라고 생각하지만 되돌아봐도 애초에 머리에 남길 것이 없다면 어떠한가? 그 경우 그날의 공부는 '공부'와 유사한 행위를 했을 뿐 실제로 공부한 것이 아니다. 그때는 복습이 아니라 재학습이 필요한 상황이다. 그것은 지식이 머리에 자리를 잡았는지 확인하는 점검 과정 없이는 절대 알 수 없다. 나는 이와 같은 점검을 위해 매일 두세 시간마다

10~15분 정도 점검 시간을 두어 지금까지 한 공부가 어느 정도 머리에 자리 잡았는지 반드시 확인하곤 했다.

뒤에서 자세히 설명할 예정이지만 내가 '공부의 3단계'를 실제로 어떻게 적용했는지 간단히 설명하자면, 계획은 매주 마지막 날에 한 번, 그다음 주의 공부에 대해서만 짰다. 점검은 목표 분량에 대한 공부를 마쳤을 때마다 10~15분 정도씩, 그리고 하루 공부를 마쳤을 때마다 무제한의 시간을 들여 진행했다. 실행은 계획과 점검 외 나머지 시간 전체를 모두 할애했다.

공부 계획은
어떻게 세워야 효과적일까

시험공부 계획을 세울 때 보통은 시험일 기준, 남은 기간을 역순으로 계산해 계획을 세운다. 이때 중요하게 고려할 것이 있다. 대학수학능력시험을 치는 학생들 중에는 오늘부터 수능날까지 일日로 계산해 '오늘부터 시험 날까지 하루에 1점씩만 올리면'이라는 생각으로 공부 계획을 세우는 사람들이 있다. 하루 단위로 계획을 세우는 '일별 계획법'이라고 부르는 방법이다.

그러나 실제로 해본 사람들은 잘 알겠지만 하루 단위로 계획을 세우면 심리적으로 남은 기간이 많게 느껴져 나태해지기가 쉽다.

그렇다면 월별로 계획을 짜는 것은 어떨까? 가령 '시험까지 다섯 달이 남았다, 두 달이 남았다'는 식으로 계획을 짜고 진행하는 것이다.

그러나 이것 역시 추천하고 싶지 않다. 남은 기간이 지나치게 짧게 느껴져 공부 진행에 불안감을 부추길 가능성이 크다. 불안감이 커지면 기존 계획을 자꾸 수정하게 되고 공부 방법의 일관성이 흐트러지기 쉽다.

결론적으로 나는 주별 계획을 세우길 권한다. 일별, 월별로 계획을 세우면 생길 수 있는 '현실감이 떨어지는 단점'이 제거될 뿐만 아니라 이 계획은 중·고등학교, 대학교를 거치면서 익숙해진 습관이어서 생체 리듬과도 잘 맞고 수험생활에 적응하는 것에도 어려움이 적다.

일별이 아니라
주별로 계획을 세워라

주별 계획은 다음과 같이 세운다. 먼저 공부에만 전념할 수 있는 주별 목표 시간을 설정한다. 수험생의 경우 60시간, 직장인의 경우 20~30시간을 목표로 하는 것이 좋다. 그리고 쉬는 날을 정한다. 정확히는 완전히 쉬는 것이 아니고, 계획한 주별 공부를 다하지 못했을 때 추가적으로 공부할 수 있는 날이다. 그때그때 컨디션이 달라질 수 있으므로 물리적으로나 심리적으로 보충 공부를 할 수 있는 날을 지정해서 주별 목표를 완전히 달성하도록 설정한다. 이렇게 해서 공부하는 날과 쉬는 날을 포함해서 6일을 1주로 계획을 짠다.

● 주별 계획표 예시 ●

	월	화	수	목	금	토+일	총
4월 1주차	1 국어 문제 형법 (구성요건) 시간: 9H 성취도: 중 -1	2 영어 문제 형법 (구성요건) 시간: 10H 성취도: 중 	3 국어 문제 형법 (구성요건) 시간: 11H 성취도: 중 +1	4 영어 문제 형법 (구성요건) 시간: 9.5H 성취도: 중 -0.5	5 국어 문제 형법 (구성요건) 시간: 9H 성취도: 중 -1	6, 7 영어 문제 형법 (구성요건) 시간: 10H 성취도: 중 	목표 60시간 60
4월 2주차	8 국어 문제 형법 (위법성) 시간: 11.5H 성취도: 중 +1.5	9 영어 문제 형법 (위법성) 시간: 11H 성취도: 중 +1	10 국어 문제 형법 (위법성) 시간: 13H 성취도: 중 +3	11 영어 문제 형법 (책임) 시간: 10H 성취도: 중 	12 국어 문제 형법 (책임) 시간: 11H 성취도: 중 +1	13, 14 영어 문제 형법 (책임) 시간: 14H 성취도: 중 +4	목표 60시간 70.5
4월 3주차	15 국어 문제 형법 (책임) 시간: 11H 성취도: 중 +1	16 영어 문제 형법 (공범) 시간: 11H 성취도: 하 +1	17 국어 문제 형법 (공범) 시간: 12.5H 성취도: 중 +2.5	18 영어 문제 형법 (공범) 시간: 10H 성취도: 중 	19 국어 문제 형법 (나머지) 시간: 8H 성취도: 하 +2.5	20, 21 영어 문제 형법 (나머지) 시간: 15H 성취도: 중 +5	목표 60시간 67.5
4월 4주차	22 국어 문제 사회 기출 시간: 11H 성취도: 상 +1	23 영어 문제 사회 기출 시간: 11H 성취도: 중 +1	24 국어 문제 사회 기출 시간: 11H 성취도: 중 +1	25 영어 문제 사회 기출 시간: 12H 성취도: 상 +2	26 국어 문제 사회 기출 시간: 11H 성취도: 중 +1	27 영어 문제 사회 기출 시간: 15H 성취도: 하 +5	목표 60시간 71

60시간을 기준으로 할 경우 하루의 공부 시간은 10시간이 된다. 세부적인 공부 계획은 '하루에 내가 얼마나 공부할 수 있을 것인가'를 기준으로 다시 세운다(바로 뒤에서 다시 설명하겠다).

계획표 칸별 하단에는 하루에 실제로 얼마나 공부했는지 그 시간과 성취도를 기재하는 부분을 만들어두길 바란다. 매일 공부가 끝날 때마다 자체적으로 점검 및 평가를 하고 기록하는 것이다. 이때 스스로 점검하면서 내일의 공부를 새롭게 계획할 수 있다.

계획의 핵심은 목표 달성을 위해 공부량을 탄력적으로 운용하면서도 긴장감이 떨어지지 않게 정기적으로 점검하는 것에 있다. 주별로 계획하면 일별로 유연하게 공부하되 주별로 목표 달성을 점검해 적당한 긴장감이 유지되는 공부 리듬을 가질 수 있다. 게다가 성취도를 쉽게 파악할 수 있고, 내가 어느 정도의 강도로 공부하고, 어느 정도로 휴식을 취하는 게 좋은지, 즉 당근과 채찍을 어떻게 사용하면 좋을지 가늠할 수 있다.

하루에
얼마만큼 공부를 해야 할까

계획을 세우는 데 있어 중요하게 고려해야 하는 기준이 있다. 바로 하루에 어느 정도의 시간을 공부해야 하는가이다.

"나 오늘 ○○ 과목을 ○시간 공부했어."

위 대화는 수험생들이 흔하게 나누는 말이다. 이처럼 많은 수험생이 시간을 기준으로 '하루' 공부 계획을 짠다. 하지만 나는 시간보다 '분량'을 기준으로 계획하는 것을 추천하고 싶다.

대부분 경험이 있겠지만 아무리 집중력이 좋은 사람도 하염없이 시계만 쳐다보는 날이 있기 마련이다. 공부라는 것이 정신적·신체적으로 부담을 주는 행위인지라 자기도 모르는 사이에 '끝난 후'의 달콤함을 기다리게 된다. 그래서 시간으로 계획을 세우면 공부 과정 전체가 불안정하기 쉬울 뿐 아니라 효율도 일정하게 유지하기가 어렵다. 그날의 집중이라는 변수에 따라 시간 대비 공부 효율이 매번 달라지기 때문이다.

이를테면 한 시간을 공부한다고 해보자. 그런데 공부 워밍업을 하는 데 통상 10~15분, 시간이 지나가길 기다리면서 그 시간을 버리는 10~15분, 정말 집중해서 공부하는 시간은 한 시간 중 30~40분밖에 되지 않는다. 그런데 그 30~40분의 시간도 집중하지 못했다면? 한 시간을 앉아 있었어도 머릿속에 남은 것은 별로 없을 것이다.

시간이 아니라
분량을 기준으로

나 같은 경우는 분량을 기준으로 공부 계획을 세웠다. 그러려면 평소 내가 소화할 수 있는 공부량이 어느 정도 되는지 알아야 한다. 가장 좋은 방법은 하루에 해낼 수 있는 공부량을 계속 기록하면서 객관적인 양을 가늠해가는 것이다. 수험생, 특히 혼자 공부하는 사람은 조금이라도 마음이 흔들리는 일이 생기면 자기합리화를 하면서 일을 무마하기 쉽다. 객관적인 통계나 자료가 있다면 다르다. 내가 얼마만큼의 공부를 할 수 있는지, 해야 하는지 명확하기 때문에 섣부른 자기합리화로 잘못을 무마하기가 어렵다.

우선 나는 처음 시작하는 과목의 경우, 편한 마음으로 쭉 책을 읽어 나갔다. 그날 공부가 끝난 지점의 페이지를 기록했다가 이튿째 그 분량을 기준으로 조금 더 양을 추가해서 공부를 했다. 그렇게 첫날 공부했던 양을 기준으로 분량을 추가하거나 줄여서 최종적인 목표량을 수립했다.

그렇게 확인한 공부량을 기준으로 해서 나는 한 번 자리에 앉으면 서너 시간 정도 쭉 공부를 했다. 한 시간에 대략 15페이지 정도 분량의 챕터 하나를 이해하는 것을 목표로 했다. 그렇다고 반드시 한 시간에 15페이지를 봐야 한다고 강제했던 것은 아니다. 조금 피곤한 날은 3분의 2, 10페이지 정도만 읽는 때도 있었다. 공부가 잘되는 날은 다음 챕터의 앞부분까지 더 읽기도 했다.

그러나 그날의 컨디션 등 구체적인 상황은 고려하지 않은 채 시간을 기준으로 공부 계획을 세우고, 그렇게 설정한 시간이 끝나면 곧바로 자리에서 일어나 휴식을 취하는 학생들이 많다. 이는 마치 휴식을 위해 공부를 견디는 것처럼 주객이 전도된 상황이라 할 수 있다. 그보다는 분량을 기준으로 내가 온전히 집중할 수 있는 공부량을 정한 다음, 그것을 마칠 때까지는 시간이 얼마나 흐르든 공부를 계속하는 식으로 계획을 세워야 한다.

공부의 '행위'를
구체적으로 설정한다

내가 목표한 분량을 어떻게 완수할 것인지에 대한 설정도 중요하다. 해당 분량을 한 번 읽으면 되는 것인지, 읽고 문제를 풀고 해답까지 맞춰보고 오답 노트를 정리해야 끝나는 것인지 등을 정하는 것이다. 나는 '일단 앉으면 해당 분량의 키워드를 형광펜으로 칠한다' 또는 '세부 내용에서 기억해야 할 부분은 연필로 그어 모두 체크한다' 등 목표를 아주 분명하고 구체적으로 세웠다.

이렇게 공부 '행위'를 구체적으로 설정한 이유는 집중력을 잡기 위해서였다. 집중력이 흐트러지고 시계를 자꾸 보는 건 내가 '지금 하고 있는 일'에 온전히 집중하지 못하고 있다는 뜻이기 때문이다. 목표가 뚜렷하지 않거나 목표가 나를 끌어당기는 힘이 부족하면 집중력이 떨어지고 실행은 더디게 된다. 반면 목표를 매우 뚜렷하게 그리고 매우 단순하게 설정하면, 그래서 행위를 단순하고 기계적인 것으로 만들면 목표 달성은 쉬워진다. 결과적으로 그 시간만큼은 집중력이 매우 높아지게 된다.

집중력 유지를 위한
작은 팁

집중력 관련해서 또 하나 잊지 말아야 할 사항이 있다. 요즘은 태블릿이나 노트북을 이용해서 인강을 듣는 경우가 많은데, 그 경우에는 집중력을 다른 곳에 빼앗기기가 무척 쉽다. 그럴 때는 포스트잇에 지금 해야 할 것을 명확히 적은 뒤 모니터 옆이나 책상 앞에 붙여놓고 '현재 해야 하는 행동'이 무엇인지를 자꾸 의식하고 스스로에게 주지시키도록 하자. 별것 아닌 듯 보여도 집중력을 유지하는 데 매우 도움이 된다.

여담이지만 이렇게 계획한 분량에 맞춰 공부를 할 때, 공부 그 자체가 주는 즐거움을 생각해보면 좋다. 사실 공부가 재밌거나 즐겁다고 생각하는 사람은 많지 않다. 그런데 그 재미없는 공부를, 좋아하지 않는 공부를 '해야 하니까' 한다면 공부가 '괴로움을 견디는 일'처럼 느껴질 것이다. 그러지 말고 '지금 어떤 작업을 하는 중'이라고 가치중립적으로 생각해보자. 가령 나는 공부를 하는 것이 아니라 책에 형광펜으로 줄 긋는 일을 하고 있다고 생각했다. '형광펜 긋는 일을 해치운다'는 일은 비록 작지만 설정한 목표 중 하나였기에, 그것을 끝내면 성취감을 맛보게 된다. 그리고 다시 그것이 새로운 목표를 설정하게 할 뿐 아니라 '할 수 있다'는 자신감까지 준다. 이런 식으로 생각을 조금만 전환하면 공부를 보다 즐겁게 할 수 있다.

계획을
투 트랙으로 짜는 이유

 수험생은 계획을 세울 당시는 깨닫지 못하지만 결과적으로 항상 무리한 계획을 세우게 된다. 그렇게 되는 이유는 공부를 조금이라도 빨리 끝내고 책을 한 번이라도 더 본다든지 문제집을 풀겠다는 생각 때문인데, 그럴수록 정말 이상하리만치 계획은 틀어지고 계속 수정하게 될 뿐이다.
 왜 우리는 늘 할 수 없는 공부 계획을 세우는 것일까? 계획을 짤 때는 굉장한 의욕과 소모되지 않은 체력 상태를 전제로 하는 경우가 많기 때문이다. 계획을 짤 때의 마음가짐이 시험을 볼 때까지 그대로 유지될 것이고 그래서 뭐든 빠른 기간 내에 해낼 수 있을 거라 착각한다.
 그러나 수험생활을 해보면 시작할 때의 의욕과 체력을 계속 유지하는 것이 매우 힘들다는 걸 알게 된다. 어떤 날은 문장 하나도 읽을 수 없을 정도로 마음이 무너질 때도 있고 어떤 날은 몸이 아파 자리에 앉는 것 자체가 고통일 때도 있다. 꾸역꾸역 자리에 앉아 있더라도 마음속으로 펑펑 울면서 하루를 버티는 날도 허다하다.

그러나 계획을 세울 때는 이런 날들이 전혀 고려되지 않는다. 그런 일이 있을 수 있다는 예상을 한다 해도, 계획을 세울 때는 '그런 나약한 내 자신'도 얼마든지 물리칠 수 있을 거라고 생각한다.

플랜 A와
플랜 B

이런 지점을 고려해 나는 최고의 컨디션과 최악의 컨디션 두 가지 경우를 상정하여 최대와 최소로 계획을 짰다. PLAN A와 PLAN B를 마련한 것이다. 이는 앞서 말한 것처럼 계획과 점검을 나누는 사고에서 기초한 것이다. 애초에 계획을 짜는 과정에서 내가 얼마나 실행에 옮길 수 있을지를 미리 점검하고, 그 과정에서 나온 문제점을 반영해 계획을 재수립한다. 예를 들면 최고의 컨디션에서 해당 공부에 6주를 할애했다면(PLAN A), 최악의 컨디션에서는 같은 분량의 공부에 8주를 할애하는 식(PLAN B)으로 계획을 세우는 것이다.

이렇게 최고와 최악의 컨디션, 즉 최대 효율과 최소 효율을 고려해

● 2차시험 준비 PLAN ●

잔여기간: 26주(6달 반)

시험 과목: 민소법, 상법, 행정법, 형소법, 헌법, 민법, 형법

PLAN A(베스트 플랜)

- 2차 과목(민소법, 상법, 행정법, 형소법) 사례풀이 및 교재 정독: 2~4주
- 최종정리: 7주
- 1차 과목(민법, 형법, 헌법) 사례풀이 및 교재 정독: 6주

민소법 사례풀이 및 교재 정독: 3주
상법 사례풀이 및 교재 정독: 4주
행정법 사례풀이 및 교재 정독: 3주
형소법 사례풀이 및 교재 정독: 3주
최종정리: 7주
헌법 사례풀이 및 교재 정독: 2주
민법 사례풀이 및 교재 정독: 2주
형법 사례풀이 및 교재 정독: 2주

→ 베스트 플랜은 이해 및 정리에 상대적으로 적은 시간을 사용하고, 남은 시간에 부족한 부분을 익히고 공부한 내용을 반복해 보면서 암기할 수 있도록 짰다.

PLAN B(워스트 플랜)

- 2차 과목(민소법, 상법, 행정법, 형소법) 사례풀이 및 교재 정독: 3~5주
- 최종정리: 5주

- 1차 과목(민법, 형법, 헌법) 사례풀이 및 교재 정독: 4주

민소법 사례풀이 및 교재 정독: 4주
상법 사례풀이 및 교재 정독: 5주
행정법 사례풀이 및 교재 정독: 4주
형소법 사례풀이 및 교재 정독: 4주
최종정리: 5주
헌법·민법·형법 사례풀이 및 교재 정독: 4주

→ 암기보다 이해가 더 중요하기 때문에, 상황이 여의치 않을 때는 이해 과정에 조금 더 시간을 투자하고 정리 및 암기에는 상대적으로 적은 시간을 쓰도록 계획을 세웠다.

계획을 짜는 이유가 있다. 바로 우리가 설정했던 '완벽한' 계획이 틀어지기 시작하면 시험공부라는 긴 여정 자체가 흔들릴 수 있기 때문이다. 처음에 다양한 정보를 수집해 내게 맞는 최적의 경로를 탐색했는데 여러 변수로 인해 다른 길을 찾아야 한다면 시간은 지체되고, 잘못된 길에 들어서거나 왔던 길을 다시 되돌아갈 가능성이 커진다. 즉, 시간과 에너지를 모두 낭비하게 된다. 물론 다시 계획을 세우는 사람들도 더러 있지만, 이미 망가진 계획을 수습하기 위한 새로운 계획이 또 다른 '무리'를 불러오는 경우도 굉장히 많다.

이때 최소, 최대로 계획을 세우면 계획이 흐트러지는 일을 방지하

고 수험생의 멘탈 관리에도 큰 도움을 준다. 그리고 적정 수준의 책임감을 부여하기도 한다. 물론 최소 시간에 계획을 완수하면 가장 좋겠지만 그렇지 않더라도 최대 시간 안에만 완수하면 된다는 여유를 준다. 동시에 계획을 빨리 완수하면 할수록 스스로 누릴 수 있는 여유가 주어지기 때문에 목표의식을 고취시킬 수도 있다.

공부에 가속이 붙었다면
도전욕을 자극할 수 있게 계획을 적절히 수정한다

내가 해낼 수 있는 분량을 기준으로 주별 공부를 계획하고 무리 없이 실행할 수 있게 된 이후에는 공부욕을 자극할 수 있게 계획을 조정해보길 권한다. 최종적으로 나는 내가 평소에 해내는 양보다 아주 살짝 더 많은 양을 계획했다.

이런 계획 설정은 우선 도전욕을 자극한다. 그리고 집중력 향상에도 도움이 된다. 사람은 위기가 없는 평상시에는 대부분 평온한 신체·정신 상태를 유지한다. 그때는 그 사람의 능력을 100퍼센트 발휘하지 못한다고 나는 생각한다. 위기 때야말로 평상시에는 볼 수 없는 초인적인 집중력이 발동된다고 본다.

그런데 그 위기 상황을 시험장에서 처음 맞닥뜨려야 한다고 생각해보자. 처음이자 마지막으로 겪는 위기로 인해 공들인 1년을 망가뜨린다면? 나는 평소에 그런 위기를 미리 체험하고 준비해두는 것이 바람직하다고 생각한다. 시험 준비는 결국 '아직 겪어보지 않은 상황'을 '이미 익숙해서 알고 있는 상황'으로 얼마나 빠르게 전환시킬 수 있는가가 핵심이기 때문이다.

  그래서 나는 항상 내가 할 수 있는 양보다 약간 많은, 힘들지만 도전 가능한 정도의 양으로 계획을 세웠다. 객관적으로는 가능한 양이지만 주관적으로는 벅차게 느껴지는 정도로 말이다. 이를 오해해서 객관적으로 불가능한 공부량에 도전하는 일은 없길 바란다. 그건 무모한 일이다. 반드시 내가 해낼 수 있는 공부량 데이터를 기초로 그 양을 조정해야 한다.

3장

책을 통째로 기억하는 공부법
- 이해와 암기

공부는
인풋과 아웃풋으로 나뉜다

시험공부의 세계는 냉혹하다. 오로지 결과로만 평가된다. 성적이 좋으면 공부를 열심히 한 사람, 똑똑한 사람이 되고, 그렇지 않으면 공부를 열심히 하지 않은 사람이 된다. 공부를 하는 개개인이 어떠한 마음으로, 얼마만큼 노력을 기울였는지는 시험 결과에 전혀 반영되지 않는다.

이렇게 결과만 남는 세계에서 성과를 얻기 위한 최선의 방법은 무엇일까? 바로 평소에 결과를 만드는 연습을 하는 것이다. 그렇다면 결과란 무엇인가. 내가 습득한 지식으로 문제를 잘 푸는 것, 바로 '지식의 활용'이다. 결국 시험의 본질은 지식을 얼마나 많이, 잘 활용하는가에 있다.

성인이 되어 공부를 하는 사람들, 특히 오랫동안 공부를 하는 사람들은 머릿속에 지식을 넣는 것에만 초점을 맞추는 경향이 많다. 그러나 시험의 세계는 결과를 척도로 지식의 양을 가늠하기 때문에 그러한 태도는 어리석은 것이라 할 수 있다.

헝가리 출신의 수학자이자 인류 역사상 최고의 천재로 회자되는 존 폰 노이만John von Neumann은 인간과 컴퓨터의 동일성에 관해 연구를 했다. 그는 사람이나 컴퓨터가 문제를 풀 때 동일한 메커니즘이 작동된다는 것을 밝혀냈다.

예를 들어 컴퓨터 프로그램을 설치해서 작동시키는 경우를 생각해보자. 프로그램을 작동시키기 위해서는 먼저 프로그램을 설치하는 작업이 전제가 되어야 한다. 공부로 따지면 머릿속에 지식을 '넣는' 작업에 해당된다. 문제를 풀기 위해서는 문제를 풀 수 있는 지식이 머릿속에 먼저 들어 있어야 하니 말이다.

프로그램 작동은 설치된 프로그램에 명령어를 입력하면 수행된다. 공부로 치면 시험문제가 명령어에 해당한다. 만약 여기서 프로그램 설치가 잘못되었다면, 즉 지식이 잘못 입력되었다면 프로그램은 작동하지 않는다. 만약 프로그램 설치가 제대로 되었다고 해도 명령하는 사람이 잘못된 명령어를 쳤다면 그때도 프로그램은 작동하지 않는다. 양쪽 모두 오류가 생긴다는 결과는 동일하지만 이유가 다르다. 바로 이 점이 공부를 '인풋'과 '아웃풋'으로 나누는 이유다. '오류', 시험으로 치면 '오답'이 왜 나왔는지 정확히 알고 그 솔루션을 찾기 위해서다.

선입력
후출력

머릿속에 지식을 '넣는' 작업을 인풋(두뇌로 지식이 입력됨), 습득한 지식을 활용해 물음(명령어)에 '답하는' 작업을 아웃풋(두뇌로부터 지식이 출력됨)이라고 부른다. 공부에서 '입력과 출력'은 반드시 구별해 실행해야 한다. 그렇다면 입력과 출력의 비율은 어느 정도가 좋을까? 일반적으로는 입력과 출력이 1대 1 또는 입력이 좀더 높은 비율이 되게 공부를 한다. 그러나 결과 중심의 시험에서는 출력이 압도적으로 중요하므로 그 비중도 출력이 높을수록 좋다. 나는 입력과 출력을 최소 1대 3에서 최대 1대 5 정도의 비율이 되게 잡았다. 이것은 교과서나 기본서를 읽는 것보다 문제집을 보는 게 훨씬 중요하다는 뜻이다.

그렇다고 이것을 극단적으로 문제집 위주로만 봐야 한다는 뜻으로 오해하지 않길 바란다. 애초에 머릿속에 지식이 들어 있지 않은 상태에서는 아무리 문제를 풀어도 풀리지 않는다. 반드시 교과서나 기본서를 선행적으로 읽어야 한다. 그냥 문제집의 문제만 푸는 방식으로는 절대 실력이 늘지 않는다.

여기서 하나 더 설명해야 할 것이 있는데 바로 '선행'에 대한 부분이다. 이 말은 지식 입력이 출력보다 먼저여야 한다는 말이지, '기본서'를 통해 지식을 습득해야 한다는 뜻은 아니다. 문제집을 통해 지식을 입력할 수도 있는데, 그 방법은 다른 장에서 설명하도록 하겠다.

공부의 범위를 정하라

수험 세계에는 '기출문제로 시작해서 기출문제로 끝난다'는 말이 있다. 실제로 시험공부에 있어 기출문제의 중요성은 아무리 강조해도 부족함이 없다.

'기출문제로 시작한다'는 말의 의미

'기출문제로 시작한다'는 말은 본격적인 공부에 앞서 기출문제 분석을 통해 출제 영역과 빈도를 반드시 확인해야 한다는 의미다. '이미旣

출㎱제'되었다는 것은 그만큼 중요하다는 뜻이고, 반드시 공부해야 하는 부분이라는 뜻이다. 공부를 해보지 않은 사람들 중에 '한 번 나온 것은 다시 안 나오죠?'라고 묻는 경우가 있는데 이는 틀린 말이다. 기출문제가 똑같이 나올 때도 있을 뿐 아니라, 문제를 바꾸더라도 기출문제의 바탕이 된 이론과 쟁점 등은 동일한 경우가 많다.

기출문제가
모든 것의 기준

기출문제가 중요하다고 해서 기출문제 자체를 공부해야 한다는 의미는 아니다. 기출문제는 그 시험이 생긴 후 지금까지 출제된 문제들이므로 공부 내용 중에서도 중요도가 높다고 볼 수 있다. 중요한 이론과 쟁점을 문제의 형태로 바꾼 것이 바로 기출문제이기 때문이다. '기출문제로 끝난다'는 말은 기출문제 분석에서 볼 수 있는 쟁점들이 그만큼 중요하기 때문에 시험 기간의 마지막까지 그 문제들을 챙겨야 한다는 의미다. 고로 기출문제를 통해 우리가 봐야 하는 것은 '문제'가 아니라 문제의 바탕이 된 '쟁점'(출제 포인트)이다. 기출문제를 분석하여 특정 쟁점이 어떤 식으로 변형되고 출제되는지 확인하도록 하자.

그리고 공부할 때 가장 믿기 어려운 것이 자신의 직감이고, 가장 믿을 수 있는 것이 출제기관에서 제공하는 정보다. 출제기관이 '우리는 어떤 문제만을 출제한다'고 공식적으로 언급하지는 않지만, 기출문제라는 형식을 통해 사실상 출제 범위를 알려주고 있다고 보면 된다.

만약 기출문제를 구하기 어려운 시험이라면 어떻게 해야 할까? 이때는 앞서 설명한 원리를 생각해볼 필요가 있다. 기출문제를 분석하는 이유는 그것이 점수 획득의 확률을 높이는 방법이기 때문이다. 그렇다면 소위 전문가들이 만든 예상문제집 등을 모두 모아 출제 빈도를 확인하는 것이 차선이지만 합격 확률을 높이는 공부 방법이라고 할 수 있다.

지식을 머릿속에 넣는
두 가지 도구

공부의 시작이 되는 지식 입력(줄여서 '인풋'이라고 부르기로 한다) 방식에는 여러 가지가 있다. 어떤 방식을 택할지는 각자의 공부 상황, 환경에 따라 천차만별이고, 특히 자신의 의지나 취향에 따라 좌우되는 부분도 매우 크다. 그러니 각자의 장단점과 그 효율에 대해 알고 있어야 최선의 선택을 할 수 있다. 이 장에서는 인풋 방법의 장단점을 설명하기로 한다.

   동서양을 막론하고 가장 고전적인 방법이자 널리 사랑받아온 공부 방식은 바로 책을 읽는 것이다. 한편 최근에는 책 읽기보다 강의를 통해 지식을 습득하는 방식을 많이 택하는 추세다.

책:
눈으로 지식을 넣는 방식

책을 읽는 방식부터 살펴보자. 책을 읽는 공부의 가장 큰 특징은 활자를 통해 지식을 접한다는 것이다. 활자는 시각적으로 볼 수 있기 때문에, 즉 고정된 이미지를 기억할 수 있으므로 음성으로 지식을 접하는 강의와 달리 기억에 남기기가 용이하다. 암기는 위치와 형상을 이용하는 것이 가장 쉬운데 그런 측면에서는 책을 읽는 것이 가장 적합한 방식이다.

공부를 많이 했거나 '똑똑하다'는 말을 듣는 사람 중에는 '머릿속에 책이 펼쳐진다'는 식의 이야기를 하는 사람들도 있다. 실제로 적절한 방법을 사용하면 책을 '통째로' 외우는 것도 가능하다. 다만 책으로 인풋할 때는 다소 자의적인 인지를 할 수 있으므로 반드시 저자의 의도를 고려하면서 읽어야 한다. 이때 저자의 의도를 파악하려는 행위 자체가 수험생을 사고하게 만들기도 하는데, 이는 눈으로 단순히 텍스트를 스치며 읽는 일을 방지해주는 효과도 있다.

결국 책은 가시성可視性이 가장 큰 장점인 동시에 어떤 경우에는 그것이 큰 부담으로 작용하기도 한다. 학생들이 두꺼운 책을 점점 기피하는 요즘의 독서 경향을 보면 그 이유를 쉽게 알 수 있다.

강의:
귀로 지식을 넣는 방식

강의를 통해 지식을 인풋하는 방식은 매우 편리하다. 음성으로 지식을 전달받기 때문에 수험생은 화자가 취사 선택한 정보를 귀를 열고 받아들이기만 하면 된다. 화자의 전달 능력이 높다면 별다른 노력 없이 고급 정보를 받을 수 있고 집중력이 흐트러지는 일도 덜하다. 그래서 에너지가 덜 든다는 큰 장점이 있다.

그러나 강의를 통한 인풋 방식에는 몇 가지 단점이 있다. 첫째, 화자, 즉 강의하는 주체의 강의 능력에 따라 수험생이 습득할 수 있는 지식의 범위가 크게 달라진다. 요즘 수험생들은 콘서트나 쇼처럼 재미가 곁들어진 강의를 선호하는데, 재미만 있고 강의 내용 자체가 부실하다면 꾸준히 강의를 듣는다 해도 아무 소용이 없다. 그래서 어디까지나 강의는 문제풀이에 필요한 지식을 효율적으로 전달받기 위한 것이라고 생각해야 한다.

둘째, 활자가 아니라 음성으로 전달받는 지식은 휘발성이 매우 크다. 머리에 지식을 자리 잡게 하려면 보완 작업, 즉 음성을 활자로 바꿔 고정된 이미지로 기억하려는 노력이 필요하다. 그런 작업을 통해 음성으로 전달받은 지식을 체계화하고 정리해야 한다. 그런데 저자와 대화하는 법을 모르고 책을 읽는 것처럼 강의를 귀로만 듣고, 강의 내용을 제대로 습득하지 못하면 강의는 그야말로 기분 좋은 여흥으로 끝나게 된다.

  셋째, 강의를 통한 인풋은 같은 지식을 중복적으로 전달받는 일이 발생하기가 쉽다. 이를테면 책에 나와 있는 내용인데 강사가 화려하게 읊어준다는 이유로 강의를 듣는 일이 이에 해당한다. 반복 학습을 의도했다면 이야기가 달라지겠지만, 퍼포먼스 위주의 강의에 현혹되어 무비판적으로 강의를 듣게 되면 수험생의 아까운 시간과 에너지를 낭비하는 꼴이 된다.

답을 알고
책을 보라

학생들을 가르치기 위한 목적으로 활용되는 책을 일반적으로 교과서라고 하고, 저자가 자신의 지식 체계를 정리해 활자화한 책을 체계서라고 한다. 교과서를 만들 때 체계서를 바탕으로 하는 경우가 대부분이고, 둘 다 학생들을 가르치는 교재로 흔히 사용되기 때문에 많은 이들이 이 둘을 구분하지 못한다.

교과서는 학생들을 가르치기 위한 목적으로 만드는 책이기 때문에 다양한 예시나 흥미를 불러일으키는 장치들이 많이 포함되어 있다. 그래서 같은 지식도 실감나고 입체적으로 습득할 수 있다는 장점이 있다. 그러나 다루는 지식의 양은 체계서보다 적다. 체계서는 주 목적이 독자를 이해시키거나 가르치는 데 있다기보다는 말 그대로 지식

체계를 잘 정리해놓은 책이라서 다루는 지식이 매우 방대하고 깊다. 하지만 교과서에 비해 분량이 아주 많고 다양한 예시나 흥미로운 소재는 다소 부족한 편이다.

우리는 보통 중·고등학교 때까지 자신이 보는 책이 교과서인지, 체계서인지 생각하지 않는다. 학교나 학원에서 선정한 책을 그대로 보게 되는데, 그 결과 대부분이 교과서를 중심으로 공부하게 된다. 그러다 대학에 들어가면 교과서보다 체계서나 체계서를 바탕으로 만든 요약서를 주로 보게 된다. 대학에서 배우는 내용은 대개 그 범위가 방대하면서도 전문적이라 체계적으로 지식을 습득하는 것이 중요하기 때문이다. 그러나 체계서는 그 내용이 너무 방대해서 자칫하면 공부에 빨리 지치고 흥미를 잃기 쉽다. 그래서 많은 이가 지식을 습득하기 위해 어느 부분에 초점을 맞춰 효율적으로 시간과 에너지를 쏟아야 하는지 고민하곤 한다.

이런 고민을 해결하는 방법이 있다. 바로 '책을 읽고, 시험문제를 푸는 데 필요한 지식을 습득하는 것'이 아니라 '시험문제를 푸는 데 필요한 지식을 먼저 습득하고, 책을 읽는 것'이다. 이것은 시험에 필요한 지식을 체계화하면서도 입체화할 수 있는 가장 빠르고 효율적인 방법이다. 문제의 해답(결론)이 도출되는 과정을 먼저 배우고 해답을 확인하는 방법은, 해답을 올바르게 도출할 수 있는지 과정을 다시 곱씹어야 하기 때문에 배우고 익히는 데 시간과 노력이 많이 든다. 그러나 역으로 해답을 먼저 알고 해답이 도출되는 과정을 당연하게 받아들이는

● **시험문제를 푸는 데 필요한 지식(별색 박스)을 찾아라** ●

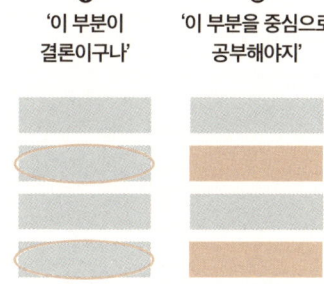

식으로 학습하면 공부 시간을 줄일 수 있다.

  이 책의 독자층이 다양할 것으로 예상되기 때문에(또는 그렇게 희망하기 때문에) 구체적인 예를 들기가 쉽지 않다. 그렇지만 내가 공부했던 법학을 예로 들자면, (나는 일반적인 방식과 달리 학원 강의를 듣지 않고 혼자 공부했다) 책을 먼저 읽고 기본 지식을 바탕으로 문제를 풀고 결론을 확인하는 게 아니라 문제집의 결론을 먼저 읽고 이후에 문제를 보는 식으로 공부했다. 요약하자면 제시되는 문제를 먼저 익히고 이후에 교과서를 정독하면서 지식을 체계화시켜 나갔다.

시험공부를 위한
책 보는 순서

시험공부를 위해 책을 봐야 한다면 당신은 어떤 순서로 읽을 것인가? 책의 순서가 A, B, C, D, E, F, G라면 그 순서대로 읽을 것인가? 만약 시험에 A, C, E만 나온다면 어떤가? 그래도 순서대로 전체를 공부할 것인가? 어차피 전체를 다 봐야 한다면 흥미 있는 순으로 읽는 것은 어떤가? 흥미 있는 부분부터 보거나 흥미가 적어 어렵게 느껴지는 부분부터 공부한다면?

몇 년을 시험공부에 매달릴 것이 아니라면, 단번에 시험에 합격하고 싶다면 반드시 고려해야 하는 것이 '어떻게 책을 효율적으로 읽을 것인가'이다. 그런데 많은 수험생이 이 사실을 너무 간과한다. 대부분 '공부'에 심리적으로 위축되어 '다들 하고 있으니까 나 역시'라는 마음으로 책을 순서대로 보는 익숙한 방식을 채택한다.

순서가 아닌
패턴별로 읽는다

나는 책을 순서대로 읽지 않았다. 내가 응시하던 '시험 유형'을 기준으로 교과서 순서를 재편하여 읽었는데, 대체로 ①원리나 전체 체계를 설명하는 부분보다 구체적인 부분을 먼저 읽고, ②해당 주제에 관한 구체적 사건이나 예시를 찾아서, 즉 일반적으로 일어날 법한 일을 중심으로 읽었다.

먼저 공무원 시험 등 대부분의 국가시험에 포함되어 있는 '헌법' 과목을 예로 들어보자. 헌법 교재는 크게 ①헌법총론(헌법의 기본이론, 헌법의 기본원리, 헌법의 기본제도), ②기본권론(기본권 총론, 기본권 각론), ③통치구조론(정부형태, 국가작용, 입법부, 대통령, 행정부, 사법권), ④헌법재판론(위헌법률심판, 탄핵심판, 정당해산심판, 권한쟁의심판, 헌법소원심판)으로 구성되어 있다.

보통 '헌법' 시험에는 '판례'가 주로 출제된다. 그래서 '판례만 공부하면 되겠다'라고 생각하는 수험생이 많다. 그러나 이렇게 접근하면 파편적으로 공부하게 된다. 100개의 사례를 무작정 머리에 입력해야 한다고 생각해보자. 그렇게 파편적으로 입력된 지식은 머리에 자리

● 패턴에 맞게 읽는 순서 정하기 ●

본래 '헌법' 교재의 구성

- 제1장 헌법총론
  - 제1절 헌법의 기본이론
  - 제2절 헌법의 기본원리
  - 제3절 헌법의 기본제도

- 제2장 기본권론
  - 제1절 기본권 총론
  - 제2절 기본권 각론

- 제3장 통치구조론
  - 제1절 정부형태
  - 제2절 국가작용
  - 제3절 입법부
  - 제4절 대통령
  - 제5절 행정부
  - 제6절 사법권

- 제4장 헌법재판론
  - 제1절 위헌법률심판
  - 제2절 탄핵심판
  - 제3절 정당해산심판
  - 제4절 권한쟁의심판
  - 제5절 헌법소원심판

판례가 출제되는 경향에 따라 순서를 재편한 경우

① 기본권 보호와 관련
- 제4장 제5절 헌법소원심판
- 제4장 제1절 위헌법률심판
- 제2장 제1절 기본권 총론
- 제2장 제2절 기본권 각론

① 권한쟁의와 관련
- 제4장 제5절 헌법소원심판
- 제3장 통치구조론 전체

③ 나머지 부분
- 제1장 헌법총론 전체
- 제4장 제2절 탄핵심판
- 제4장 제3절 정당해산심판

잡기 힘들고 암기 부담만 가중시킨다. 그래서 지식의 체계나 틀을 잘 짜는 것이 중요하다.

시험에 판례가 주로 출제된다는 것은 '소송', 즉 구체적 분쟁 위주로 출제된다는 말이다. 이 점을 미루어 생각해볼 때 나는 ④헌법재판론을 중심으로 책을 재편해서 읽어야 한다고 생각을 했다. 헌법총론은 말 그대로 전체를 관통하는 부분이기 때문에 세부적인 내용을 알고 난 후에 읽어야 그 내용을 명확히 이해할 수 있으므로 가장 마지막으로 미루었다. 아울러 위헌법률심판과 헌법소원심판이 기본권의 침해와 관련이 있어 가장 먼저 공부하는 것이 좋다고 생각했다. 이런 식으로 순서를 맞춰가니 앞쪽의 그림과 같이 재편하게 되었다.

그 외에 행정법의 경우라면 분쟁유형에 따라 침익처분의 상대방이 될 때 문제가 되는 개념이나 제도들을 묶어서 읽을 수도 있고, 역사·한국사의 경우라면 각 시대별 정치상황이나 문화 파트만 모아서 읽는 식으로 내가 하는 공부의 목적에 따라 읽을 대상을 패턴화시키는 것도 가능하다.

요컨대 우리가 공부의 대상으로 삼는 책의 거의 대부분은 이른바 '체계서'라는 점을 기억하자. 그 책을 쓴 사람 입장에서는 체계를 갖추고 논리적으로 쓴 것이겠지만, 우리가 이해를 하는 데 있어서까지 꼭 그 순서를 지켜야 할 필요는 없다. 그보다는 내 공부의 목적에 맞게 재편하는 것이 더 효율적이다.

재미있는 것,
쉬운 것부터 읽는다

패턴별로 읽는 방법 외에 또 고려해야 하는 것은 공부의 재미다. 동기부여 중에 장기적으로 영향을 미치고 정말로 나를 움직이게 하는 것은 마음속에서 우러나오는 것이다. 이것을 '내발적 동기'라고 부르는데, 그 원동력은 바로 재미에 있다. 책을 순서대로 꼭 보지 않아도 된다면, 내가 재미를 느끼는 파트부터 보는 것이 공부에 있어서는 훨씬 효율적이다. 물론 학교나 학원수업 일정이 있어서 순서대로 못 보는 제약이 있을 수 있지만, 그런 경우라도 일부러 시간을 빼서 재미를 느끼는 파트부터 공부를 시작해보자. 그것이 재미를 느끼지 못해 전체적으로 공부를 제대로 못하는 것보다는 장기적으로 훨씬 낫다.

만약 재미있는 것이 없다면 쉬운 것이라도 찾아서 읽자. 동기부여는 난이도에 영향을 받는데, 지나치게 쉽거나 어려운 것 대신 적정한 난도難度의 공부가 적정한 동기를 만들어준다. 이렇게 따지면 쉬운 부분이 아니라 적정한 난도가 있는 부분을 찾아 읽어야 할 것 같다. 그러나 책을 전체적으로 보면 쉬운 파트부터 먼저 정복하는 것이 전체적인 난이도를 조절해주기 때문에 동기부여의 면에서 더 효율적이다. 또한 쉬운 파트를 먼저 정복한 성취감은 자기 효능감을 높여줘서 또 다른 의미로 동기부여에 긍정적 영향을 주기도 한다.

목차를
복사해서 늘 가지고 다닌 이유

전화번호도 잘 외우지 못하는 내가 베개만큼 두꺼운 수험서를 통째로 외우게 되었을 때 주변에서는 그게 가능한 일이냐며 놀라워했다. 사실 나도 전에는 반신반의했다. 책을 통째로 외우고 있다는 사람들의 말을 믿지 못했다. 그러나 막상 해보니 아주 단순한 방법이 있었다. 그 비결을 여기서 간단히 소개하고자 한다.

  어떤 단락의 글이 있다고 해보자. 그것을 단번에 외워야 한다면 어떻게 외우는 것이 좋을까? 처음부터 끝까지 입으로 읊으며 외우는 사람도 있고, 노트에 써가며 외우는 사람도 있을 것이다. 그러나 나는 다른 방법을 추천하고 싶다. 컴퓨터를 생각해보면 쉽게 이해가 되는데 바로 폴더 개념을 응용하는 것이다.

효율적으로
지식을 입력하고 출력하려면

나는 이 방법을 우연히 몇 가지 일을 떠올리면서 깨닫게 되었다. 첫 번째, 나의 어린 시절 컴퓨터는 486 컴퓨터에, 운영체제는 도스Dos였다. 도스를 써본 분들은 알겠지만 명령어를 입력하면 줄글로 그 연산 결과가 표시된다. 그런데 도스에서 'M'이라는 프로그램을 실행하면 폴더 전체가 이미지로 표현되었다. 희한하게도 나는 이미지를 통해 살펴본 그 프로그램들을 정말 오랜 시간이 지난 지금까지도 기억하고 있다. 이것을 통해 이미지로 상하 구조를 만들어 정보를 저장하고 분류하는 것이 정보 도출에 유리한 방법이라는 것을 깨닫게 되었다.

두 번째, 나는 게임도 좋아하지만 만화도 매우 좋아한다. 우라사와 나오키浦沢直樹의 《몬스터》Monster라는 유명한 만화에는 비상한 머리를 가진 형사가 한 명 등장한다. 그는 머릿속에서 어떤 정보를 끄집어낼 때 손가락을 까닥까닥거리는 괴상한 행동을 한다. 마치 머릿속 폴더에서 서류를 한 장 한 장 넘겨가며 읽는 것처럼 말이다. 나는 그걸 보면서 사람의 머리가 컴퓨터와 같다는 존 폰 노이만의 생각을 이해하게 되었다. 두뇌에 저장된 정보를 잘 꺼낼 수 있는 방법이 분명 있는데, 어쩌면 그것을 모르고 있는 건 아닐까 하는 생각이 들었다.

세 번째, 본가에 있는 서재에서 아버지가 사법고시를 준비하실 때 사용했던 기본서를 본 적이 있었다. 나는 책을 깨끗하게 보는 편이라

거의 줄도 치지 않는다. 그런 성격이 아버지로부터 물려받은 것이라 생각했다. 평소 아버지가 보는 책들을 보면 줄 하나, 페이지 하나 접힌 부분이 없었기 때문이다. 그런데 예상과 달리 아버지의 책은 지저분하게 형광펜과 볼펜으로 범벅이 되어 있었다. 뭘 이렇게 칠하고 줄을 그었을까 싶어 가만히 들여다 보니, 형광펜이 칠해진 부분이 모두 책의 '목차'라는 걸 알게 되었다.

이러한 여러 일들을 통해 나는 정확하고 효율적인 지식 출력을 위해 지식을 패턴별로 구분해 구조화하고 입력하는 방식을 찾아내게 되었다.

구조화 독서의 원리 1
- 폴더화(레벨링)

지식을 패턴별로 구분하고 책을 읽는 것을 나는 '구조화 독서'라고 부른다. 이 독서법은 머리를 컴퓨터처럼 사용하는 방식이다. 10만 개의 파일을 머리라는 하드디스크에 복사해야 한다고 생각해보자. 이때 폴더를 만들지 않은 채 복사를 하게 되면, 그 파일 중에서 내가 원하는 파일을 찾기가 굉장히 힘들다. 폴더 구분 없이 바탕화면에 수십 개의 아이콘이 깔려 있다고 생각하면 이해하기 쉽다.

그러나 폴더를 만들어 구분해 복사·저장하면 폴더별로 파일이 처리되므로 쉽게 찾을 수 있다.

구조화 독서의 원리 2
- 이미지화

지식을 저장하는 데 있어 폴더 또는 사고의 서랍을 만드는 목적은 무엇일까? 그것은 시험문제를 풀 때 필요한 지식을 머릿속에 최대한 많이 집어넣고 쉽게 꺼낼 수 있게 만들기 위해서다. 그러려면 의식하지 않아도 자연스럽게 떠올릴 수 있을 만큼 강렬한 입력이 필요하다. 그런 까닭에 시각화 또는 이미지화가 필요한 것이다. 이는 시각적인 것에 직관적으로 반응하는 인간의 속성을 십분 활용한 방법이기도 하다.

목차는
공부를 안내하는 지도

대부분의 책에는 본문이 시작하기 전에 목차가 있다. 수험생들에게 나는 교과서, 기본서, 문제집 할 것 없이 어떤 책이든 본격적으로 읽기에 앞서 목차를 꼭 복사하라고 말한다.

목차는 우리가 공부해야 할 지식을 폴더화, 시각화하여 정리한 것이다. 목차가 잘 정리되어 있다면 본문 내용을 상위 구조로 정리하는 수고를 덜 수 있다. 만약 목차가 너무 큰 제목 위주로만 정리되어 있다면 나에게 맞게 필요한 하위 구조를 정리해보는 것이 좋다.

내가 이렇게 강조하면 일부 수험생들은 목차를 직접 써보는 게 공부가 되지 않겠냐고 묻는다. 그러나 그것은 주관적인 만족감에 불과할 뿐 효율은 떨어지는 방법이다. 수험서의 목차는 생각보다 그 양이 많고, 옮겨 쓰는 데 시간도 많이 걸리며, 그걸 쓰는 동안 세부 내용 자체를 모르기 때문에 머릿속에 아무것도 남지 않게 된다.

폴더화, 시각화되어 있는 목차를 중심으로 본문의 지식 구조를 구별하면서 읽는 구조화 독서에 대해서는 다음 장에서 본격적으로 살펴보도록 하겠다.

개념과 체계부터 잡을 것
인풋의 기초

본격적으로 공부를 하기에 앞서 반드시 미리 해두어야 하는 것이 있다. 바로 전체적인 개념과 체계를 잡는 것이다.

보통 공부를 하면서 맞닥뜨리는 어려움에는 크게 두 가지가 있다. 첫째는 내가 공부하고 있는 내용에서 모르는 용어가 나왔을 때고, 둘째는 용어는 모두 알지만 그 용어들을 사용한 문장, 서술 등을 이해할 수 없을 때다. 그런데 이 중에 압도적으로 많은 경우가 바로 전자의 경우, 즉 용어 자체를 모르는 경우다.

대부분의 사람이 처음에는 학원 강의 같은 것으로 공부를 시작한다. 그런데 비장한 각오로 열심히 들은 것치고는 별로 남는 것이 없는데, 그 이유는 우리 뇌의 특성에서 찾을 수 있다. 우리 뇌는 처음 지식을 받아들일 때 어려운 연관설명이나 서술 등을 곧장 이해하여 내 것으로 만들지 않고, 기본적인 용어 같은 것부터 장기기억으로 만든다. 구구단을 모르는데 어떻게 함수나 미적분을 습득할 수 있을까. 이 점을 뒤집어서 보면, 내가 어떤 과목을 잘 모르는 '백지' 상황이라면, 처음 공부에서 얻을 수 있는 가장 큰 소득이자 현실적인 목표는 바로 개념을 정확하게 이해하는 것임을 알 수 있다.

그런데 학원 강의는 적게는 수십 개에서 많게는 수백 개까지도 이른다. 수십, 수백의 강의를 열심히 들으면서 일차적으로 남는 것은 개념이나 체계고, 운 좋게 그런 것들이 쉽게 이해되었다면 그를 바탕으로 한 문제풀이를 위한 지식이나 문제해설 같은 것들까지 습득하게 될 것이다. 하지만 공부를 처음하는 입장에서는 무엇을 알고 무엇을 모르는지를 분별할 수 없다. 달리 말하면, 수십 수백 개의 강의를 듣고도 개념 외에는 많은 지식을 얻을 수 없는 경우도 생기는 것이다.

그런 의미에서 보면 처음부터 수십, 수백 개의 강의를 듣기보다, 내 힘으로 개념들을 발췌해서 공부하는 것이 더 바람직하다고 할 수 있다. 이를 위해 내가 추천하는 공부법은 책 맨 앞의 전체 목차를 복사한 뒤, 그 전체 목차에 나오는 단어나 문장 뒤에 물음표를 치고 그 답을 해당 부분에서 찾아 읽고 정리하는 것이다.

이때 공부의 대상이 책 맨 앞 전체 목차에 쓰여 있는 용어들에 한정되는 것일 뿐, 공부의 강도 자체를 약하게 해서는 안 된다. 즉 전체 목차를 이해하기 위한 한도 내에서는 본문을 치밀하게 정독하는 것도 필요하다는 얘기다. 다만, 이 말을 처음 아무것도 모르는 상태에서 스스로 힘으로 본문을 읽고 전체 목차에 있는 개념들을 이해해내야 한다는 것으로 오해하지 않기 바란다. 내가 말하고자 하는 바는 이런 식으로 공부를 '먼저' 하는 것이 효율적이라는 뜻이다. 만약 이 단계에서 도무지 혼자 힘으로 책을 읽는 것이 불가능하게 느껴진다면 구조화 독서법을 사용하며 강의를 듣고, 이를 통해 개념과 체계를 파악하는 것이 좋다. 그것이 전체적으로 더 시간과 노력을 절약하는 길이다.

머릿속에 폴더를 만들어라
레벨링

이제부터 본격적으로 구조화 독서에 대해 이야기를 해보자. 구조화 독서의 핵심은 내용 간의 논리적 상하관계를 만드는 것이다. 내용의 층위를 나눈다는 의미에서 이 작업을 레벨링Leveling이라고 정의한다.

앞서 시험공부의 주가 되는 책은 '체계서'이거나 그것을 기초로 요약해 만들어졌다는 이야기를 했다. 그리고 그 책의 앞부분에는 목차가 있다. 앞서 목차를 복사하라고 했던 이유는 목차가 가장 큰 단위의 층위 구조를 보여주기 때문이다. 우선 이것을 가장 먼저 참고하도록 한다.

그러면 목차에 나오지 않는 세부 내용의 층위는 어떻게 알 수 있을까? 그것은 본문의 흐름을 살펴보면 된다. 특히 '그러나'와 같은 역접 접속사를 주목해서 봐야 한다. '그래서', '그리고'와 같은 순접 접속사는 이전 내용의 추가 설명이거나 그 근거를 이야기하지만, '그러나'는 앞의 내용과 다른 새로운 내용의 등장을 의미한다. 그래서 책을 읽다가 '그러나'가 나오면 구조화의 대상이 나오는 내용, 레벨링이 필요한 부분이라고 봐야 한다.

어느 부분에서 층위를 나눌까 하는 문제는 그 의미 단위를 곱씹어 보는 것에서 시작된다. 앞서 제시한 기준은 단순한 단서일 뿐 명확한 층위 구분, 특히 목차가 존재하지 않는 본문의 내용은 스스로 본문을 읽고 실행해보길 바란다. 목차가 상세히 쓰여져 있다고 해서 100퍼센트 신뢰해서도 안 된다. 저자가 정리한 목차가 책의 구조를 제대로 반영하지 못하는 경우도 종종 있으니 말이다.

레벨링의 개념을 이해했다면 이제 실행해보자. 지식의 구조를 눈에 보이는 형태로 만드는 것이 레벨링이다. 이때 필요한 것은 형광펜 또는 색펜이다.

레벨링
실행하기

레벨링은 가장 상위 층위의 내용부터 가장 하위 층위의 내용까지 순서대로 읽어가는 것이 핵심이다. 우선은 가장 상위 층위를 정리한 목차, 복사한 목차를 옆에 두고 책을 읽어가자. 이때 책 내용의 의미를 파악하려고 하지 마라. 내용이 아닌 '목차'만 읽어야 한다. 처음 보는 책이어서 어떤 주제에 관한 것인지 가늠이 되지 않는다면 다음의 본문을 참고해도 좋다. 그러나 이 레벨링은 지식 습득을 효율적으로 하기 위한 사전작업이라는 생각으로 해야 한다. 진짜 지식 습득은 그다음이다.

목차가 책의 논리 구조를 잘 반영하지 못하고 있다면 우선은 기존 목차를 기준으로 책을 보되, 같은 층위에 있어서는 안 되는 것이 보이거나 층위 구분이 필요한 경우 목차를 수정하면서 진행한다. 참고로 목차 수정 작업을 많이 해야 하는 책은 대부분 필요에 따라 내용을 군데군데 끼워넣은 요약서인 경우가 많다. 만약 지금 보는 목차에 그런 부분이 많다면 다른 책을 보는 것을 고려해야 한다.

목차를 기준으로 가장 상위 층위의 개념에 표시하면서 책 전체를 한 번 쭉 읽어보자. 그 과정을 마쳤다면 그다음은 한 단계 아래 층위 개념으로 넘어가자. 이때 앞서 사용한 형광펜의 색깔 표기는 피하도록 하자. 주의할 점은 하위 층위의 '목차'만 읽는다는 느낌으로 다시 책 전체를 보는 것이다. 대신 상위 층위의 내용과 그 연관성을 생각하면서 봐야 한다.

이 과정을 본문 내용을 다 포함할 수 있을 때까지 반복하면 레벨링 작업은 끝난다. 그러면 우리가 습득해야 할 지식의 내용과 논리 구조가 분명히 세워진다.

● 레벨링 예시 ●

레벨링하기 전

레벨링 1단계(최상층위)

레벨링 2, 3단계

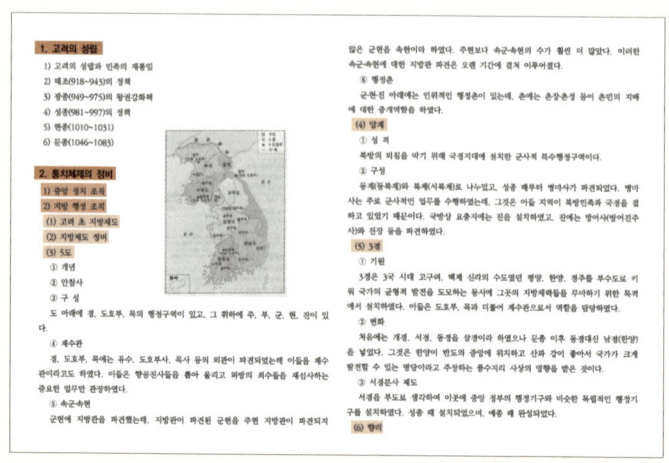

목차를
활용할 수 없는 경우

책에 목차가 없거나 내용이 표로 구성되어 있어 목차 대신 다른 형태로 쓰여진 경우들도 종종 있다. 이 경우에는 어떤 식으로 구조화를 해야 할까? 이것은 형광펜을 사용할 텍스트가 존재하지 않아서 생기는 문제인데, 이때는 연필을 활용하도록 한다.

먼저 목차가 있는 책이지만 큰 상위 개념만 정리된 경우다. 이때는 무엇보다도 의미 단위를 나누는 작업을 해야 한다. 앞서 언급한 것처

● 의미 단위로 나누기 1 ●

(4) 다수결 원리의 정당화의 근거

민주주의는 본질적으로 구성원이 타협과 절충을 통하여 전원이 수용할 수 있는 합의에 이르고, 이러한 합의에 의해 의사결정이 이루어지는 것을 말한다. 따라서 민주주의에서는 다수와 소수의 구분이 없이 의사결정의 참여자 전원이 동등한 구성원으로서 하나의 결론을 이끌어 내는 것이 무엇보다 필요하다. 하나의 결론을 이끌어 내는 데 시간이 필요하면 일정한 시간이 경과하더라도 이를 인내하고 설득과 타협을 통하여 결론을 도출하는 데 최선의 노력을 하여야 한다. / 그러나 경우에 따라서는 이러한 노력을 하였음에도 의견의 대립으로 인하여 결론에 이르지 못하는 상황이 발생하고, 하나의 결론은 반드시 도출되어야 할 필요가 있는 경우가 있을 수 있다. 이 경우에 결론을 도출하기 위하여 다수의사를 전체의사로 의제하는 불가피한 수단으로 동원되는 기술이 다수결이다. 그런 만큼 다수의 의사에 따라 하나의 결론에 도달하더라도 소수의 의사가 무시되어서는 안 된다. (단일한 결론을 내리기 위하여 다수 의사를 채택한 것일 뿐 소수의 의사도 여전히 존중될 가치를 지니고 있기 때문이다.) 따라서 다수결은 이와 같은 상황에 한하여 그 정당화의 요건을 갖추었을 때만 정당화된다.

자료: 《헌법 기본 강의》 정종섭 지음, 네오시스, 108쪽

→ '그러나'를 기점으로 해당 목차에 대한 본격적인 서술이 등장한다. 이전까지의 서술은 '민주주의 원리와 전원합의 원칙'에 대한 설명이었다.

● 의미 단위로 나누기 2 ●

(4) 다수결 원리의 정당화의 근거

(가) 전원합의 원칙

민주주의는 본질적으로 구성원이 타협과 절충을 통하여 전원이 수용할 수 있는 합의에 이르고, 이러한 합의에 의해 의사결정이 이루어지는 것을 말한다. 따라서 민주주의에서는 다수와 소수의 구분이 없이 의사결정의 참여자 전원이 동등한 구성원으로서 하나의 결론을 이끌어 내는 것이 무엇보다 필요하다. 하나의 결론을 이끌어 내는 데 시간이 필요하면 일정한 시간이 경과하더라도 이를 인내하고 설득과 타협을 통하여 결론을 도출하는 데 최선의 노력을 하여야 한다. / 그러나 경우에 따라서는 이러한 노력을 하였음에도 의견의 대립으로 인하여 결론에 이르지 못하는 상황이 발생하고, 하나의 결론은 반드시 도출되어야 할 필요가 있는 경우가 있을 수 있다. 이 경우에 결론을 도출하기 위하여 다수의사를 전체의사로 의제하는 불가피한 수단으로 동원되는 기술이 다수결이다. 그런 만큼 다수의 의사에 따라 하나의 결론에 도달하더라도 소수의 의사가 무시되어서는 안 된다. (단일한 결론을 내리기 위하여 다수 의사를 채택한 것일 뿐 소수의 의사도 여전히 존중될 가치를 지니고 있기 때문이다.) 따라서 다수결은 이와 같은 상황에 한하여 그 정당화의 요건을 갖추었을 때만 정당화된다.

(나) 불가피한 수단
－다수결

자료: 《헌법 기본 강의》 정종섭 지음, 네오시스, 108쪽

→ 읽지 않아도 되는 부분은 괄호 표시를 한다. 구조화에 도움이 되는 키워드를 빈 공간에 적는 것도 좋다.

럼 '그러나', '단' 등으로 의미 단위가 나뉘는 부분에 주목하되, 실질적으로 다른 내용을 같은 단락에서 쓰고 있는 경우 '/' 표시를 이용해 책의 서술을 나눠주자. 만약 전체적인 내용상 크게 두 부분이 있는데, 그중 앞부분이 원칙과 예외로 구성되어 있다면 '//' 표시를 써서, '원칙1 / 예외 // 원칙2' 이런 식으로 나눌 수 있다.

그리고 괄호로 내용을 부기한 경우에는 괄호를 연필 등으로 한 번 더 굵게 칠하자. 인쇄된 괄호는 눈에 띄지 않는 경우가 많아서 쉽게 의미 단위가 파악되지 않기 때문이다. 때로 사족에 가까운 서술이나 배경지식을 설명해둔 경우도 있는데, 그때는 해당 문장 전체에 괄호를 씌워서 '앞으로 이 부분은 읽지 않음'이라는 표시를 해줘야 한다.

목차가
아예 없는 경우

목차가 전혀 없는 책의 경우는 크게 2단계로 나눠 레벨링을 해야 한다. 세부적인 내용은 직전의 설명과 동일한 방식으로 정리하고, 그보다 높은 레벨은 스스로 목차를 만들어야 한다. 이 작업은 책의 저술 원리를 생각해보면 쉽게 할 수 있다. 본문을 요약하여 책 위나 옆의 빈칸에 목차를 달면 된다.

마지막으로 공무원 시험용 책 중에는 문장 형태의 서술 대신 모든

● **자체적으로 목차 작성하기** ●

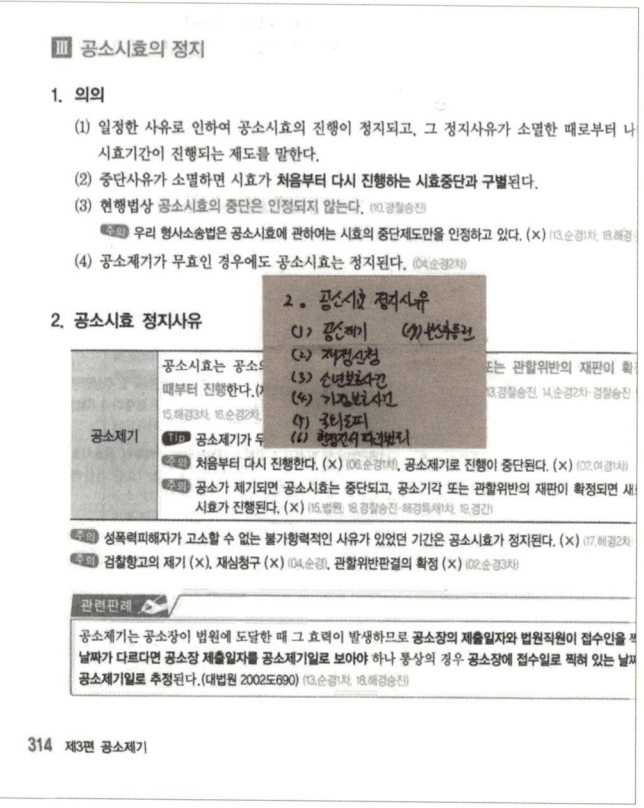

자료: 공무원 시험용 교재인 《형사소송법》(신정9판) 신광은 지음, 웅비

 서술이 표로 된 것이 가끔 있다. 이제 왜 그런 형태로 쓰였는지 원리를 알 수 있을 것이다. 이러한 표들은 앞서 설명한 것과 같은 맥락인

데, 의미 단위로 나눈 걸 시각화한 것이다.

다만 다른 부분에서도 이야기했지만, 어떤 정리나 요약 작업은 오로지 직접 한 경우에만 의미가 있고, 남이 해준 것은 내 것이 되지 않는다. 이런 형태의 책은 가급적 선택하지 않는 것이 좋지만, 부득이하게 이미 선택했거나 바꿀 수 없다면 의미 단위에 따라 나누어졌는지 재확인해보자. 그후에 잘못된 부분은 수정하고 세부적으로 나누어야 하는 부분은 빈칸에 별도의 세부 목차를 다는 노력을 직접 하도록 한다.

레벨링 작업을 통해 머릿속에 지식 습득이라는 열매를 맺기 위한 뿌리를 깊게 내릴 수 있다. 이 작업은 처음엔 굉장히 귀찮을 수 있지만 하고 나면 정말 놀라운 효과를 거둘 수 있는 방법이다.

목차를 연결하여 스토리로 이해하라
이미징

레벨링 작업이 끝났다면 이제 상·하위 구조로 나눈 목차들의 연관관계를 생각해야 한다. 이것은 앞서 인풋을 위한 '이미지화'에 필요한 작업으로, 이미징Imaging이라고 부른다. 말 그대로 기억을 원활하게 하기 위해 머릿속에 이미지를 만드는 것이다. 다만 바로 이미지를 만드는 것은 어렵고, 그전에 반드시 같은 수준의 목차들을 연결해서 하나의 이야기로 만들어야 한다. 레벨링과 이미징이 이뤄지면 공부해야 할 지식의 구조가 조망되고 짜임새 있게 암기가 가능해진다.

자, 그럼 다시 정리한 목차로 돌아가자. 그리고 그 목차를 보면서 머릿속으로 논리적 순서를 그려보라. 비교적 순서가 쉽게 드러나는 경우가 있는데 예를 들면 이렇다. '원칙-예외①-예외②' 또는 '원리-근거

1. 원칙	2. 예외 ①
	3. 예외 ②

①-근거②' 같은 것들이다. 이 경우에는 별도로 스토리를 만들지 않아도 쉽게 이해가 되는데, 위의 그림과 같이 바로 구조를 이미지화할 수 있다.

목차를 보면서 머릿속에 이런 그림을 그려보자. 한 번 떠올리고 마는 데 그치지 말고 다시 목차를 읽었을 때 그 이미지와 그 속에 포함된 스토리가 떠오를 정도로, 반대로 자신이 만든 이미지를 떠올렸을 때 목차가 생각날 정도로 반복하며 머릿속에 그려야 한다.

주의할 점은 구조를 파악하기 위해 연습장 등에 메모하는 것은 나쁘지 않지만, 단순화시켜 머릿속에 집어넣은 후에는 그 연습장을 버려야 한다는 것이다. 주기억장치는 머릿속 하나로 충분하다. 보조기억장치로 활용되어야 할 연습장을 모으기 시작하면 공부에서 '불경제不經濟'가 발생하게 된다.

거창한 용어를 붙였다고 해서 이 작업에 많은 시간을 할애할 필요는 없다. 나는 보통 한 시간에 15페이지 정도 공부한다고 하면 이 작업에 2~5분 정도를 사용했고 이미지를 만드는 대상도 가장 상위의 개념(목차) 정도로 한정했다. 하위 내용은 이후 공부를 하며 중첩적으로 이미징하며 머릿속에 입력했다.

이렇듯 어떠한 시험공부도 결코 단번에 완성되지 않는다. 레벨링과 이미징을 통해 뼈대를 먼저 만든 후 점차 살을 붙여가며 구체화해야 한다.

기본 지식의 뼈대에 살을 붙여라
트리밍

구조화 독서의 세 번째 단계는 '트리밍Trimming'이다. 트리밍은 이 독서법에서 가장 중요한 부분이며, 내가 단기 합격을 하게 된 비결이라고 자신 있게 말할 수 있는 방법이다.

트림Trim은 불필요한 부분을 잘라내거나 다듬는다는 의미다. 정원사가 풀이나 나무 표면을 깎아내는 모습을 생각해보자. 그에 쓰이는 도구를 트리머Trimmer라고 하는데, 공부에 있어서도 주어진 텍스트를 머리에 넣기 적합한 상태로 깎아내는 작업이 필요해 이와 같은 이름을 붙였다.

어떤 저자가 필생의 공부를 활자화해둔 것을 나에게 맞게 깎아내기란 쉬운 일이 아니다. 모두 하나하나 의미 있는 문장과 단어들이기 때문이다. 그렇다면 이제부터 트리밍의 구체적 의미와 방법을 자세히 알아보도록 하자.

저자와
대화를 시작하라

앞서 우리는 레벨링과 이미징을 통해 지식 구조의 뼈대를 만들었다. 트리밍은 이것을 토대로 나머지 텍스트를 읽어가면서 저자에게 질문을 던지고 답을 찾는 것이다. 즉 트리밍의 핵심은 저자에게 질문하고, 거기서 끌어낸 답변으로 지식 구조의 뼈대에 살을 붙이는 데 있다.

가장 단순한 질문부터 던져보자. 목차 간의 연관관계를 떠올리고 그것들을 단순하고 익숙한 이미지로 바꾸는 과정에서 저자에게 질문을 해볼 수 있다. '그래서 다음에는 어떤 내용이 오나요?', '여기서는 목차와 내용을 왜 이렇게 구성하였나요?', '이 부분의 목차는 다른 수준으로 구성되어야 하지 않았나요?' 이렇게 질문하다 보면 저자 의도에 맞게 지식의 상하 층위를 잘 구분했는지 확인할 수 있다.

다음은 지식의 뼈대에 살을 붙이는 작업이다. 다음처럼 레벨링과 이미징을 통해 정리한 목차를 보면서 머릿속에 물음표를 달아보자. 그리고 이때는 연필로 밑줄을 긋는 것이 좋다.

가령 목차에 「(1) 의의」라는 부분이 있고 '그래서 의의가 무엇인가

요?'라고 질문을 던졌다고 해보자. 그러면 내가 찾아야 할 답, 밑줄을 그어야 하는 곳은 「○○이란 ○○이다.」라는 부분이다. 다만 이때 주의할 것이 있는데 중복되는 부분에는 밑줄을 긋지 않는 것이다. 앞의 예시로 다시 설명하자면 「○○이란 ○○이다.」라는 문장에 밑줄을 그을 때 '○○이란'부터 줄을 긋는 경우가 있는데 그럴 필요가 없다. 줄을 그어 표시하는 행위는 내가 현재 이 책 전체를 머릿속에 넣을 수 없기 때문에 미리 기억해둘 부분을 표시하고 반복적으로 들여다보기 위해서다. '○○이란'까지 줄을 긋는 것은 비효율적인 일이다.

단적으로 시간에 쫓길 때는 색칠한 목차와 밑줄만 보게 될 텐데, 그때 목차와 밑줄 사이에 겹치는 내용이 있다면 불필요한 중복이 자주 일어나게 된다. 예를 들어 '○○의 의의가 무엇인가?'라고 물었는데 '○○입니다'가 아니라 '○○의 의의란 ○○입니다'라고 되풀이할 필요가 없다는 것이다. 요컨대 상위 목차와 겹치지 않는 부분에서 답을 찾아 줄을 긋는 것이 핵심이다.

이렇게 질문을 던지고 답을 찾다 보면 저자가 '제대로', '잘' 책을 썼는지 알 수 있다. 내가 던지는 질문에 답이 찾아지지 않는 책은 100번을 읽어도 얻을 수 있는 지식에 한계가 있다. 만약 이 과정에서 목차와 내용 사이에 심각한 구멍이 자주 발견된다면 늦기 전에 책을 바꿔야 한다. 트리밍에 소요되는 시간은 일률적으로 말할 수 없지만, 나의 경우는 단락 하나의 서술을 기준으로 쉬운 것은 1~2분 정도, 어려운 것은 10분 정도가 걸렸다.

지식을 연결하라
컬러링

네 번째 단계는 컬러링Coloring이다. 본문 내용 중 문제 쟁점이 되는 키워드를 표시하는 단계다. 방대한 분량의 교재에서 어떤 부분만 보면 될지 추려 실제 공부할 분량을 줄이는 데 그 목적이 있다. 앞서 레벨링 단계에서 사용한 형광펜 말고 다른 색의 형광펜을 준비하자.

**'차이'를
표시하라**

그렇다면 쟁점의 키워드는 어떻게 찾을까? 나는 두 가지 기준을 가지고 있는데, 첫째는 문장 간의 차이를 나타내는 부분 즉, '차이점'이다. 차이는 어떻게 찾을까? 이는 책에 나오는 문장이 단어와 조사, 술어로 이루어져 있다는 것을 기억하면 쉽게 접근할 수 있다.

앞의 과정을 모두 거쳤다면 머릿속에 책의 줄 친 부분 정도는 입력되어 있을 것이다. 그런 상태라면 반복적인 서술을 읽으며, 단어 또는 서술어 또는 조사가 이전 서술과 달라진 부분을 바로 인식할 수 있다. 어떤 문제나 쟁점에 대한 답(결론)은 단어, 서술어, 조사 하나에 따라 달라진다. 이렇게 의미를 다르게 만드는 '단위'에 표시하는 것은 답(결론)에 표시하는 것과 같다. 컬러링은 여러 번 반복적으로 숙독할 때 가장 큰 효과를 발휘한다.

구체적인 예시를 통해 컬러링을 시도해보자. 아래 예시의 쟁점은 '생명의 기원에 대하여 두 가지 상이한 관점이 존재한다'는 부분이다. 이에 대한 답으로 '진화론적 관점'과 '창조론적 관점'이 서술되어 있다. 이것은 다음과 같은 사고에 의해 컬러링을 실행할 수 있다.

● **차이점에 표시하는 방법** ●

생명의 기원에 대해서는 두 가지 상이한 관점이 존재한다. 생물이 우연히 자연적으로 생겼으나 세월이 지나며 형태와 기능이 변화되었다고 보는 진화론적 관점과 초자연적 지혜와 설계에 의하여 처음부터 완전하게 생물들이 만들어졌다고 보는 창조론적 관점이 그것이다.

생명의 기원에 대한 두 가지 서술은 크게 ①처음부터 완전한 존재인가? ②누가 그와 같은 '변화/완전'을 만드는가?의 두 부분에서 서술상 차이를 보인다. 이에 대한 답은 '자연적'과 '초자연적', '변화'와 '완전', '진화'와 '창조'다. 따라서 그 부분에 표시를 한다.

'연결'에 주목하라

키워드를 찾는 두 번째 기준은 '기억의 연결 고리'다. 책을 읽고 문제를 풀다 보면, 내 머릿속의 어떤 부분에 지식의 틈이 있어서 오답을 고르게 되는지 알게 되는 경우가 있다. 문제풀이라는 것은 결국 '① 문제 인식 → ② 답 연산'의 과정인데 정답 연산이 잘되지 않기 때문에 오답이 나오는 것이고, 기억장치 중 어떤 부분에 틈이 있기 때문에 연산이 잘되지 않는 것으로 봐야 한다.

기억의 연결 고리에 표시한다는 것은 바로 그런 부분을 특별히 표시하는 것이다. 대부분은 '표시'를 할 때 앞서 설명한 문장의 구성 요소 중 '단어'에 집중해서 표시하는데, 그런 중요 단어들이 그물코가 되어 나머지 지식을 끌어올릴 수 있게 만든다. 이것이 바로 '키워드'다. 키워드 역시 스스로가 머리를 써서 무엇이 핵심인지 가려낼 때에만 의미가 있다.

● 연결점에 표시하는 방법 ●

생명의 기원에 대해서는 두 가지 상이한 관점이 존재한다. 생물이 우연히 자연적으로 생겼으나 세월이 지나며 형태와 기능이 변화되었다고 보는 진화론적 관점과 초자연적 지혜와 설계에 의하여 처음부터 완전하게 생물들이 만들어졌다고 보는 창조론적 관점이 그것이다.

위의 예시를 다시 보자. 진화론이나 창조론에 대한 배경지식이 있다면, 즉 진화론이라는 말과 창조론이라는 말만 듣고 바로 내용을 설명할 수 있다면 더 이상의 표시는 필요 없다. 하지만 창조론에 대해 '창조론은 하나님이 생물들을 만들었다는 것이야'라는 지식만 가지고 있다고 해보자. 이 경우 예시 텍스트를 머리에 집어넣기 위해서는 먼저 '하나님'에 대응하는 서술을 찾아야 한다. 그렇지 않으면 내가 기존에 가지고 있던 지식과 텍스트 내용이 충돌을 일으켜 오히려 문제를 푸는 데 방해가 된다. 여기서는 하나님을 '초자연적 지혜와 설계'로 서술하고 있으므로 이 부분을 표시한다. 이것이 바로 내 머릿속에 들어 있던 지식과 텍스트의 서술을 연결해주는 부분에 해당한다.

컬러링 작업에 걸리는 시간은 교재를 읽기 이전에 내 머릿속에 얼마나 지식이 있느냐에 따라 달라진다. 하지만 그보다 컬러링을 해야 하는 시점이 중요한 부분이어서 이에 대해 더 이야기를 해보고자 한다. 구조화 독서를 실행하는 사람 중에는 책을 처음 읽는데도 불구하고 바로 컬러링을 실행하는 경우가 있다. 이는 원리를 이해하지 못한 것이다. 컬러링은 '차이점을 파악할 만큼 이미 머릿속에 지식이 있을 때' 또는 '사고의 연결 고리가 되는 단어를 표시하면 그 서술 전체가 기억날 정도로 지식이 머리에 들어갔을 때' 실행해야 한다. 그것이 없으면 단지 '내가 생각하기에 중요한 부분'에 형광펜을 칠하는 일이 되어버린다. 그건 책만 지저분하게 만드는 일일 뿐 구조화 독서를 하는 게 아님을 기억하자.

활자가 아니라
위치와 이미지로 기억하라

구조화 독서는 기본적으로 책을 '통째로' 외우기 위한 방법이다. 즉 책의 서술을 위치와 색상 정보로 바꾸어서 머릿속에 입력하는 것이다. 내 머릿속에서 구체적인 서술들을 찾는 방식이 아니라 머릿속에 책 한 권을 복사한 후 거기서 서술을 찾는 방식이다.

    나는 강의나 강연 중에 종종 "변호사님은 책을 사진 찍듯이 통째로 외우실 수 있나요?"라는 질문을 받는다. 그때마다 나는 "그렇다"고 답한다. 그러나 그 사진이 고해상도라거나 컬러로 생생하게 기억난다는 의미는 아니다. 나 역시 머릿속으로 넣은 지식 중에 마치 폴더에서 답을 찾듯이 검색해보고 찾은 답의 압축을 푸는 과정을 거쳐야 한다.

그 과정이 빠르게 되는 경우도 있고 그렇지 않은 경우도 있지만, 대체로 머릿속에 기억하고 있는 편이다. 이는 내 머리가 특별해서가 아니라 철저한 훈련과 습관의 결과일 뿐이다.

머리가 정말로 좋은 사람에게는 별다른 공부법이 필요 없다. 나는 책에 밑줄 한번 긋지 않고도 통째로 책을 외우는 사람을 여럿 보았다. 그러나 그런 특별한 사람들만 1,000페이지를 통째로 외울 수 있는 건 아니다. 암기는 구조화 독서를 익히면 누구나 할 수 있다.

뇌에 각인되는
10분 복습
로딩

보통 사람은 평생 동안 두뇌의 10퍼센트밖에 사용하지 못한다고 한다. 이는 우리가 살면서 보고 듣고 맛보는 온갖 지식과 정보를 두뇌에 넣는 일이 쉽지 않으며, 그 양도 극히 일부에 지나지 않다는 것을 의미한다. 이렇듯 익숙한 단어나 이미지로는 입력이 쉽지 않다. 해당 지식과 정보를 다른 것과 구분하기 힘들기 때문이다.

    지금까지 소개한 트리밍과 컬러링은 두뇌에 정보를 입력하고 쌓기 편한 것으로 지식을 가공하고 정제하는 작업이다. 이번에는 정제한 지식을 머릿속에 각인되게 만드는 방법을 알아보자. 바로 '쟁점 노트'와 '복습'이다.

지식을 질문으로 바꾸는 쟁점 노트

'쟁점 노트'란 내가 읽은 부분, 즉 머리에 넣은 지식 중 세부 내용을 출제 형태의 질문으로 바꾸어보는 것이다. 질문은 우리의 뇌를 가장 크게 자극하는 도구이기 때문에 여태 공부한 지식이 머릿속에 잘 입력되었는지 점검하는 데 유용하다.

기출문제 분석이 끝난 단계에서는 책을 읽으면서 내용을 기출문제처럼 질문 형태로 바꾸면서 볼 수 있다. 그때 손바닥 크기의 노트를 옆에 펼쳐두고 그 쟁점명을 적는다.

가령 기출문제 분석을 통해 '세종대왕의 업적'에 관한 문제가 반복 출제된다는 것을 알고 있다고 해보자. 그렇다면 나는 「세종대왕의 업적으로 옳지 않은 것은?」이라는 질문을 던져볼 수 있다. 이때 쟁점 노트에 「세종대왕의 업적」이라고 적는다.

● 쟁점 노트 예시 ●

세종대왕의 업적 5가지, 부여시대 생활상,
법흥왕 불교공인 시기, 발해 행정체제, 독도 역사적 의의,
원 침략 이후 고려 모습, 신돈 전후 고려사 주요사건 4가지,
묘청의 난 원인

그 문제에 관한 답으로는 「① 대마도 정벌, ② 4군 6진 설치, ③ 집현전 설치, ④ 훈민정음 창제, ⑤ 농사직설 편찬」이 다섯 가지를 들 수 있다. 그런데 그중 '집현전 설치' 부분만 잘 기억하지 못한다면, 쟁점 노트에 「정책, 학문 연구 및 국왕 자문 기구」라고 추가로 적는다.

여기까지 가능한 사람이라면 정확한 쟁점명(세종대왕의 업적)이 아니라 쟁점명을 떠올렸을 때 기억이 미치는 곳(세종대왕의 업적 중 정책, 학문 연구 및 국왕 자문 기구)까지 적으면 된다는 점을 자연스럽게 알 수 있을 것이다. 이런 식으로 공부를 하면서 출제 가능한 부분들을 질문의 형태로 바꾸면, 굳이 문제를 풀지 않아도 공부를 하면서 바로 해당 부분의 지식을 효율적으로 머리에 넣을 수 있다.

쟁점 노트는 내 지식이 머릿속에 잘 안착되었는지 확인하기 위한 도구다. 그런데 이런 도구가 많으면 많을수록 수험생은 지식이 머릿속에 잘 들어갔는지 확인해보고 싶어진다. 이는 결과적으로 공부에 부담을 가져오게 된다. 시험이 임박해지면 기출문제집과 같은 교재를 통해 다시금 지식이 안착되었는지 확인할 수 있으니 쟁점 노트는 별도로 보관하지 않고 그날그날 작성해서 사용한 후 버리도록 하자.

10~15분 동안
복습을 실행하라

다음은 복습에 관한 것이다. 나는 목표로 한 분량을 모두 공부했을 때, 다음 파트로 바로 넘어가지 않고 반드시 10~15분 정도 공부했던 내용을 전체적으로 떠올려보는 훈련을 했다. 그때그때 정리하는 것이 시간과 에너지도 덜 들고, 이중으로 지식을 점검하는 장치를 마련할 수 있어 지식의 누수도 충분히 막을 수 있다.

그리고 잘 준비를 모두 끝내고 잠자리에 눕기 직전에 다시 한번 만들어둔 쟁점 노트를 꺼내 보았다. 그 노트를 쭉 보면서 답이 나오는 것들은 연필로 지우고, 답이 나오지 않는 것들은 색깔 볼펜으로 표시를 했다. 그다음 볼펜으로 체크된 부분은 다시 책상에 앉아 공부를 했다. 지식이 머리에 들어가 있지 않은 걸 확인하면 굉장히 슬프지만,

● **쟁점 노트 예시** ●

세종대왕의 업적 5가지, 부여시대 생활상,
법흥왕 불교공인 시기, 발해 행정체제, 독도 역사적 의의,
원 참략 이후 고려 모습, 신돈 전후 고려사 주요사건 4가지,
묘청의 난 원인

→ 줄 친 부분이 복습을 끝낸 부분, 동그라미 부분이 재학습이 필요한 부분이다.

그날은 공부를 제대로 하지 않은 것과 마찬가지이므로, 반드시 재학습을 해야 한다.

복습은 어디까지나 공부가 된 내용을 재차 공부하는 것이므로, 연필로 지워나가면서 답이 확인된 부분이 그 대상이 된다. 그리고 스스로 설정한 쟁점에 대해 답이 떠오르지 않는 부분은 반드시 공부를 다시 해야 한다. 이때가 하루 중에 당근과 채찍을 마지막으로 쓰는 순간이다. 이 시간이 길어질수록 수면 시간이 줄어들기에 깨어 있는 낮 시간 동안 공부를 철저하게 하게 되는 효과도 있다.

나는 시험공부를 하는 동안 이 과정을 단 하루도 거른 적이 없었다. 하루는 전혀 집중이 되지 않아 쟁점 노트에 적은 모든 내용을 다시 공부해야 하는 날이 있었는데, 그러다가 수면 시간을 한 시간 남기고 다 써버려서 어쩔 수 없이 책상에 앉아 독서대를 베개 삼아 앉은 채로 잔 적도 있었다. 자기 자신과의 약속조차 지키지 못하면 더 큰 일은 당연히 할 수 없다고 믿었기 때문이다.

합격을 결정하는 복습 타이밍

내가 운영하는 블로그와 유튜브 채널에서 가장 조회 수가 높은 주제가 바로 암기법과 복습법이다. 둘은 사실 같은 내용이라고 볼 수 있다. 복습을 하는 이유는 무언가를 머리에 남기고자, 즉 암기를 하고자 하는 욕심을 다른 방식으로 표현한 것이기 때문이다.

복습을 하기 전에 반드시 알아두어야 할 것이 있다. 복습은 말 그대로 한 번 공부가 된 내용을 '다시' 공부하는 걸 의미한다. 같은 부분을 다시 공부하는 것이니 첫 번째 공부에서 100의 노력과 100의 시간이 걸렸다면, 두 번째 공부에서는 그 노력과 시간이 확연하게 줄어들어야 마땅하다. 만약 그렇지 않다면 그것은 복습이 아니라 재학습에 해당한다.

왜 이 둘을 구별해야 할까. 바로 재학습은 첫 번째 공부가 전혀 효율적이지 않았다는 걸 의미하기 때문이다. 시험까지는 한정된 시간이 있고 합격에 적합한 상태를 만들려면 효율적인 공부가 필요하다. 그런데 그렇지 못하다는 것은 방법이 잘못되었다는 뜻이다.

게다가 재학습 이후에는 '복습'이 다시 필요한데, 복습과 재학습의 구별이 없다면 복습을 건너뛰기 쉽다. 당연히 지식의 입력과 적재는 촘촘히 이뤄질 수 없게 된다.

언제
복습을 해야 할까

복습에 대해 하나 더 이야기를 해보자. 바로 복습 타이밍이다. 복습은 어떤 방식으로 하느냐보다 '언제' 하느냐가 훨씬 중요하다. 굳이 망각곡선을 이야기하지 않더라도, 사람의 기억은 시간이 지남에 따라 옅어지고 심지어 왜곡된다는 사실을 알 것이다. 복습 주기에 대해서는 여러 방식이 있을 수 있지만, 내 경험상 가장 효율적이었다고 생각되는 방식을 소개하고자 한다.

나는 하나의 지식을 머릿속에 넣어야 할 때 기본적으로 세 번 복습했다. 한 챕터의 공부가 끝났을 때 10분, 하루의 모든 공부가 끝났을 때 무제한, 다음 날 공부 시작 전 10~30분이다.

챕터별 공부가 끝났을 때 바로 복습을 하는 것은 지금까지 익힌 지식을 정제하는 의미가 있을 뿐 아니라, 무엇을 알고 무엇을 모르는지 가려주며, 머릿속에 지식이 뿌리를 내릴 수 있는 단초를 제공한다. 이때는 지식이 단기기억 속에 생생하게 살아 있는 상태이므로 어느 부분에 누수가 있는지 빠르게 점검할 수 있다. 따라서 공부한 모든 것을 파노라마처럼 떠올려보도록 노력하고, 그게 안 된다면 집중이 부족했거나 다른 이유로 지식이 머릿속으로 들어가지 않은 것이니 다시 앞으로 돌아가 지식을 탑재시켜야 한다.

나는 이 과정에서 보통 10분 정도의 시간이 필요했는데, 이 시간을 원칙으로 정한다기보다는 하나의 목표로 생각하는 게 좋다. 즉 그보다 더한 시간이 걸리더라도 차차 연습을 통해 10분 정도의 시간에 50~100분 정도 공부한 내용을 떠올릴 수 있도록 만들어야 한다.

하루 공부가 끝날 때 하는 복습은 '쟁점 노트 복습법'에서도 얘기했지만 시간을 무제한으로 두고 한다. 이때의 복습이란 정확하게는 복습의 대상에서 재학습의 대상을 분리시키는 과정이다. 쟁점에 대해 질문을 던져보면서 공부가 되지 않은 부분이 무엇인지 확인해본다.

이때는 공부 후 10분의 경우와 달리 단기기억에서 많은 것이 날아가 있는 상태이므로 '쟁점 노트'라는 도구의 힘을 빌려서 복습한다. 만약 하루의 마지막에 자신이 오늘 한 공부 전체가 파노라마처럼 떠오른다면 본인의 머리가 다른 사람보다 굉장히 좋다고 생각해도 좋다.

이 과정은 시간을 무제한으로 두는 것이 포인트다. 일종의 심리적

제약을 가하는 것인데, 즉 하루 동안 제대로 공부하지 못한 부분이 있다면 책임을 져야 한다는 식이다. 공부가 제대로 되었다면 취침이라는 보상을 받지만 그렇지 않다면 취침이라는 보상은 줄어든다.

마지막으로 다음 날 공부를 시작하기 전에 복사해둔 목차를 보고 전반적인 내용을 떠올려본다. 이때는 복사해둔 목차의 힘을 빌려 구체적인 쟁점까지 함께 떠오르는지 테스트해본다. 나는 어릴 적 웅변을 했었는데 원고를 외운 후 자고 일어나면 어제 외운 원고가 더 잘 기억나는 느낌을 받았다. 나중에 지인인 의사를 통해 기억 강화에 수면이 큰 역할을 한다는 것을 듣게 되었다. 이처럼 취침 후 기억이 강화되는 것을 이용해서 어제의 공부를 되짚어보도록 하자. 물론 시간이 지났기 때문에 복사해둔 목차를 활용해야 한다. 이때는 짧으면 10분, 길면 30분 정도가 걸렸는데 이 시간도 하나의 목표로 삼도록 하자. 만약 공부가 되지 않은 부분이 발견될 경우 30분 정도의 제한 시간을 두고 반드시 재학습을 하고 넘어가야 한다.

공부의 끝,
책 정리법

**내가 2,000페이지가 넘는 책을
볼 수 있었던 이유**

2,000페이지가 넘는 책으로 공부한다? 중·고등학생의 경우라면 생경한 것은 당연하고, 성인이라고 해도 최근의 수험가에서는 쉽게 찾아볼 수 없다. 하지만 나는 한 과목에 많게는 2,000페이지가 넘는 책으로 공부를 했다. 이 정도 분량의 책으로 공부해야 한다고 하면 '추상적인 분량'에 대개는 압도당하는 느낌을 받지만 나는 전혀 그렇지 않았다. 나름의 이유가 있었다.

첫째, 나는 음성보다 활자가 훨씬 기억하기 쉽다는 이점을 생각했다. 둘째, 제대로 된 책 정리법만 알고 있다면 다른 수험생들이 보던 몇백 페이지 분량의 요약서보다도 더 적은 양으로 해당 내용을 간추릴 수 있다고 생각했기 때문이다.

나도 처음에는 여느 수험생과 다름없이 평범하게 강의를 들으며 공부를 시작했다. 물론 강의는 나와는 도무지 맞지 않아서 한 과목의 강의를 2~3시간 정도 듣는 것에 그쳤지만, 운 좋게도 그 짧게 수강한 강의에서 책 정리를 해야 하는 이유와 방법을 대략적으로 깨달을 수 있었다. 바로 강의 중에 들은 다음의 두 문장에서 말이다.

"이 책에서 페이지당 1~2줄 정도만이 시험에 출제됩니다. 밑줄 친 것만 제대로 보세요."

이 말을 처음 들었을 때는 '그렇다면 대체 왜 이렇게 많은 분량으로 책을 쓴 것이지'라는 의문이 들었다. '시험에 나오지도 않는 부분으로 수험생들을 괴롭히는 것이란 말인가!' 당시는 나름의 당찬 분노도 솟아오르던 때였다. 하지만 공부가 쌓이고 나도 책을 쓸 수 있는 시점에 이르러 되돌아보니, 이제야 진정으로 그 말의 의미가 이해되기 시작했다. 바로 실제로 시험에 출제되는 부분은 대부분 정해져 있고, 또 그 정해진 범위가 좁긴 하지만, 그것을 다루기 위해서는 보다 폭넓은 지식이 필요하다는 의미였던 것이다.

앞에서도 언급했지만 일반적으로는 양이 적은 책이 보기도 쉽고 공부에도 더 도움이 될 것이라 생각한다. 하지만 그것은 학습한 내용이 내 안에 굉장히 많이 쌓여 있어서 무엇을 봐도 그 책에 쓰인 내용과 관련된 생각이 연이어 나오는 사람이라면 몰라도, 대부분의 경우는 양이 적은 책으로 공부하면 매우 빈약한 지식만 습득하게 된다. 그로 인해 공부나 시험 과정에서 정확한 판단력을 얻기가 힘들어진다. 그래서 나는 텍스트를 읽어서 내용과 맥락을 이해할 수 없는 정도로 요약된 책은 택하지 않았다. '내 머리'로 생각해서 이해가 되지 않는 부분은 가급적 없도록 공부의 방향을 잡은 것이다.

대신 실제 시험에서는 그 지식의 전부가 아니라 지식을 요약하고 압축해주는 부분들 안에서 문제를 출제하기 때문에 양을 줄이는 작업을 하며 실전에 대비하였다.

이것이 내가 한 권에 2,000페이지 넘는 책을 (내 지식이 나오는 근원으로 삼고) 시험 하루 전에 처음부터 끝까지 빠르게 2~3번씩 볼 수 있었던 이유다. 바로 효율적으로 '책 정리'를 했기 때문이다.

책만 봐도
합격할지 말지 보인다

이런 이유로 나는 공부를 하는 사람의 주교재만 봐도 그 시험에서 원하는 결과를 얻을 수 있는지 없는지 여부를 대략적으로 판단할 수 있다고 생각한다. 공부를 하지 않는 사람의 입장에서는 책 정리가 뭐가 그리 중요한가 생각할 수도 있지만, 중·고등학교 시절의 교과서만 해도 그 가짓수가 적지 않다. 그리고 성인 시험의 경우에는 과목 수가 줄어든다 하더라도 한 권의 교재 분량이 중·고등학교 교과서 전과목을 합친 양에 버금가는 경우도 많다. 이런 상황에서 시험에 나오는 부분을 추리고 반복해서 볼 수 있도록 정리를 하지 않는다면 시험 전에, 시험을 치르기 위해 필요한 지식들을 전반적으로 체크하는 것조차 불가능할 것이다.

실제로 나는 수험공부를 하던 때부터 공부법 콘텐츠를 만드는 지금에 이르기까지 많은 수험생의 책을 봐왔다. 정말 예외적으로 특출나게 전혀 책에 손대지 않고도 주요한 대부분 내용을 기억하는 수재들을 제외한다면, 누구나 자기 나름의 방식으로 책 정리를 한 사람들이 원하는 결과를 얻는 것을 목도해왔다.

책이라는 것은 실로 지식의 원천이라고 할 수 있다. 시험장에서 문제를 푸는 기준은 음성으로 된 강의나 수업이 아니라 그 강의, 수업의 바탕이 된 책이다. 비유적으로 말하면 내 두뇌와 '동기화'된 것이 바로 내가 보는 책이라고 할 수 있는 것이다. 그런데 그 책을 토대로 문제를 풀면서 책의 어느 부분에서 어떤 지식이나 정보를 사용할지 미리 체크하고 정리해 두지 않는다면, 좋은 결과를 만들기가 어렵다.

결국 누군가의 책을 본다는 것은 그 사람의 머릿속을 보는 것과 같은 것이다. 책이 정리가 잘 되어 있다는 것은 곧 그 사람의 사고가 잘 정리되어 있다는 것을 의미한다. 사고가 잘 정리된 사람은 질문을 받았을 때 더 빠르고 정확하게 대답을 이끌어낸다. 반면에 사고가 제대로 정돈되지 않은 사람은 자주 오답을 말하거나 정답에 이르기까지 많은 시간을 필요로 한다.

시험에서는 오답을 도출하거나 시간 내에 정답을 도출하지 못한 것은 모르는 것과 같게 취급된다. 즉, 아무리 공부를 열심히 했다고 해도 책 정리를 제대로 하지 않는다면, 그것은 내가 공부한 부분을 모르는 것과 같은 결과로 이어질 수 있다는 의미이다.

책 정리는 내 기준에 따라 지식을 재정리하는 것

 그렇다면 책 정리는 대체 어떤 방식으로 해야 하는 것일까? 먼저 짚어 둘 것은 '책 정리'라고 해서 정말로 책을 대상으로 정리해야 하는 것은 아니라는 것이다. 앞서 설명한 것처럼 책 정리는 내 사고를 정리하는 것이므로, 그 결과물은 꼭 '책을 정리'하는 것이 아니어도 좋다. 내 사고를 스스로 정리하고 만든 결과물이라면, '정리 노트'의 형식(몇몇 수험생들은 '정리' 수준을 넘어 노트 형식의 요약서를 직접 만들기도 한다) 이 되어도 좋다. 가장 중요한 것은 다양한 형태로 다루는 지식과 정보를 내 나름의 기준에 따라 '언제든지 원할 때' '써먹을 수 있는' 형태로 다듬는 것이다.

 스스로 요약 노트 같은 것을 만들기 위해서는 그 내용을 모두 이해해야 할 뿐 아니라, 스스로 체계를 재구성할 수 있어야 하고 그 내용 역시 정확해야 하며, 시험에서 사용할 수 있는 형태로 의미와 분량을 줄일 수 있어야 한다. 다만 요약 노트를 직접 만드는 방식은 꽤 많은 학습과 노하우가 필요하므로 현실에서는 대부분 주어진 교재에 밑줄을 긋거나 형광펜으로 표시를 하는, '봐야 할' 활자의 양 자체를 줄이는 방식으로 이 작업을 시도한다.

책 정리에서 가장 중요한 포인트 중 하나는 바로 지식을 한군데로 모으는 것이다. 시험공부를 한다면 대개 교재와 수업·강의, 문제집, 이렇게 세 가지 콘텐츠를 한 세트로 활용한다. 이 중에서 교재와 문제집은 활자 정보로 구성되어 있지만, 수업이나 강의는 음성 정보로 구성되어 있다.

우리말에는 '아 다르고 어 다르다'는 말이 있는데, 같은 정보를 활자와 음성이라는 전혀 다른 수단으로 전달하는 경우에는 그것을 받아들이는 입장에서는 두 가지가 동일한 정보라는 점을 쉽게 인식하기 어렵다. 대부분은 수업이나 강의를 듣고 이해했다고 생각하지만, 막상 교재나 문제집을 보면 강의 내용을 떠올리고 개념을 연결하지 못하는 이유가 바로 이것이다. '이해'는 내 기존 지식으로 새로운 정보를 분해하고 재조합할 수 있는 경우에만 가능하다. 교재를 먼저 보았든 강의나 수업을 먼저 들었든, 형태가 다른 정보를 하나의 기준에 따라 통일시키는 작업이 필요한 것이다.

교재와 문제집의 경우도 마찬가지다. 경우에 따라 개념 이해를 돕기 위해 문제화한 것을 부분적으로 교재에 싣는 경우도 있지만, 문제들을 모은 '문제집'은 그 내용을 다루는 형식이 교재와 전혀 다르다. (다른 곳에서 든 비유지만) 마치 기린의 서로 다른 면을 보는 것과 같다. 교재에서는 기린이 노란 동물이라는 점을 강조하고, 문제집에서는 기린이 초식 동물이라는 점을 강조하는 것이다.

이런 상황에서 지식을 한데 모아 통일된 기준에 따라 재배치하고 정리하지 않으면 시험장에서 그 지식을 사용하기 어렵다. 이에 대해 둘 다 '기린에 관한' 내용인데 무슨 문제냐고 의문을 품을 수도 있다. 시험은 지식과의 싸움이 아니라 시간과의 싸움임을 기억하라. 만약 시험을 치르는 시간이 2주나 한 달이라면 내용을 틀리기 어려울 것이다. 시험이 어려운 것은 정해진 짧은 시간 내에 정확하게 답을 골라야 하기 때문이다. 정말로 그 지식을 아느냐 모르냐가 당락을 좌우하는 요소가 아니다.

시험장에서 기린에 대한 문제를 봤을 때 노란 동물과 초식 동물이 무슨 관계인지 또는 그 노란 동물과 초식 동물이 동일한 대상에 대한 설명이었는지를 고민하면 안 된다. 이미 그 문제를 맞힐 확률 또는 시험에 합격할 확률은 상당히 떨어졌다고 할 수 있다. 문제를 봤다면 그 즉시 문제를 풀고 답을 택할 수 있어야 한다.

요컨대, 책 정리는 내가 어떤 형태로 지식과 정보를 받아들였든 가장 빨리 머릿속에서 출력할 수 있도록, 그것들을 하나의 기준에 따라 일괄적으로 재배치하고 재이해하면서 완성된 하나의 지식덩어리로 만드는 과정을 반드시 거쳐야 한다.

이유와 문제를
압축할 것

책 정리의 또 다른 포인트는 정보를 '압축'하는 것이다. 정보를 압축한다고 해서 마구 요약을 하거나 요약된 부분에 밑줄을 치라는 것은 아니다. 핵심은 내 사고과정을 압축하는 것이다. 정리된 부분을 다시 보았을 때 내가 그 책에 쓰인 내용을 이해하기 위해 들인 노력과 과정들이 순식간에 되살아나는 것을 경험할 수 있도록 말이다.

1→2→3→4의 순서로 사고과정이 진행된다고 할 때, 책에서 '4 부분'에 밑줄로 표시를 해두었다면, 그것을 봄으로써 1부터 4까지의 전 과정이 순식간에 떠오르게 만드는 것이다. 가끔 다른 사람들이 정리하거나 요약한 책을 주교재로 삼는 학생들이 낭패를 보는 이유는 그 학생의 머릿속에는 정말 '4'만이 들었기 때문이다.

그렇다면 책 내용을 무엇을 어떻게 압축해야 할까? 압축 대상은 단 두 가지다. 첫째는 바로 '이유'이다. 밑줄을 쳐서 책 정리를 했다고 한다면, 밑줄 친 부분을 봤을 때 머릿속으로 왜 밑줄을 쳤는지 그 이유를 떠올릴 수 있어야 한다. 이는 기억의 원리와 관련이 있다. 장기기억은 내 기존 지식으로 새로운 정보를 분해할 수 있을 때에만 형성되

● 정보 압축을 위한 책 정리 1 - 이유 ●

본문 중 '이유'에 해당하는 부분에 밑줄친다.

> 3. 저항에서 열의 발생 원인   ↙ 결과 부분   이유(원인 부분) ↘
>
> (1) 저항에서의 열의 발생 : 저항에서의 열의 발생 원리는 원자와 자유 전자의 충돌에 의하여 자유 전자의 운동 에너지가 원자에 전달되기 때문이다. 따라서 전류가 셀수록, 저항이 클수록 충돌이 더 많아지므로 발열량이 많아진다.

본문에 별다른 이유가 설명되지 않는 경우는 별도로 필기한다.

> 2. 공정력   ↙ 결과 부분   이유: 취소소송제도의 존재
>
> 공정력이란 행정행위가 법정요건을 갖추지 못하여 흠이 있다 하더라도, 무효가 아닌 한 권한 있는 기관에 의하여 취소될 때까지는 누구든지(상대방·처분청 기타 행정기관·법원 등) 그 행정행위의 구속력을 부정하지 못하는 효력을 말한다. 잠정 통용력 또는 잠정적 유효력이라고도 한다. 판례도 "행정행위는 공정력의 효력이 있어 설혹 행정행위에 하자가 있는 경우에도 그 하자가 중대하고 명백하여 당연무효로 보아야 할 사유가 있는 경우 외에는 그 행정행위가 행정소송이나 다른 행정행위에 의하여 적절히 취소될 때까지는 단순히 취소할 수 있는 사유가 있는 것만으로는 누구나가 그 효력을 부인할 수는 없다"라고 판시하고 있다.
>
> 자료: 《행정법》, 이윤규 지음, 미공간

고, 이후 그것을 분해하고 재조합하는 과정을 통해 강화된다. 같은 책을 보아도 어떤 사람은 시험이 끝나면 대부분을 까먹고 어떤 사람은 십수 년이 지나도 기억한다. 이유는 한 명은 눈으로만 공부를 했고 다

른 한 명은 뇌까지 사용해서 공부했기 때문이다.

둘째는 '문제'이다. 문제집은 일반적으로 책 정리의 대상으로는 적합하지 않다. 지식이 체계적으로 정리가 되어 있거나 균형 있게 실려 있다고 볼 수 없기 때문이다. 그래서 대부분은 교과서나 교재에 밑줄을 치는 방식으로 책 정리를 한다. 교재에 책 정리를 할 때에는 해당 지식이 실제로 사용되는 형태까지도 떠올릴 수 있어야 한다. 이를 위한 가장 쉬운 방식은 해설과 선지에 대응하는 교재 부분에 모두 밑줄을 치는 것이다.

객관식 시험을 치는 경우라면 교재의 밑줄을 보면서 그 부분이 선지화되는 경우뿐 아니라 다른 오답 조합까지도 떠올릴 수 있어야 한다. 물론 모든 오답의 조합을 다 떠올리는 것은 사실상 불가능한데, 여기서는 대체적인 정답-오답 쌍이 어떤 것이 있는지를 확인하는 정도로 진행하자. 출제자는 출제 목표와 출제 시비是非라는 두 가지 제어장치 때문에 큰 틀에서는 반복적으로 비슷하게 문제를 출제하기에 이 정도로 정리하는 것으로도 충분하다.

서술형 시험이나 구술형 시험을 치는 경우라면 그 서술의 앞뒤 맥락을 함께 떠올릴 수 있어야 한다. 이런 시험에서 원하는 것은 단답이 아니라 체계화된 지식이기 때문이다.

수험가에서 흔히 쓰는 말 중에 '단권화'라는 것이 있는데, 대부분은 무엇을 어떻게 단권화해야 하는지도 모른 채로 그 말을 쓴다. 그런데 여기서 말하는 책 정리가 바로 단권화에 해당한다. 책이 아니라 사

● 정보 압축을 위한 책 정리 2 - 문제 ●

해설과 선지에 해당하는 부분에 밑줄을 친다.

> 미술과 과학의 만남
>
> 미술과 과학은 우리의 세계를 재현하고 해석하며, 진리를 추구한다는 점에서 유사한 면이 있다. 미술과 과학은 별개의 것이 아니라 역사적, 문화적으로 밀접한 관계를 맺고 있는 것이다. 16세기 르네상스 시대에 ①다빈치와 ②뒤러는 풍부한 상상력과 소묘력의 미술을 통해 과학 발전에 기여하였으며, 17세기 ③뉴턴은 당시 화가들의 색채 이론을 접하면서 광학 이론과 색채론을 제창하였다.
> 17세기 후반에 발명된 ④현미경은 눈에 보이지 않는 미시 세계를 보여주었으며, 19세기에 발견된 X-ray는 아직까지도 많은 미술가들에게 큰 영감을 주고 있다. (후략)

3. 다음 중 미술과 과학의 유사점에 대한 설명으로 옳지 않은 것은?

① 2차 세계대전을 통해 허무주의가 팽배해졌다.
② 다빈치와 뒤러는 풍부한 상상력과 사실적 소묘력의 미술을 통해 과학 발전에 기여했다.
③ 현미경은 눈에 보이지 않는 미시 세계를 보여주었다.
④ 홀로그래피를 통해 새로운 예술 형태가 만들어졌다.

고를 단권화하고, 사고 중에서는 이유와 문제화되는 형태를 압축시키는 것으로 이해하면 그 의미가 정확하다.

자원의 중복을
막을 것

요즘에는 '혼공'을 고집하는 경우는 매우 적은 것 같다. 대부분은 학원 강의나 인터넷 강의의 도움을 받는다. 그리고 또 대부분 강사나 선생님의 말씀을 열심히 필기한다. 그런데 책 정리라는 관점에서 본다면 학원수업을 아무 생각 없이 받아적는 것은 많은 문제가 있다는 것을 알 수 있다.

거듭 강조하지만 시험 준비에 있어 가장 중요한 것은 바로 '시간'이다. 이는 공부하는 과정에도 그렇고 시험장에서 문제를 푸는 순간에도 해당된다. 그런 맥락에서 내가 교재를 보면서 이미 공부한 내용을 음성을 통해 다시 입력하거나(강의 듣기) 활자화하는 것(노트 필기)은 시간을 낭비하는 일일 수 있다. 물론 대부분의 수업이나 강의는 책에 적힌 내용을 더 쉽게 풀어 전달하므로 그 자체가 도움이 되기도 하지만 단순 필기는 엄연히 다르다.

많은 학생이 이미 책에 쓰여 있는 내용을 또다시 예쁘게 노트에 받아적거나 책의 빈칸에 깔끔하게 정리한다. 이는 불필요한 정보를 추가한 것에 불과하다. 이런 식으로 책 정리를 하면 수업이 끝나고 집에 돌아와 복습한다며 다시 책을 볼 때, 대체 무엇이 같은 내용이고 무엇이 다른 내용인지도 잘 분간하지 못할 가능성이 크다. 하나의 지식을 서로 다른 형태로 이해하게 되는, 동일한 자원을 이중으로 얻는 꼴이 되는 것이다.

책 정리는 자원의 중복을 막아준다는 데 큰 의미가 있다. 수업 전에는 오늘 수업에서 다룰 지식이 무엇인지를 미리 분별할 수 있게 하고, 수업이 끝난 후에는 하나의 지식을 서로 다른 측면에서 어떻게 바라볼 수 있는지를 파악할 수 있게 한다. 이때 책 정리의 최종 목적은

● **자원의 중복을 야기하는 안 좋은 필기의 예** ●

3. 성종의 업적
(1) 사림정치 기반 조성
    사림세력 대거 등용, 조선 중기 이후 사림정치기반 조성
(2) 관학 진흥
    국자감을 정비하여 관학을 발전시키고 새로운 인재를 양성
    지방에 경학박사와 의학박사파견, 향학을 설치하여 유학교육 실시
(3) 음악 정비
    우리 고유의 음악인 향악을 존중하면서도 당악을 본받아 아악을 중심으로 음악을 정비, 그 결실을 『악학궤범』에 정리
(4) 유교정치 틀 닦기
    억불숭유정책 추진, 경연부활, 1485년 경국대전 반포, 유교정치기틀 마련
(5) 가난한 백성들을 위한 구호책 마련
    의창제도를 시행

    *성종은 사림을 많이 등용했다. → 사림정치 기반을 닦음.
    *국자감을 정비해서 학교 발전시킴.
    *지방에도 학교 생김. → 경학박사, 의학박사 보냄.
    *아악 중심으로 음악 정리함. 향악도 중요시함.
    *불교는 억제하고 유교를 높임. 경연 다시 시작함.
    *경국대전 반포(1485년) → 유교 정치 완성.
    *의창 제도 실시해서 가난한 백성 도와줌.

서로 같은 자원을 중복으로 얻는 것을 방지하는 것이 된다.

　자원의 중복을 막는 책 정리는 특히 중·고등학교에서의 공부 현실에서 큰 효과가 있다. 중·고등학생들은 교과서, 참고서, 유인물, 학원 교재, 문제집 등 수 '같은' 자원을 다양한 형태로 접한다. 엄청나게 방대한 자료를 정리 없이 그대로 보는 경우가 많다. 이때 어느 하나의 기준에 따라 지식이나 정보를 재정리하지 않으면 시험 전에 그것들을 다 보는 것조차 힘들게 된다. 정해진 시간 내에 최대한 다양한 정보를 취득하고, 그 정보는 간결하게 정리해서 빠르게 반복해서 볼 수 있게 만드는 것, 그것이 바로 책 정리의 큰 장점 중 하나다.

● **자원의 중복 없는 좋은 필기의 예** ●

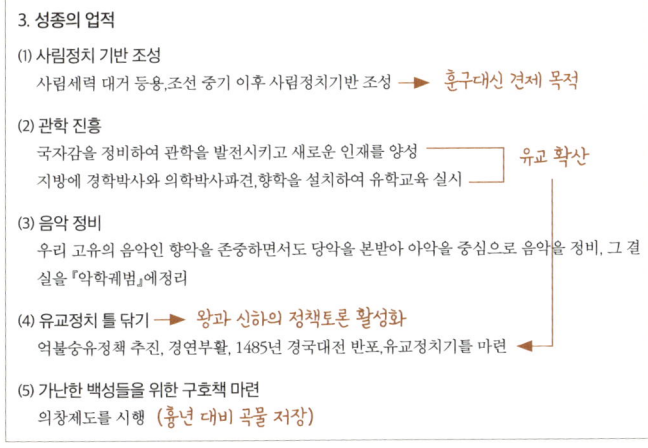

합격을 위한
책 정리법의 핵심

**시험 유형별
시각화 방법**

책 정리의 가장 일반적인 방법은 바로 밑줄 긋기이다. 보통은 자신이 중요하다고 생각하는 부분에 밑줄을 긋는다. 이런 과정을 통해 선별해서 보고 싶은 부분에 집중하게 만든다. 이렇게 보면 밑줄에는 '여기를 보라'는 말이 함축되어 있다고 할 수 있다.

사람의 두뇌는 언어라는 추상적인 정보를 처리하기에 앞서 눈에 바로 보이는 시각 정보를 먼저 처리한다. 시각 정보는 별도로 어려운 해석 과정 없이 빠르게 인식할 수 있다. 책 정리에서는 이 점을 이용하여 시각화를 하는 것이 중요하다.

시각화의 일반적인 방법에는 여러 차례 소개한 밑줄이나 형광펜 긋기 외에 공부한 대상을 동그라미나 네모, 세모, 화살표와 같은 도형을 써서 각 개념이나 목차 간의 관계가 한눈에 보이도록 정리하는 것이 있다. 다만 구체적인 방법은 공부 대상과 사람에 따라 다르므로 더 일반적인 설명을 하기는 어렵다.

대신 여기서는 책 정리에서 정보와 지식을 압축할 때 거쳐야 할

● 시각화 정리의 예 ●

> 자유지상주의자에게 있어서 사회는 개인의 자유가 극대화될 때 정의롭다. 그런데 자유에 대한 자유지상주의자의 입장을 명확하게 이해하기 위해서는 '제약으로부터의 자유'인 프리덤(freedom)과 '강제로부터의 자유'인 리버티(liberty)가 동의어가 아니라는 것을 알아야 한다. 프리덤이 강제를 비롯한 모든 제약의 전적인 부재라면, 리버티는 특정한 종류의 구속인 강제의 부재로 이해될 수 있다. 일반적으로 강제는 물리적 힘을 직접적으로 행사하거나 피해를 주겠다고 위협하는 형태로 나타난다.
> 프리덤과 리버티가 동의어일 수 없는 이유는 다음 사례에서 잘 드러난다. **1**일부 국가의 어떤 시민은 특정 도시에서 생활하고 일하기 위해서 정부의 허가를 받아야 한다. 이때 정부는 법률에 복종하지 않을 경우 피해를 주겠다고 위협하거나 직접적인 물리력을 행사해 해당 시민의 자유를 제한할 수 있다. **2**이와 달리 A국 시민은 거주지 이전으로 허가가 필요 없어서 국가로부터의 어떠한 물리적 저지나 위협도 받지 않는다고 하자. 그렇다고 해서 모든 A국 시민이 원하는 곳에 실제로 이사를 갈 수 있는 것은 아니다.

4단계와 문제 부분을 정리할 때 반드시 유념해야 하는 점들을 다루도록 하겠다.

1단계는 읽은 것을 내가 알고 있는 가장 쉬운 단어로 바꿔 이해해보는 과정이다. 예를 들어 '개념: 여러 관념 중에서 공통적이고 일반적인 요소를 추출하고 종합하여 얻은 보편적 관념'이라는 내용을 공부했다고 한다면, '개념이란 대부분의 사람이 수긍할 수 있는 일반적인 성질이나 특징을 말하는 것'이라고 바꿔보는 것이다. 2단계는 요약이다. '개념은 일반적으로 사람들이 생각하는 바이다'처럼 문장을 줄여본다. 3단계는 압축이다. 이때는 공부한 그 대상 자체를 이용한다. 예를 들어 '개념=개괄+관념'으로 정리를 하는 것이다.

여기까지 생각 정리가 끝났다면 이제 책에 표시를 하는데, 먼저 '개'에 해당하는 부분에 밑줄을 긋는다. 위의 예시에서는 '공통', '일반', '종합', '보편'에 밑줄을 치면 된다. 그리고 '념'에 해당하는 부분에 밑줄을 긋는다. 위의 예시에서는 '관념'에 밑줄을 치면 된다.

마지막으로 4단계는 다시 그 공부한 부분과 밑줄 부분을 교차해서 읽으면서 내가 쉽게 바꾸고 요약한 말과 그 밑줄의 의미가 일치하는지, 자연스럽게 읽히는지를 확인한다.

문제 부분을 정리할 때는 객관식의 경우와 서술형, 구술형의 경우가 다르다. 먼저 객관식의 경우에는 선지에서 잘못된 부분이 나오고 그것이 출제의 포인트가 되므로 그 부분을 정확하게 표시하는 것이 중요하다. 맞는 부분에는 밑줄을 긋지만, 틀린 부분에는 윗줄을 긋는

손쉬운 방식으로 책 정리를 할 수 있다. 다음에 다시 책을 볼 때 윗줄이 나오면 '이 부분이 왜 틀렸었지?', '맞게 바꾸면 뭐가 되지?'라는 식의 생각을 떠올리게 되고, 이후에 밑줄을 확인하며 지식을 점검하고 수정하면 된다.

서술형이나 구술형의 경우에는 구체적인 물음의 형태는 다르지만 통상 하나의 주제나 개념, 상황에 대한 생각을 묻는다. 따라서 그런 주제나 개념, 상황, 즉 질문 부분과 그에 대한 답 부분을 구별하는 것이 중요하다. 이때는 색상을 활용한다. 질문 부분은 검정색으로, 답 부분은 별도의 색으로 표시한다. 그렇게 해서 다음에 다시 책을 볼 때는 검은색 밑줄이 나오면 잠시 멈추고 머릿속으로 답(별색 부분)을 떠올려본다. 이것이 반복되면 자동적으로 검은색 밑줄을 보면 답을 생각할 수 있게 된다.

그리고 서술형이나 구술형은 비교적 많은 양을 압축적으로 현출하거나 그중 일부분을 부분적으로 현출顯出하는 것을 요구하므로 공부한 부분의 전체상을 한눈에 파악할 수 있게 정리하는 것이 중요하다. 이를 위해 시험에 나올 것으로 예상되는 부분을 미리 기출분석 등을 통해 합리적으로 추론한 후에 예상답안의 목차·뼈대와 주요 키워드를 포스트잇 한 장 정도에 정리해서 파트별로 붙여놓는 것도 매우 좋다.

시각화와 관련해서 주의할 점은 아무리 시각 정보의 처리속도가 빠르다고 하더라도 책이 너무 어지럽거나 지저분하면 안 된다는 것이

● **마지막 점검 공부** ●

□ 기본권보호의무
I. 의의
  1. 개념 / 2. 근거: §10후단, 국가의 본질
II. 내용
  1. 국가영역- / 2. 사적영역- 判(판결)
III. 한계
  1. 국가영역: 평등원칙 / 2. 사적영역: 사적자치

제 6 장

제 1 절 國家

[155] 第一 意 義
  I.

국가가 국민의 기본권을 보호하고
라고 한다. 국가에게 기본권보호의무가
여 기본권을 침해하거나 제한하는 것으
극적으로 보호하고 실현하는 주체로 곤
은 국가에 대하여 방어적인 지위에만
극적으로 보호하고 실현하도록 하는 것
  이러한 국가의 기본권보호의무는
니라 사인에 의한 기본권의 침해영역이
용에 의하여 국민의 기본권이 침해되
하여야 하는 것이 아니라 사인에 의한
호의무를 지게 된다.
  국가의 기본권보호의무는 광의로는

→ 실제로 내가 사법시험 서술형을 준비할 때, 위와 같이 교재에 예상답안의 뼈대와 키워드를 정리하며 공부했다.

자료: <헌법학원론>, 정종섭

다. 책 정리를 하는 목적은 다름 아니라 '내가' 책을 손쉽게 이해하고 지식들을 분별하기 위해서다. 그런데 너무 복잡한 색상이나 일관성 없는 표시로 책 정리가 되어 있다면 오히려 하지 않은 것만 못한 결과가 될 수 있다.

도표로 된 책을 다루는 법

중·고등학교 학원 교재나 공무원 시험, 경찰시험, 임용시험 관련 책들 중에는 도표가 사용된 것들이 특히 많다. 책을 쓰는 사람 입장에서는 이런 책이 정리가 잘된 것 같지만, 읽는 사람의 입장에서는 결코 쉽게 읽히거나 내용 이해가 잘되는 형태는 아니다. 3~4줄 정도의 간략한 표로 한 페이지에 들어오는 정도면 큰 문제가 없지만, 페이지를 넘어가며 나오는 도표나 이중 삼중으로 표 안에 또 표로 표현된 것들은 가독성이나 지식 정리 면에서 매우 다루기 어려운 대상이다.

이런 표들은 반드시 목차의 형태로 환원을 시키고 포스트잇으로 간략하게 정리를 해줘야 한다. 사람의 두뇌는 생각보다 많은 양의 정보를 동시에 처리하지 못한다. 통상 기껏해야 2~3개의 정보를 처리할 수 있다. 그런데 복잡한 도표는 자칫 도표의 칸만큼 지식을 분할해 표현한 형태가 되기 쉽다. 그러면 학생은 분할된 칸 수의 지식을 처리해

● 도표가 많이 사용된 책 예시 ●

II. 복합·순환 모형

■ 버크, 크리스텐슨와 페슬러의 교사발달 순환 모형(Burke, Christensen, & Fessler, 1984)

- 버크, 크리스텐슨와 페슬러는 교사의 발달을 순환적역동적 관점으로 보고 **교사발달 순환 모형**(Teacher Career Cycle Model : TCCM)을 제시하였다.
- **교직주기** : 한 개인이 교사가 되기 위해 준비하고 교직에 입문하여 교사로 성장하고 퇴직하기까지의 일련의 과정이다.
- 이전의 연구자들이 교직발달을 몇 개의 단계를 거쳐 순차적으로 이루어지는 직선적인 발달로 간주함으로써 교직 발달에 영향을 주는 복합적인 요인들을 충분히 설명하지 못한다는 한계를 지적하면서, 교사발달 순환 모형을 통해 교직 전체에 걸쳐서 순환적으로 이루어지는 교사의 발달에 대해 설명하였다.
- 즉, 이들은 교사의 발달단계가 반드시 이전 단계에서 다음 단계로 순차적으로 옮겨 가는 것이 아니며 다음 단계가 이전 단계보다 항상 질적으로 높은 단계이거나 혹은 더 가치 있는 단계라고 가정하지 않았다.
- 교직순환모형은 교사의 발달이 **개인적 환경**과 **조직적 환경**의 영향을 받아 **순환적**으로 **역동적**으로 이루어진다는 것을 강조한다. 이러한 환경적 요인들은 교사로 하여금 직업적 성장을 추구하도록 격려하는 역할을 할 수도 있지만 때로는 교사의 발달에 부정적으로 작용할 수도 있다.
- 교사 개인마다 상황에 따라 교직발달의 다양한 경로를 경험하기 때문에 모든 교사들에게 일률적으로 제공되는 교육보다는 교직발달을 위한 **개별화된 교육과 지원**이 필요하다.

교직 이전 단계 (pre-service)	**교사 역할수행을 위한 준비 시기** · 일반적으로 교사가 되기 위해 받는 교육은 대학 수준에서 이루어진다. · 그러나 이미 교사가 된 경우에도 대학원 등 상급학교에 진학하거나 주임교사 연찬, 원장 등 새로운 역할을 수행하기 위한 자격연수를 받는 경우도 이에 해당된다.
교직 입문 단계 (induction)	**교직 생활에 적응해 나가는 시기** · 교사로 임용된 초기 몇 년 동안의 시기로, 일상적인 활동 즉 유아교육 기관에서의 하루 일과, 교육활동 등에 익숙해져 가는 시간이다. · 이 시기 교사는 매일 직면하게 되는 문제들을 해결해 나가면서 유아, 학부모, 원장 및 원감으로부터 인정받기 위해 노력하면서 교사로서 생존해 간다. · 경력이 있는 교사라도 담당하게 되는 학급 연령이 달라지거나 다른 학교로 갈 경우 이 단계를 다시 경험하게 된다.
능력 구축 단계 (competency building)	**교수능력 향상을 위해서 노력하는 시기** · 새로운 교구와 교수전략을 시도하며 새로운 아이디어를 얻고자 각종 워크숍이나 학술대회에 참여하며 대학원에 진학하기도 한다. · 교직 생활이 주는 도전에 직면하여 더 나은 교사가 되기 위해서 노력을 아끼지 않는다. · ■ 저도 초임교사 시절에 힘들었던 것 같아요. 그런데 저는 어느 정도 교사 생활에 적응했을 때 계속 발전하고 싶어 전문서적을 읽고, 연수도 다양하게, 배운 것을 활용해서 수업을 계획하고 실행, 평가하면서 혼자 열심히 노력했어요. 주임 교사 때는 대학원도 다녔고, 저의 능력을 향상시키기 위해 노력을 많이 했던 것 같아요.
열정과 성장 단계 (enthusiastic and growing)	**높은 수준의 유능감을 형성하였으나 계속 성장하기 위해서 도전하는 시기** · 높은 수준의 능력을 갖추었음에도 불구하고, 전문가로서의 성장을 위해 노력하는 시기이다. · 이 시기 교사는 교직에 대해 애정을 갖고 유아와의 상호작용에 대한 기대, 교수법을 보다 풍부하게 하기 위한 새로운 교수법에 대한 탐구 등 자신의 직업에 대한 높은 열정과 만족도를 지닌다.
좌절 단계 (career frustration)	**교수 행위에 대해 좌절감과 환멸을 느끼는 시기** · 교직에 계속 머물러야 하는가에 대한 회의감을 갖는다. 일반적으로 교직 생활 중반에 경험하나 교직 초기에 좌절감을 경험할 수도 있다. · 이 시기 교사는 직무 만족도가 낮아지고 이직률이 증가하며, 이로 인해 교사로서 이 일을 계속해야 하는가에 대한 환멸과 회의감을 경험한다.
안정과 침체 단계 (stable but stagnant)	**의무적인 일은 수행하지만 새로운 일에는 수동적인 태도를 지니게 되는 시기** · 현실에 안주하려고 하고 주어진 최소한의 일만 하려는 경향이 있어 안정적이지만 침체되어 있는 시기이다. · 교직생활을 어느 정도 잘하고 있지만 최고의 교사가 되기 위해서 크게 노력하지 않으며 교사의 발달을 위해 계획된 교육 프로그램에 참여하려고 하지 않거나, 참여하여도 수동적인 태도를 지니는 경향이 있다.
교직 하향기 (career wind-down)	**교직을 떠날 준비를 하는 시기(퇴직에 대해 생각)** · 은퇴에 대해 긍정적 혹은 부정적 관점을 갖는다. · 교직에 머물면서 경험한 긍정적인 일들을 떠올리며 즐거운 마음으로 퇴직 준비를 할 수도 있고, 교직생활에 지쳐 하루 속히 퇴직하고 싶은 마음을 가질 수도 있다. · 이 시기는 몇 주, 몇 달 등의 짧은 기간일 수도 있고, 수년간 계속될 수도 있다.
교직 퇴직기 (career exit)	**교직을 떠나는 시기 또는 교직에 대한 대안 찾기** · 수년간의 교직생활을 마치고 퇴직한 경우뿐만 아니라 자녀양육을 위해 잠간 휴직을 하는 경우 혹은 이직을 위해서 일시적으로 퇴직한 경우도 이에 해당된다.

야 하는 것이다. 하지만 목차 형태로 체계를 만들면 그 지식들을 하나의 덩어리로 인식해 처리할 수 있다.

예습·복습에서
책 정리 포인트

지금까지 책 정리의 목적이나 방법 등 형식적인 부분에 초점을 맞추어 설명했다. 이번에는 정리한 책을 보다 실질적인 부분에서 활용하는 것에 대해 설명하고자 한다.

먼저 예습 과정에서의 책 정리는 무엇보다도 머릿속에 수업내용을 담을 폴더가 만들어졌는지를 확인하는 것을 중점으로 두고 진행한다. 앞에서 설명한 '구조화 독서법'의 레벨링, 이미징 과정까지를 수행한 다음, 수업 또는 공부 진도 나간 부분의 세부목차 가짓수를 정확하게 파악하자. 기억을 끄집어내는 데 있어 '단서'가 중요한데, 기억할 대상이 몇 개인지를 떠올리는 것이 매우 단순하지만 가장 파워풀한 방식이다.

복습 과정에서는 불필요한 지식은 버리고, 요약하고 보충해넣어야 할 지식이 무엇인지를 분별한 후, 정확한 위치에 지식을 보충하는 것에 포인트를 두고 책 정리를 진행한다. 어디에 뭘 예쁘고 깔끔하게 적어 넣는가가 중요한 것이 아니다. 앞서 설명한 것처럼 장기기억은 내

● **예습 과정에서의 책 정리** ●

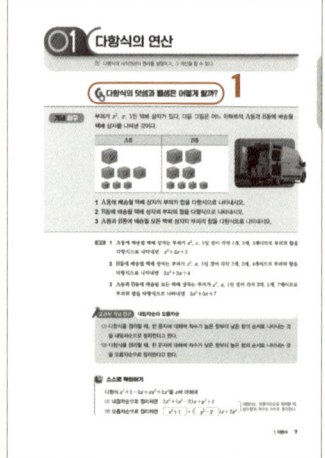 

→ 예습 과정에서는 구조화 독서법의 레벨링과 이미징을 수행한 후, 공부 진도를 나간 부분의 세부목차 가짓수(내 머릿속 폴더), 위 예시에서는 2개를 파악하는 것을 목표로 두고 책 정리를 진행한다.

자료:《수1》, 비상교육

기존 지식과 체계에 따라 새로운 지식을 분해하면서 형성되는 것이므로, 문장과 문장 간의 문맥과 뉘앙스 그리고 서술 취지를 파악해서 최소한의 필요 정보를 보충해넣는 과정에서야말로, 지식의 재배치가 일어나고 곧 장기기억화가 된다(이러한 과정을 보통 '행간을 읽는다'고 표현한다).

이렇게 지식을 하나로 합치는 과정 이후에는 반드시 정리한 것을

● 복습 과정에서의 책 정리 ●

> **3. 성종의 업적**
>
> **(1) 사림정치 기반 조성**
>   사림세력 대거 등용, 조선 중기 이후 사림정치기반 조성 → 훈구대신 견제 목적
>
> **(2) 관학 진흥**
>   국자감을 정비하여 관학을 발전시키고 새로운 인재를 양성 ┐
>   지방에 경학박사와 의학박사 파견, 향학을 설치하여 유학교육 실시 ┘ 유교 확산
>
> **(3) 음악 정비**
>   우리 고유의 음악인 향악을 존중하면서도 당악을 본받아 아악을 중심으로 음악을 정비, 그 결실을 『악학궤범』에 정리
>
> **(4) 유교정치 틀 닦기** → 왕과 신하의 정책토론 활성화
>   억불숭유정책 추진, 경연부활, 1485년 경국대전 반포, 유교정치기틀 마련
>
> **(5) 가난한 백성들을 위한 구호책 마련**
>   의창제도를 시행 (흉년 대비 곡물 저장)

>> 머릿속 재정독 과정

* 성종의 업적이 몇 개였더라? → 녹색 목차가 5개였지? 5개구나.

* 중심적으로 압축할 수 있는 내용은 무엇이었지? → 사림, 관학, 유교, 백성구호니까… 유교구나.

* 유교 말고도 하나 더 있었던 것 같은데? → 유교 말고는 음악얘기였지.

* 유교 관련 내용 4가지는 무엇이었지? → ① 사림 ② 관학 ③ 경연, 경국대전 ④ 의창

* 관학에서 지방 관련된 것도 있었는데…

→ 기억이 잘 안 나니 다시 보고 보충해야겠다.

→ (2) 관학 진흥 부분만 다시 읽고 보충!

→ 책 정리 후, 교재를 재정독하면서 지식이 제대로 합쳐졌는지, 수정 및 보완할 부분은 없는지 오른쪽 예시와 같이 내용을 떠올리며 점검한다.

참고해 책을 재정독하며 지식이 제대로 합쳐졌는지, 더 수정하거나 보완해야 할 부분은 없는지 등을 점검해나가야 한다.

이해와 암기를 구별하라

나는 공부의 전제로서 이해와 암기를 다음과 같이 정의한다.

암기: 지식의 모양 그대로 머릿속에 입력하는 것
(별표☆를 별표라고 인식한다)

이해: 지식의 모양을 내가 가지고 있는 사고 도구를 이용해 분해하고 재조립해 머릿속에 입력하는 것
(별표☆를 삼각형△ 다섯 개와 오각형⬠ 한 개라고 인식한다)

이해는 쉽게 말해 공부하고자 하는 대상의 원리를 알고 그것을 분해할 줄 아는 것이다. 반면 여기서 말하는 '암기'는 그러한 과정 없이

정보를 그냥 있는 그대로 머릿속에 집어넣는 것이다.

본래 진짜 암기라고 할 수 있는 것은 이해와 동의어다. 암기란 어둠 속에서도, 즉 책을 보지 않고서도 무언가가 머릿속에 기록된 듯 떠올려야 하는 것인데, 이는 장기기억의 영역에 해당한다.

그리고 어떤 정보나 지식을 장기기억으로 만드는 방법은 이해가 유일하다. 이해를 하는 방법은 새로운 정보를 내가 알고 있는 기존의 지식과 연결하는 것, 즉 기존 지식의 관점에서 분해해보는 것이다. 이를 교육심리학에서는 '정교화Elaboration'라고 하는데, 이해의 자세한 방법에 대해서는 다음에 나올 '할머니 공부법'이라는 이름으로 다시 설명하기로 한다.

따라서 여기서 말하는 '암기'는 단순한 암기, 즉 단기기억을 위해 무언가를 달달달 반복해서 외는 것을 의미한다. 이것의 본래 이름은 '강화된 단기기억'이라고 한다.

'이해'와 여기서 말하는 '암기'는 입력해야 하는 지식의 양이 적다면 결과 면에서 큰 차이가 없다. 그러나 공부해야 할 양이 많을 때는 어느 정도 이해했는지에 따라 얼마나 오래 기억할 수 있는지, 얼마만큼 기억할 수 있는지, 얼마나 출력할 수 있는지가 결정된다.

오래 기억하는 법, 할머니 공부법

나는 '단기기억'은 컴퓨터로 치면 주기억장치, 즉 휘발성 기억장치인 램RAM에 지식을 넣어두는 것이고, '장기기억'은 보조기억장치HDD(사람에 따라서는 SSD)에 지식을 넣어두는 것이라고 생각한다.

앞의 예에서 별표 그 자체 즉 ☆을 머리에 집어넣을 경우, 자신이 본래 가지고 있던 장기기억 속의 폴더에는 △와 ⌂밖에 없어서 애초에 그것이 장기기억에 정착되지 않거나, 폴더가 있다고 하더라도 그 지식을 다른 지식과 구별하거나 찾기가 어렵다.

시간이 걸리더라도 별표를 세모와 오각형으로 분해한 후 각각을 원래 마련되어 있던 머릿속 폴더에 집어넣으면 △폴더에는 내용물이 다섯 개, ⌂폴더에는 내용물이 한 개가 되고, 추가로 기억해야 하는 것은 세모 다섯 개와 오각형 한 개의 조합식에 불과하게 된다. 말하자면 '계산식'이라는 폴더 안에 따로 정리가 가능해지는 것이다. 이런 경우에는 ☆을 '외우지' 않더라도 ☆이 항상 기억의 결과로 도출된다.

이를 쉽게 할 수 있는 방법이 바로 '할머니 공부법'이다. 천재 물리학자 알베르트 아인슈타인은 무언가를 우리 할머니가 이해할 수 있을 정도로 쉽게 설명할 수 없다면 이는 모르는 것과 마찬가지라고 했는데, 여기서 딴 이름이다. 나는 이 말에 깊이 감명을 받아서 내가 공부한 모든 것을 내가 아는 가장 쉬운 말로 바꾸어보고자 노력했다.

그 구체적인 단계는 다음과 같다.

첫째는 공부한 내용을 요약하는 것이다. 사람의 머리는 생각보다 좋지 않아서 요약·정리하는 습관을 들여야만 효율적으로 사고하고 기억을 만들 수 있다. 둘째는 그 요약한 내용을 내가 아는 가장 쉬운 말로 바꾸어보는 것이다. 셋째는 요약하고 쉽게 바꾼 내용을 토대로 내가 읽은 단어나 문장이 무엇을 함축하고 있는지를 확인하는 것이다. 예를 들어 '계몽주의'를 공부해서 '계몽주의란 이성과 지식을 통해 인간을 깨우고 사회를 발전시키려는 운동이다'로 요약했다고 해보자. 그렇다면 계몽주의는 '(무지한 사람들을 이성과 지식을 통해) 계(도해서) 몽(매함에서 벗어나게 하고 결국 사회를 발전시키게 하는) 운동'으로 재정의할 수 있다. 계몽주의라는 말을 들으면 그 대상(=무지몽매한 사람들)과 수단(=이성과 지식), 기대효과(=사회발전)를 함께 떠올려야 한다는 것이다.

이러한 방식으로 나는 지식 단위를 쪼개는 작업에 많은 시간을 할애했다. 기말고사를 친 이후부터 사법시험 2차까지는 약 6개월 반의 시간이 있었는데 그중 4개월 정도를 이런 식으로 지식을 분해하고 재분류하는 작업에 사용했다. 이는 앞서 설명했던 '순서를 바꾸어 책을 읽는 방식'을 통해 이루어졌다. 이처럼 순서를 바꿔 내가 이해하고 암기하는 데 가장 쉬운 구조로 지식을 배열했기 때문에 지식이 덩어리(폴더)를 이루며 저절로 외워지는 것도 많았다. 의식적으로 암기를 하겠다고 생각하지 않았는데도 말이다.

세부적으로는 구조화 독서 중 트리밍 단계 때도 이러한 목표를 의식하며 실행에 옮겼다. 나는 이와 같은 '비의식적 암기'를 이해라고 생각했다. 이후 나머지 시간은 그렇게 이해한 지식들을 정착시키는 데 썼다. 이 부분은 뒤에서 설명할 '회독법'을 통해 교재를 최대한 많이 반복해서 보는 방법으로 실행했다.

다만 여기서 주의할 점은 무언가를 반복해서 본다고 할 때 실상은 서로 다른 두 가지 방식이 있다는 것이다. 이해를 한 후에 반복을 할 때에는 그 지식들을 분해하고 재조합하는 과정을 거치면서 속도가 빨라진다. 이런 것들은 몇 주가 아니라 몇 년을 다시 보지 않아도 기억에 남는 경우가 많다. 하지만 이해 없이 단순 암기를 한 상태에서 반복을 하는 것은 단기기억을 강화시키는 것에 불과해서 몇 시간, 며칠만 지나도 바로 날아가버린다. 기존 공부 방식에서 가장 잘못된 것이 '시험은 물이 빠지기 전에 다 쏟아붓고 나오는 것이다'라는 말이다. 이는 전적으로 단기기억만을 염두에 둔 공부법이다. 정말 공부를 제대로 하고, 잘하는 사람은 물이 빠지지 않도록 기억의 항아리에 틈을 만들지 않는다.

한편으로 수험생들을 보면 공부해야 할 내용(어떤 사고의 결과에 해당하는 것들)을 쭉 늘어놓고 그것을 쉽게 외우는 법을 고민하는 경우가 많다. 이른바 키워드의 앞글자만 딴 '두頭문자'로만 구성된 책도 있고, 그런 방법으로 암기하라고 권하는 강의도 보았다. 그러나 정말로 기억하길 원한다면 나열된 지식들이 '암기'의 대상인지, '이해'의 대상인지 먼저 고민해봐야 한다.

그럼 어떻게 하면 암기가 아니라 이해를 할 수 있을까? 그러려면 좋은 책을 보거나 좋은 강의를 들으면 된다. 좋은 책은 사고의 결과가 많이 담긴 책이 아니라 사고하는 방법이 많이 담긴 책을 의미한다. 나는 시험을 준비하면서 요약서는 전혀 보지 않았다. 그런 책은 양이 적어 부담은 덜하지만 사고 과정이나 사고 방법은 모두 제거되어 있어 결과적으로는 기억해야 할 양만 지나치게 많아진다고 생각했다. 그래서 분량이나 출간연도는 고려하지 않고 오로지 논리적이면서 사고체계를 정확히 잡아줄 책만 읽었다.

**입력보다
출력이 더 중요하다**

합격을 위해서는 암기가 필요 없다고 극단적으로 생각하는 사람도 있을 것이다. 앞서 이해와 (단순)암기의 차이점에 대해 설명을 했다. 오해하지 말아야 할 것이 합격에 암기가 '전혀' 필요하지 않다는 의미가 아니다. '대부분의 사람이 생각하는 완벽한 지식의 입력'까지 되지 않아도 점수를 얻거나 합격하는 데에는 지장이 없다. 다시 말해 지식을 머릿속에 넣는 행위는 필요하지만, 그 정도가 100퍼센트 완벽할 필요는 없다는 것이다. 왜냐하면 시험 점수는 머릿속에 든 지식을 얼마나 잘 꺼내 사용하는가에 따라 정해지기 때문이다. 그런데 이것을 극단적으로 받아들여 머릿속에 지식을 넣는 일에 모든 에너지와 시간을 쏟는 수험생들이 있다. 그들은 '완벽하게 암기하겠다'고 생각해 공부한 내용을 줄줄 외고 암송하거나 종이에 써보곤 한다.

그러나 시험이 요구하는 지식의 출력은 객관식의 경우, 네 개 또는 다섯 개의 보기 중 정답 하나를 (상대적으로) 고를 수 있으면 되고, 주관식은 주어진 주제에 맞게 머릿속의 논리를 일정한 단어로 배열하고 전개하기만 하면 된다. 시험은 어떠한 지식을 토씨 하나까지 틀리지 않게 다 외우고 있는지 측정하는 것이 아님을 기억하자.

성취감에 중독되어라

 교재를 보는 데 있어 단계를 나누어서 하는 이유는 무엇일까. 더 넓게는 왜 공부법이라는 체계를 만들고 단계를 나누어 공부하는 것일까. 그 이유는 재미 없는 공부를 재미있게, 공부가 아닌 것으로 보기 위함이다. 즉 강제적으로 동력을 부여해 공부를 하고 싶도록 과정을 잘게 나누는 것이다. 일종의 심리적 장치라고 할 수 있다.

 본격적인 수험생활이 시작되면 공부 의욕이나 의지를 유지하는 일이 정말 어렵다. 안 그래도 재미 없는데 몇 개월 또는 몇 년에 걸쳐 공부를 해야 하니 말이다. 게다가 혼자 공부하는 경우라면 메시지 하나, 약간의 TV 소리에도 크게 흔들리기 쉽다. 그래서 나는 의지를 다지고 의욕을 유지하는 방법으로 스스로 성취욕을 자극하려고 했다. 나 자신을 계속해서 성취감에 중독되게 만드는 것이다.

방법은 이렇다. 공부 목표와 단계를 잘게 나눈다. 이렇게 작은 단위로 실행 목표를 삼고 이를 계속 달성하면 자주 성취감을 느끼게 된다. 지루하고 재미없는 공부도 자주 성취감을 느끼도록 설정하면 얼마든지 '할 만한 것'으로 바꿀 수 있다.

각 단계를 수행할 때마다 스스로 성취감을 느끼는 게 중요하다. 이것은 훈련이나 습관으로 해결될 수 있는 부분이다. 구조화 독서를 예로 들면, '이 부분 목차를 형광펜으로 칠했으니 적어도 전반적인 내용은 머릿속에 넣었구나'라는 식으로 생각을 해보는 것이다.

나는 심리학에 대해 아는 게 전혀 없지만 공부를 할 때 어떻게 자기 자신을 끌고 가야 하는지에 대해서는 조금 알고 있다. 그 방법 중 하나가 이것이다. 작은 일에 의미를 부여하고 성취감을 느끼면서 그 성취감이 나를 이끌고 가도록 만들어보자.

아무도 알려주지 않는 인강 듣는 스킬

강의는 책을 읽는 방식과 달리 매우 휘발성이 큰 지식 입력법이다. 그리고 강의 주체의 능력에 따라 효과가 좌우된다. 강의는 실제 전달되는 지식의 양과 그로 인한 실질적인 효과는 적은 데 반해 주관적으로 느끼는 만족감만 큰 경우가 많다. 하지만 강의를 들으면서 시험공부를 하는 사람이 계속 늘고 있기 때문에 이번에는 '유형에 따라 강의를 효과적으로 듣는 방법'을 이야기해보고자 한다.

일반적으로 강의는 하나의 음성파일(.mp3)과 같다고 볼 수 있다. 중간중간 말이 끊어지는 부분이 있어 그 전체는 하나의 음악 트랙과 같다. 아무리 좋아하는 음악이라고 해도 그것을 음성으로 듣고 가사 전체를 기억하기는 쉽지 않은 일이다. 일반적인 노래가 3~5분 정도의 길이라고 할 때 강의는 통상 50분, 즉 10~15배 정도의 긴 시간이니 강의를 듣고 그대로 기억하는 것은 사실상 불가능에 가깝다.

따라서 강의는 인위적으로 그 단위를 끊어야만 머리에 넣을 수 있다. 즉 음성으로 된 강의 내용을 내 것으로 만들기 위해서는 미리 강의 진도를 익혀두고 강의를 통해 어느 부분을 공부할 것인지 확인해야 한다. 그러니 예습이 반드시 필요하다. 강의를 듣기 전의 예습은 강의 대상이 크게 몇 개의 테마로 나누어지는지, 난이도가 어떻게 되는지(현재의 수준에서 한 번만 보고 이해가 될 부분인지) 나누면 충분하다. 그 구체적인 내용을 모두 읽는 것은 예습의 범위를 넘어서는 것이니 주의하자.

나아가 강의에서 무엇을 얻을 것인지도 명확히 해야 한다. 좋은 강의는 강의의 바탕이 되는 교재에 설명되지 않은 것들, 가령 요약서를 보고 있는 학생에게는 요약서에 없는 행간의 의미나 배경지식, 구체적 예시 등을 언급해주는 강의다. 활자화된 교재의 내용과 중복이 없되, 기존 지식에 살을 붙이고 이해를 돕는 강의가 좋은 강의라고 할 수 있다.

위와 같은 맥락에서 교재의 구성에 따라 강의에서 얻어야 할 것도 달라진다. 교재는 크게 체계서와 요약서로 나뉜다. 체계서의 경우 지식 전체가 서술되어 있다. 배경 설명과 구체적인 명제 그리고 그 명제를 적용한 결론 등이 포괄적이고 풍부하게 서술되어 있다. 이러한 체계서를 바탕으로 할 때 좋은 강의란 내용 간의 강약 조절을 통해 중요도를 알려주고, 그 중요한 내용을 정리하고 요약해주는 강의라고 할 수 있다. 반면 요약서를 기본으로 하는 강의의 경우는 앞서 언급한 바처럼 요약서에 생략된 서술을 보충해주는 강의가 좋은 강의다.

특히 최근에는 학생들이 가장 많이 듣는(유명한) 강의 또는 친구가 추천한 강의를 들으며 공부하는 것이 일반적인 추세다. 그러나 시간과 에너지는 한정되어 있고, 지식을 넣는 것이 공부의 첫걸음인 만큼 내가 선택한 교재와 강의 사이에 중복은 없는지, 양쪽을 어떤 식으로 활용할지 스스로 고민하고 결정하는 것이 무엇보다도 중요하다.

그리고 어떤 수험생들은 무비판적으로 필기를 하고, 강의를 들으면서 책에 나온 것까지 모조리 적는 습성이 있다. 요즘은 수업 내용을 복사하고 싶다면 음성 녹음(물론 강의 중 허용된다면)이 수기에 비해 훨씬 정확하고 편리하다. 게다가 필기는 공부를 했다는 만족감 또는 글씨체의 향상만 가져올 뿐, 공부 자체에 크게 도움되지 않는다. 다시 이야기하지만 강의는 내가 선택한 교재에 없는 지식을 취하는 데 목적이 있다. 그러므로 필기는 필요한 경우에만 하고 자신의 주기억장치에 저장이 가능하게 만드는 것에 초점을 맞춰야 한다.

이 공부법만은 피하라

수험생활을 하다 보면 이 방법이 좋다더라, 나쁘다더라 하는 공부 방법과 기술에 관한 이야기를 많이 듣게 된다. 여기에서는 수험생이라면 이것만은 하지 말았으면 하는 공부법과 기술에 대해 이야기해보려고 한다.

**두문자
공부법**

이 방법은 내용의 핵심 키워드 머리글자만 따서 외우는 공부법이다.

실제 시험에서 이 방법을 사용할 때는 크게 두 가지 과정으로 나뉜다. 첫째는 암기한 두문자를 떠올리는 것이고, 둘째는 떠올린 두문자를 해독하는 것이다. 일면 두문자는 지식을 압축파일의 형태로 저장하는 방식으로 굉장히 효율적으로 보이기도 한다. 해독된 문장이나 단어군 전체를 외울 필요 없이 압축된 몇 글자만 머릿속에 넣으면 된다고 생각하기 때문이다.

그러나 두문자 기억은 이를 쓸 수 있는 상황이 굉장히 제한적이다. 두문자는 과거 압축된 교과서 내용을 통째로 외워 그것을 제한된 시간에 그대로 뱉어내는 시험, 이른바 '약술형' 시험에서 사용되던 방식이다. 그 경우 쟁점 자체가 50~100개 정도로 비교적 적게 한정되어 있었고, 책의 흐름에 대한 이해를 선행하는 것이 일반적 경향이었기 때문에 두문자가 효율을 발휘할 수 있었다.

그러나 객관식 시험에서 두문자를 아무 생각 없이 전체에 적용할 경우, 두문자 자체도 하나의 단어가 되고, 그 두문자로 암기해야 할 대상도 단어여서, 두문자를 해독할 충분한 정보가 머리에 저장되지 않는다.

가령 피해자, 13세 미만, 장애를 암기하기 위해 '피해본 쌈장'이라는 두문자를 만들었다고 해보자. 이 경우 두문자를 먼저 암기해야 할 뿐 아니라 이것과 대응하는 지식 세 가지도 암기해야 하며, 양자 사이의 연결 고리까지 암기해야 한다. 단순히 지식 세 가지를 외우는 경우에 비해 두 개의 정보를 더 암기해야 하는 것이다. 이러한 단점을 상쇄하기 위해 노래 가사 중 일부를 따오거나 멜로디를 붙이기도 하지만 그렇게 외워야 할 두문자가 책의 처음부터 끝까지 있다면, 이는 배보다 배꼽이 더 큰 상황을 가져오게 된다. 두문자를 열심히 외우긴 했는데, 그게 무슨 뜻인지 모르는 사태가 발생하는 것이다.

그럼에도 국내에서 이 공부법이 특이할 정도록 널리 퍼진 시험 분야가 있다. 바로 관세사 시험이다. 아마 몇몇 합격자와 그에 호응한 학원의 영향으로 추측된다. 관세사 시험은 그 특성상 특히 2차 관세율표 공부에서 상당한 양의 통암기를 요한다. 그러나 외울 대상이 많고 그것을 그대로 옮겨써야 하는 것은 다른 약술형 시험의 경우에도 마찬가지이고, 효율적인 암기 방법은 기존 지식과의 연결점이 희박한 두문자가 아니라는 점에서 그러한 독특한 공부법을 쓸 이유는 어디에도 없다. 차근히 구조화를 하고 숨겨진 구성원리를 스토리로 찾아보는 과정을 통해 장기기억의 토대를 만들고, 부족한 부분을 두문자로 보충하는 것이 훨씬 효율적이고 바람직하다.

쓰면서 외우기

이미 짐작한 사람도 있겠지만 나는 쓰면서 하는 공부는 권하지 않는다. 필기하며 하는 공부가 가장 비효율적인 방법이라고 생각한다. 쓰는 공부는 손이, 촉감이, 몸이 하는 공부라고 본다. 쓰면서 하는 공부는 일단 분량이 적은 경우에만 효과적인 방법이다. 가령 영어단어나 한 장 분량의 문장을 외울 때 쓰면 좋다. 그 외의 경우에는 절대적으로 비효율적인 방식이다. 공부는 어디까지나 사고를 단련하는 과정으로, 손으로는 공부가 되게 할 수 없을 뿐 아니라 눈과 머리가 손보다 훨씬 빠르므로 시간 관리에 있어서도 쓰는 공부는 불리함이 많다.

혹자는 주관식 또는 서술형 시험에서는 쓰는 공부가 필요하다고 반문할 수도 있다. 객관식이나 주관식이나 모두 머릿속에 문제라는 명령어를 입력해서 그에 대한 답을 출력한다는 것은 동일하다. 다만 객관식은 그 사고의 결과를 OMR 마킹으로, 주관식은 수기로 이를 옮겨 쓰는 점에만 차이가 있다.

주관식 점수가 나오지 않는 이유는 논지 전개, 즉 논리와 내용에 문제가 있기 때문이지 내 머릿속의 지식을 정확히 옮겨 쓰지 못했기 때문이 아니다. 이 경우에는 내가 생각한 바를 제한시간 내에 정확히 옮겨 쓸 수 있는지, 또는 생각한 바를 잘 풀어낼 수 있는지를 중점으로 확인하고 투자해야 한다.

사법시험 2차는 서술형 시험인데 나는 과목별로 10번 내외로만 답안을 써보았을 뿐, 그 이상 쓰는 연습을 하지 않았다. 목차를 잡아보면서 모범답안의 목차와 내 머릿속에서 나오는 목차를 비교해보는 것만 공부로 삼았다. 결국 내가 떠올린 것이 그대로 답안으로 옮겨진다는 확신이 들었기 때문에 객관식 시험의 OMR 마킹에 해당하는 '옮겨 쓰기' 과정에는 시간을 투자할 필요가 없다고 느꼈다.

다만 헷갈리거나 정리가 되지 않은 것들을 일목요연하게 만드는 과정이나 암산이 잘 되지 않아 사고를 도와야 하는 과정에서는 쓰기가 도움이 되고 권장할 만하다고 본다. 말하자면 연습장에 쓰는 것을 컴퓨터의 램이 하는 역할과 같이 사고의 정리를 위한 것으로, 머리의 부족한 메모리를 보충해주는 역할로 보면 된다. 따라서 수학·과학문제를 풀면서 연습장에 적어보거나 책의 내용을 정리하기 위해 써보는 공부는 당연히 가능하다.

백지 복습법

수험생들이 많이 하는 것으로 '백지 복습법'이라는 것이 있다. 이것은 강의나 하루 공부가 끝난 후에 오늘 하루 공부한 내용을 백지에 쭉 써보는 방식이다. 그러나 이 방식은 두뇌의 나이가 젊고 머리가 좋은 사람만이 할 수 있는 방식이지 일반적으로 모두가 할 수 있는 방식은 아니다.

한때 백지 복습법이 유행해서 동기 변호사들에게 이런 식의 공부에 대해 물어본 적이 있었는데, 전원이 해본 적이 없을뿐더러 천재가 아니고서는 실행하기 어려울 것 같다는 이야기를 들었다. 결정적으로 이 방법은 '쓰기'라는 과정을 통해 많은 시간을 소요하고, 또한 실제 시험에서 쓰기가 필요하지 않음에도 필기를 해야 한다는 점에서 자원의 낭비를 초래한다.

먼저 백지에 써보는 방식이 의미가 없는 것은 이미 쓰는 공부를 하지 말라는 부분에서 설명을 했다. 지식의 출력이 '쓰기'의 방식인 시험에서도 쓰는 공부가 일정 이상 넘으면 해롭다. 그런데 이 백지 복습법을 객관식 시험을 치는 수험생들이 활용하는 걸 많이 본다. 이는 시험에서 요구하는 지식의 인출 방식과 전혀 관계없는 방식이라는 점에서 효율성이 떨어진다.

게다가 복습의 대상은 하루 또는 강의 전부인데, 별다른 도구 없이 그러한 복습을 행할 수 있는 사람은 많지 않다. 시험은 주어진 문제에 답을 적는 것이다. 백지 복습법을 실행하기 위해서는 내가 출제 가능한 문제까지 미리 생각해야 한다는 점에서, 다시 말해 에너지를 사용할 대상이 정해져 있지 않다는 점에서 지나친 부담을 주기에 매우 비효율적인 방식이다.

다만 백지 복습법을 활용할 여지가 있다면, '백지에 쓰는 과정'을 제외하고 공부 과정의 나머지를 떠올려보는 정도라고 본다. 그렇게 실행을 축소하여, 챕터별 공부가 끝난 직후에 할 때만 유의미하다고 생각한다.

그룹 스터디, 해야 할까 말아야 할까

스터디에 대해서도 짚고 넘어가야 할 것이 있다. 스터디의 종류는 굉장히 다양하고 목적도 천차만별이어서 한데 묶어 정의하기가 쉽지 않지만, 여기서는 두 명 이상의 수험생이 합격이라는 목표를 위해 노력하는 모든 경우를 지칭하는 것으로 하겠다.

가장 전형적인 스터디는 모여서 공부를 하는 것이다. 수험생들이 한자리에 모여 함께 시간을 재면서 문제를 푼다든지 공부한 내용을 토론해본다든지 한다. 이를 또 두 가지로 나눌 수 있는데, 인풋 스터디와 아웃풋 스터디다. 인풋 스터디는 실력이 매우 좋은 한 명이(이 사람은 '스터디 매니저'라고 해서 전 스터디원을 관리한다) 다른 스터디원에게 가르쳐주는 식을 제외하면 보통은 크게 효용이 없다. 잘 모르는 사람끼리 모여봐야 답이 나오지 않기 때문이다. 아웃풋 스터디는 시험장 분위기를 느껴볼 수 있다는 점에서 의미가 아주 없지는 않지만, 그렇게 되려면 꽤 많은 스터디원이 필요하다. 그런데 그런 경우가 매우 드물다.

　다른 종류의 스터디로 공부 진도를 체크하는 스터디가 있다. 혼자서 나태해지기 쉬워 일정한 시간에 어느 정도까지 공부를 해왔는지 서로 토론이나 기타 방식으로 얘기하며 일종의 '진도 강제'를 하는 것이다. 이는 시간을 소모한다는 측면에서, 또한 스터디원끼리 불필요한 친목도모 및 음주 자리로 이어질 가능성이 있다는 점에서 다소 위험하다. 그러나 그런 기회비용이 있더라도 자신의 나태함을 잡고 싶다면 나쁘지 않은 선택이라고 할 수 있다. 물론 개인적으로 추천하는 바는 아니다. 이외에도 생활 관리 형태의 스터디가 있는데, 이 역시 그 목적이나 활용 방법은 진도 체크 스터디와 다를 바 없다.

스터디가 도움이 되는
두 가지 경우

스터디가 도움이 되고 스터디를 해야 하는 경우는 두 가지가 있다. 첫째는 스터디가 정보 교류의 장인 경우다. 각종 시험문제가 비공개로 되어 있는데 그것의 복기판이 구전되어 오거나 일정한 스터디원 사이에서만 공유되어 스터디라는 이름으로 정보 공유를 하는 경우에만 실질적으로 공부에 도움이 된다고 할 수 있다.

둘째는 수업 실연이나 면접 등의 실전 훈련을 위해 스터디원들이 서로 평가자가 되는 식으로 분위기를 만들어주는 스터디다. 구술시험이나 실기 실연형 시험에 익숙하지 않은 우리나라 수험생들은 머릿속에 구술, 실연의 재료들이 있는 경우에도 그것을 제대로 전달하고 표현하지 못한다. 이를 보완하기 위해 스터디원들을 활용하는 방식이다.

스톱워치를 멀리하라

꼭 수험생활을 해본 사람이 아니더라도 '뽀모도로 공부법'에 대해서는 한 번쯤 들어본 적이 있을 것이다. 스톱워치를 이용해 하루 동안 공부한 시간을 모두 합해서 집중력을 관리하는 공부법으로, 수험생들에게 특히 널리 알려져 있다. 자리에 앉을 때 스톱워치를 시작하고 자리에서 이탈할 때는 일시 정지했다가, 자리에 앉아 공부하면 스톱워치를 다시 작동시키는 방식이다. 이 방법은 심리적 압박을 가해 공부의 효율을 높이겠다는 계산에서 비롯된 방법이다. 실제로 공부 시간을 측정해보면 대부분 생각보다 실제 공부 시간이 적다는 것을 확인하게 된다.

종일 내가 공부한 시간이 생각보다 적다는 걸 확인한 수험생은 무슨 생각을 하게 될까? 단순하다. 멘탈이 무너진다. 스스로 설정한 스톱워치라는 채찍은 너무나 가혹해서 나에 대한 긍정적인 평가를 하지 못하게 만든다. 오로지 숫자 몇 자리로 하루의 노력이 평가되니 말이다.

공부는 그 대상에 따라 난이도와 소요시간, 에너지, 노력 등이 천차만별이다. 단순하게 자리에 앉아 있었던 모든 시간이 공부 시간이 되는 것도 아니다. 때로는 자리에서 일어나 산책을 하는 시간도 공부에 도움이 되는 '공부 시간'이 되는 것이고, 그 자체가 '의미 있는 공백'이 되기도 한다. 실제로 나는 환경을 바꾸어 자유롭게 머릿속으로 사고해야 하는 문제들은 일부러 화장실에 가거나 도서관 주변을 한 바퀴 산책하며 편안한 기분으로 집중했다. 그런 경우에 스톱워치를 정지시켰다면 그 시간이 공부하지 않은 시간이 되겠지만, 내게는 아주 효율적으로 보낸 시간이다.

이런 이유로 나는 공부를 하며 스톱워치를 쓴 적이 한 번도 없었다. 그것보다 스스로 하루를 평가하며 그 성취도를 매기는 것으로 보상과 벌을 주었다. 전업 수험생은 종일 공부하는 것이 기본이니 나는 집중하지 않은 시간과 식사·수면 시간을 제외한 모든 시간을 공부 시간으로 여기고, 그 집중도를 평가하여 기재했다. 가령 오늘 여덟 시간 공부를 했는데 성취도가 하下인 날에는 무리하게 공부 시간을 늘리지 않고 현재의 페이스를 유지하되, 집중력과 성취도를 높이는 것으로 계획을 세웠다. 내일 똑같이 여덟 시간 공부하더라도 성취도를 중中이나 상上으로 올리자고 스스로에게 채찍질을 한 것이다. 그리고 공부 시간이 넉넉히 확보되고 성취도도 상上인 날에는 내일 집중이 잘되지 않는 시간이 있어도 조금 여유를 가질 수 있다고 생각했다. 이렇듯 당근과 채찍은 반드시 번갈아가며 써야 한다. 이런 식으로 '실행하는 나'와 '평가하는 나'를 분리하는 방식으로 현명하게 상과 벌을 스스로에게 줄 수 있다. 그에 비해 스톱워치를 쓰면 긍정적인 평가를 내릴 수 있는 부분이 적어 멘탈 관리에 그다지 도움이 되지 않는다고 생각한다.

'시간 재기' 자체를 목적으로 삼지 마라

이렇게 설명하면 '그럼 시간은 대체 어떻게 재느냐'고 질문하곤 한다. 하지만 그전에 먼저 물어야 하는 질문은 '대체 왜 시간을 재야 하는가' 하는 그 목적이다. 수험생이 공부 시간을 재는 이유는 첫째, 전체적인 계획 수행의 속도나 정도 등을 알기 위함이고 둘째, 이를 통해 합격에 필요한 일반적인 공부량이 언제쯤 채워질지를 알기 위함이다.

그런데 이런 점을 생각하지 않고 오로지 시간을 재는 것 자체가 목적으로 전도되는 경우를 굉장히 많이 봤다. 공부를 하고 이해를 만들고 시험을 잘 보는 게 중요한 게 아니라, 오래 앉아 있고 제대로 시간을 재는 것이 중요하다고 믿는 것이다.

　공부 시간을 잴 때는 스스로에 대한 동기부여나 반성의 측면에서 도움이 될 정도로만 하는 것이 좋다. 그리고 공부 시간은 탁상용 시계, 벽걸이 시계로도 충분히 잴 수 있다. 내가 공부를 시작한 시간부터 끝난 시간을 확인한 후에, 그중 집중을 제대로 하지 못했거나 공부를 하지 못한 시간 등을 차감하는 '평가식'으로 시간을 측정하는 것도 동기부여나 공부의 리듬 기록 및 측정에 있어서 굉장한 도움이 된다.

자기관리는 운동선수처럼

나는 수집하고 정리하는 것을 아주 좋아한다. 사법시험 준비 이전에 나는 게임이나 만화 등 '비생산적인' 부분에 시간을 많이 할애했다. 하지만 시험공부를 하기로 결심한 이후 그 대상은 모두 공부로 옮겨가게 되었다.

대상이 바뀌었을 뿐 수집하고 정리하는 것에는 변함이 없었는데 다만 공부를 할 때는 단순히 자료들을 수집하는 것에 그치지 않았다. 나는 '내 머리'라는 자원을 사용해서 '합격'이라는 성과를 내야 했으므로, 자기관리 영역에도 많은 관심을 쏟았다. 객관적으로 분석해 통계를 내보기도 했고, 자료를 찾거나 다른 사람의 이야기도 수집했다. 이때 가장 많이 참고한 것이 운동선수들의 자기관리법이었다.

내 동생은 미국 프로농구NBA를 매우 좋아해서 특정 선수들의 기록을 줄줄 외우고 있다. 하루는 동생과 점심을 먹다가 지금은 은퇴한 샌안토니오 스퍼스San Antonio Spurs 팀의 전설적인 선수 팀 덩컨Tim Duncan에 대해 이야기를 나누게 되었다. 요즘은 그도 노장이 되어 출전 시간을 조절한다는 이야기였는데, 나는 그전까지 농구는 12분씩 경기를 네 번 하는 것이니 그냥 그 시간에 열심히 뛰면 된다고 생각했다. 그런데 당시 감독인 그렉 포포비치Gregg Popovich는 노장인 덩컨의 출전 시간을 조절해서 덩컨이 젊은 시절 못지않은 활약을 펼칠 수 있게 한다고 했다. 그 바탕이 된 데이터가 바로 덩컨의 나이와 성적 변화에 관한 기록이었다.

이 이야기는 내게 신체적인 나이, 즉 '가동연한年限'에 따라 그 실행방법이나 관리방법이 달라져야 한다는 깨달음을 주었다. 운동선수의 신체는 수험생의 무엇으로 대체될 수 있을까? 바로 두뇌다. 공부도 두뇌라는 자원을 이용해 결과를 내는 스포츠라고 할 수 있다. 결국 수험생은 두뇌를 가장 중요하게 관리해야 한다.

그럼에도 불구하고 주변을 둘러보면 10대의 젊은 학생들이나 할 수 있는 공부법을 무비판적으로 따라하는 수험생들을 쉽게 찾을 수 있다. 그들은 공부하는 상황과 배경뿐 아니라 자신이 가진 자원이 달라졌다는 사실을 간과한다. 여기서 말하는 '자기관리'까지 나아가지 않더라도, 내가 어떤 자원을 이용해서 결과를 내는지 인식하지 못하고 있는 것이다.

'뱁새가 황새 쫓아가려다가 가랑이 찢어진다'는 속담은 수험 세계에서 단순히 우등생과 그렇지 못한 사람을 비유하는 말이 아니다. 이것은 두뇌와 나이 차이에도 그대로 적용된다. 공부 시간을 측정하고 그 성취도를 기록해보자. 그것이 공부를 위한 자기관리의 첫걸음을 만들어줄 것이다.

장수생이 되는 사람들의 특징

수험생은 일반적인 사람보다 심약한 신체적·정신적 상태에 있다. 개인 차이는 있겠지만 수험생활 동안 자신이 평소보다 약한 모습이 된다는 점은 누구도 부인할 수 없을 것이다.

그래서 최근 멘탈 관리가 수험생들에게 매우 중요하게 강조되고 있다. 실제로 심리적인 문제 때문에 공부에 집중하지 못하거나 잘 준비했어도 시험 당일에 실력 발휘를 못 하는 학생을 어렵지 않게 찾아볼 수 있다.

멘탈 관리나 심리적 안정을 위해 다양한 방법을 쓸 수 있지만, 여기서는 그중에서도 소위 '수험 전문가'라고 하는 사람들을 믿고 의지하는 경우에 대해 이야기해보려고 한다.

전문가에게
과도하게 의존한다

시험은 나 스스로가 시험장에서 문제를 마주하고 그에 대한 결과를 내는 작업이다. 수험 전문가들은 시험공부를 원활하게 하는 요령이나 팁을 알려줄 수는 있어도 대신 시험을 쳐주는 사람이 아니다. 그러니 전적으로 믿고 의지해서는 안 된다.

게다가 최근 일부 전문가들은 수험생에게 물고기 잡는 법을 알려주기는커녕 자신이 잡았던 물고기 숫자를 보여주면서 수험생을 현혹하기만 한다. 수험생들은 본인의 부족함을 채우는 보충 학습을 행하는 데에도 어려움을 느끼는데, 거기에 전적으로 믿었던 전문가가 실수라도 하면, 그로 인한 정신적 폐해는 엄청나다. 그러니 수험 전문가의 조언은 하나의 선택지라고만 생각해야 한다. 내가 이토록 수험생의 심리적 안정을 위해 권위 있는 누군가에게 의지하는 것을 경계하라고 강조하는 데는 남다른 이유가 있다.

사법시험을 치기 전 나는 40년 치의 기출문제를 분석해 출제 빈도와 영역을 패턴별로 분석해두었다. 그로 인해 시험에 나올 문제의 70퍼센트 정도를 예측할 수 있었다. 나머지 30퍼센트는 나름대로 대응 지침을 만들어두고 공부를 했다(이 방법에 대해서는 뒤에서 계속 이야기를 할 것이다).

시험 당일, 아니나 다를까 모든 것이 예상대로였다. 내가 '찍은' 문제가 출제된 것이다. 시험장에서 내가 한 일은 흥분된 마음을 가라앉히는 것이었다. 시험이 끝나고 홀가분한 마음으로 밖을 나왔는데 한 수험생이 울면서 친구와 이야기하고 있었다.

"그 선생님이 이 부분은 나오지 않는다고 해서 보지도 않았는데 그 부분에서 나왔어."

한편으로 측은한 마음이 들면서도 공부 전략을 안일하게 짠 것이 아닌가 하는 생각이 들었다. 나 같은 '비전문가' 수험생이 분석해도 4년에 한 번은 나오는 문제라는 것을 알았는데, 소위 수험 전문가라는 사람만 믿다가 1년이라는 시간을 허비한 꼴이 되었으니 말이다.

공부는 자신이 한 행동의 결과를 100퍼센트 받아들이겠다는 책임감으로 해야 한다. 그 수험생은 타인에게 자신의 인생을 통째로 맡긴 것이나 다름없었다. 여기까지 얘기를 들으면 단순히 강사를 잘못 선택한 게 아닌가 하고 반문할 수도 있겠지만, 그 수험 전문가는 그때도 그랬고 지금도 수험가의 소위 '일타' 강사로 맹활약 중인 분이다.

기출문제 분석을 비롯해 시험공부의 어떤 부분도 남에게 전적으로 의지해서는 안 된다. '몇 년도에 무엇이 여기서 나왔다'고 하는 것은 그 사람의 공부 결과이지 자신의 공부 결과가 아니기 때문이다. 수험 전문가의 말을 믿지 말고, 스스로 수험 전문가가 되어야 한다. '뭔 헛소리인가, 이렇게 편한 세상에'라고 생각할 수도 있지만 시험공부는 내 인생의 방향을 결정하는 일이다. 그러니 최대한의 노력으로 진지하게 접근하여 그에 따른 결과를 얻고자 해야 한다.

목표를
잊는다

목표를 혼동하는 것 역시 장수생이 되는 이유 중 하나다. 시험공부의 목표는 점수 획득과 합격이 되어야 하는데, 어느 순간 '훌륭한 수험생'이 되는 것으로 목표가 바뀌는 경우가 있다. 훌륭한 수험생이 목표가 된다니, 이게 무슨 말인가 싶지만 설명을 하자면 다음과 같다.

공부가 잘되지 않거나 불합격했다면 당연히 자신의 패인을 생각할 것이다. 성과를 내지 못한 이유는 단 두 가지밖에 없다. 방법이 좋지 않았거나 노력을 하지 않았거나. 어느 쪽의 문제였는지 확인하는 길은 간단하다. 내가 공부하는 동안 필사의 노력을 했는가, 스스로에게 물으면 된다. 필사의 노력을 다했는데도 떨어졌다면 그것은 방법이 문제였다는 것이고, 그렇지 않았다면 노력이 문제였다는 것을 알 수 있다.

그런데 이런 문제 자체를 인식하지 못하고 패인을 외부에서 찾는 나태한 수험생들이 있다. 그들은 대부분 패인을 수험생활에 있다고 의심한다. 아침에 일찍 일어나야 한다, 세끼를 챙겨 먹어야 한다, 강의는 기초부터 빠짐없이 들어야 한다 등 '방법'이나 '노력'이 아니라 이상한 곳에서 불합격의 이유를 찾으려고 하는 것이다.

노력 정도가 어찌 됐건 혼자서, 오랜 시간, 무언가를 한다는 것은 괴로운 일이고 그래서 자신에게서 문제를 찾고 채찍질하는 것이 어려울 수도 있다. 게다가 수험생들 사이에서도 나름의 관계가 생기기 때문에 그들 사이에서 보여지는 나의 이미지도 중요하다. 하지만 어떤 순간에도 우리가 추구하는 목표는 잊어서는 안 된다.

　문제를 공부 자체가 아니라 다른 곳에서 찾는 나태한 행동은 결국 자신의 목표를 잊은 것이라고 볼 수 있다. '합격'이 아니라 '모범적인 수험생'이 목표가 되었으니 말이다. 당연히 이렇게 생각하는 수험생은 합격과 점점 멀어지게 된다.

합격을
부르는 태도

 시험공부를 하며 나는 전적으로 자신을 믿어야 한다고 생각한다. 그 믿음은 내가 한 선택과 그 결과를 전적으로 책임지겠다는 자세에서 비롯되며 이 태도가 심리적 안정을 가져오는 데도 도움이 된다고 단언할 수 있다.
 공부는 행복해지기 위한 여러 가지 방법 중 내가 선택한 것이다. 물론 중학생이나 고등학생, 초등학생의 경우, 내 선택이 아니라 부모님 또는 다른 사람의 선택이라고 말할 수도 있을 것이다. 그러나 나는 그 경우에도 학생 자신이 부모님을 비롯한 주변인의 의견을 참고 삼아 공부를 선택한 것이라고 생각한다. 만약 공부가 아닌 다른 선택을 하고 싶다면 부모님에게 근거를 보여주고 설득해야 한다.

타계한 전설적인 테너 루치아노 파바로티Luciano Pavarotti가 성악가가 되겠다고 했을 때 그의 부모님은 반대했다고 한다. 여러 번의 설득 끝에 그는 조건부 허락을 얻을 수 있었는데, 바로 '일정 기간 안에 성과를 내는 조건'이었다. 전설적인 테너조차 부모님의 반대 때문에 일정 기간 동안 성과를 내는 것을 조건으로 허락을 받을 수 있었다. 따라서 자신이 공부 아닌 다른 가능성에 대해 부모님을 설득하지 못했다면, 그것 역시 확률적으로는 자신의 인생이 가장 행복해지는 방법 중 하나를 '선택'한 것이라고 볼 수 있다.

선택했다면
거기에 책임을 진다

내가 무언가를 선택한다는 것은 그 선택의 결과에 책임지는 것을 전제로 한다. 온전한 책임은 후회 없이 모든 에너지와 정신, 시간을 쏟아 내가 원하는 결과를 내겠다는, 물론 내가 원하지 않던 결과가 나올 수도 있다는 것을 인식하고, 그런 일이 벌어져도 마땅히 감내하겠다는 뜻이다.

공부가 언제나 행복을 보장하지는 않을뿐더러 공부에서 성과를 내는 것만이 행복이라고 할 수는 없지만, 일단 공부하기로 했다면 위와 같은 태도가 필요하다. 우선 책임을 지겠다는 태도는 공부를 지속적으로 하게 만드는 동기와 의지를 부여해준다. 그리고 이런 태도로 시험을 다 치른 후에는 심리적으로 안정된 상태에서 결과를 받아들일 수 있게 된다. 결과가 좋지 않은 경우에도 말이다.

그리고 책임과 최선을 다했다는 것은 그로 인한 결과도 받아들이고 다른 길을 찾아보는 용기를 갖는다는 것을 의미한다. 우리나라는 아직 그런 풍토에 익숙하지 않지만, 올림픽에서 은메달이나 동메달을 딴 뒤 아주 기뻐하는 외국선수들을 생각해보자. 진정한 노력이란 스스로 가치를 높게 부여할 수 있는 것이어야 한다. 결과가 따라오지 않는다고 해서 그것을 폄훼할 이유는 없다.

실제로 나는 수년간 학생들을 지도해왔는데, 그중에는 치열한 수험생활을 경험하고 나서야 자신이 공부로 좋은 결과를 내거나 행복해지기 어렵다는 점을 깨닫고 다른 길을 택하는 학생들도 더러 있었다. 그들은 공부할 때보다 지금이 더 행복하다고 말한다. 괴롭고 고통스러운 공부를 더 이상 하지 않아서가 아니라 뒤늦게라도 자신에게 맞는 일을 하고 있기 때문이었다. 그들은 공부에 진정으로 에너지를 쏟았고, 그렇기 때문에 공부로 자신이 행복해질 수 없다는 것을 깨달아 미련 없이 다른 길을 선택할 수 있었다.

그렇다. 책임을 진다는 태도는 재도전을 위한 심리적 발판이 된다. 자신이 어떤 부분에서 부족함이 있었고 그것을 어떤 식으로 보충하면 좋은 결과가 나올지 있는 그대로 받아들이고 현실을 마주하게 되는 것이다.

책임감이 있으면 공부 방법이 좋지 않았는지, 노력을 다하지 않았는지부터 보다 세부적인 부분까지 패인을 겸허히 받아들일 수 있다. 자존심을 세우다가 자신의 실력이나 문제점을 인정하지 못하는 수험생을 그동안 많이 봐왔다. 그런 학생들은 예외 없이 장기간의 수험생활로 들어서고는 했다.

나의
멘탈 관리 비법

책을 열심히 읽거나 강의를 듣다 보면 이른바 '현자타임'이 올 때가 있다. 공부를 하다가 지치거나 힘든 순간이 오면 공부를 왜 하는지 망각하면서 일시적인 슬럼프를 겪게 되는 것이다. 앞서 설명한 다른 개념을 빌리자면 일시적인 공허함으로 '멘탈이 잠시 나가 있는 상태'라고 할 수 있다.

이때는 그 슬럼프의 수렁에서 최대한 빨리 빠져나와야 한다. 멘탈을 바로 잡는 방법은 개인에 따라 그리고 상황에 따라 수도 없이 많겠지만 여기서는 마지막 저지선을 사수할 수 있는, 말하자면 최후의 멘탈 사수 방법에 대해 이야기하고자 한다.

상상 속
울보 라이벌 만들기

초등학교 수학여행 때였다. 그때 나는 생애 처음 먼 곳으로 여행을 가는 것이었기 때문에 두렵고 또 떨렸다. 동시에 낯선 곳이라 설렘과 기대도 컸다. 3박 4일 일정이었는데 이틀째 되는 날 밤, 복도에서 누군가가 크게 우는 소리가 들렸다.

"엄마가 보고 싶어요. 집에 가고 싶어요."

한 친구가 낯선 곳이 주는 생소함과 두려움 때문인지, 집에 돌아가고 싶다고 울고 있었다. 그다음 날 결국 그 친구의 부모님께서 수학여행 장소로 차를 몰고 와서 친구를 집으로 데려갔다. 이게 무척 사소해 보이는 예시일지도 모르지만 이 상황을 '시험 준비'에 대입해 생각해볼 수도 있다. 내가 모르는 지식, 내가 모르는 환경을 늘 마주하는 것이 바로 공부이기 때문이다.

모르는 곳으로 여행갈 때를 생각해보자. 누군가는 이 낯설고 두려운 상황에 눈물을 흘리고 익숙한 상황으로 돌아가고 싶어할 것이다. 그러나 당신은 버틸 수 있고, 또 버텨야 한다. 그 이유는 직면한 상황이 순간적으로 무섭게 느껴질 뿐이지, 그 순간만 견디면 새로운 것들을 보고 듣고 누릴 수 있기 때문이다.

시험공부를 하다가 힘든 순간이 오면 나는 지식, 학력, 공부 상태, 공부 기간, 식습관, 취미 등에서 나와 조건이 동일한 라이벌을 마음속으로 한 명 설정하고, 그가 울보라고 상상했다. 힘든 일이 찾아오면 쉽게 눈물을 터뜨리는, 멘탈이 좋지 않은 상상 친구를 만든 것이다. 그렇게 어떤 어려움에 마주했을 때 나는 그 울보 라이벌은 울면서도 이걸 이겨낸다는 상상을 하면서 나도 당연히 이겨낼 수 있다고 마음을 다잡곤 했다.

'내가 이 상황을 버틸 수 있을까'가 아니라 '나보다 살짝 부족한 친구가 이 상황을 이겨낼 수 있을까'라고 생각했다. 그 친구가 가능하다면 나도 가능하다. 적어도 나는 울보가 아니니까 말이다. 공부에 있어서는 모든 것을 내려놔야 한다지만, 그 울보에게만큼은 자존심을 지키길 권한다. 나와 모든 조건이 동일한 사람에게는 적어도 지지 않겠다고 말이다. 그것이 여기서 말하는 울보 라이벌 설정의 조건이다.

모든 것이
정해져 있기에 자유롭다

또 하나 내 수험생활을 지탱하게 해준 생각으로는 '모든 것이 정해져 있기 때문에 자유롭다'는 것이었다. 사실 이건 우연히 만화책을 보다가 알게 된 것이었는데, 후에 합격을 하고 변호사가 되어 인문학을 공부하다 보니 이 명제는 자연과학뿐 아니라 사회과학, 신학에서도 널리 받아들여지는, 조금 과하게 말하자면 '진리'에 가까운 것임을 알게 되었다.

사람은 DNA와 우리를 둘러싼 환경이라는 두 가지 요소에 영향을 받으며 산다. 더 정확히 말하면 영향 정도가 아니라 99.99퍼센트 정도로 결정적이다. 다르게 말하자면 호모 사피엔스로서나, 그 개별 개체인 수험생으로서나 인간이 나아가고 있고 나아가야 할 방향성은 정해져 있다고 할 수 있다. 이것이 생물학의 주된 결론이다.

사회과학에서도 이러한 생물학의 연구 성과(이를 유전자 결정론이라고 한다)를 받아들여 '진화심리학'이라는 학문이 태동하기도 했다. 진화심리학의 결론도 이와 다르지 않다. 너무 드라이하고 '진화'라는 단어를 써서 불경하다고 느낄 수도 있겠지만 신학에서의 결론도 다르지 않다. 기독교나 불교, 이슬람교 등 절대적 진리에 천착하는 분야를 '영원의 철학Perennial Philosophy'이라고 하는데, 이러한 관점에서도 인간 개개인이 나아가야 할 방향은 절대적이고 궁극적 진리와의 합일로 정해져 있다.

이 거대한 흐름 속에서 인간은, 나라는 수험생은 어떤 생각을 하며 살아야 할까? 모든 것이 흘러갈 방향이 정해져 있으므로 나는 수동적으로, 그냥 아무렇게나 살면 되는 걸까? 내가 구원을 받거나, 해탈을 하는 것 또는 그 반대는 정해져 있기 때문에 내 삶을 놓아도 되는 걸까? 내가 시험에 합격하고 안 하고는 나도 모르는 거대한 힘이 정해 둔 것이기 때문에 나는 내 삶을 방기해도 될까?

답은 '전혀 그렇지 않다'이다. 오히려 모든 것이 정해져 있으므로 더 열심히 살고 최선을 다해야 한다. 나는 공부를 할 때 내가 합격할 사람이라고 믿었다. 그런데 실은 그러한 미래가 도달하기 전에는 아무도 그것을 알 수 없다. 그래서 나는 증명해 보이기로 결심했다. 다른 사람들에 대한 증명일 수도 있겠지만, 스스로 내 삶에 확신을 가지고 내가 합격할 사람이라는 것을 스스로에게 확신시키고자 했다. 그리고 그 과정에서 나는 이미 합격이 정해진 사람이기에 어떤 괴로움과 고통을 겪고, 어떤 어려움을 겪어도 결국에는 이겨낼 수 있으리라고 생각했다. 누군가가 볼 때는 실패한 인생처럼 보이고 스스로 자괴감과 열등감을 느끼는 상황이더라도 나는 합격하는 것으로 이미 정해져 있다고 믿는다면, 내가 걱정할 것이 무엇이 있을까?

그러므로 모든 것이 정해져 있기 때문에, 그 속에서 나는 무한하게 자유롭고, 결국 내 행동이 적어도 내 개인사에 있어서는 결정적인 요인으로 작용하리라는 점을 항상 의식하자.

공부에도 우선순위가 있다

내가 수험생활을 하면서 그리고 주변 사람들의 수험생활을 많이 봐오면서 의외로 놀랐던 부분 중 하나가 바로 '중요한 일'과 '급한 일'의 우선순위를 가려내지 못하는 사람들이 꽤 많았다는 점이었다.

가령 시험까지 여섯 달 정도가 남았고 공부가 전혀 안 된 과목이 둘, 공부를 하긴 했지만 불안한 과목이 하나 있다고 생각해보자. 이 경우라면 공부가 전혀 안 된 과목을 공부해야 할까 아니면 불안한 과목을 공부해야 할까? 스스로 느끼기에 그 불안한 과목 때문에 어쩐지 시험에서 떨어질 것 같은데, 그런 경우라면 불안한 과목을 먼저 공부하는 것이 효율적일까?

그렇지 않다. 시험은 출제범위는 넓은 반면, 출제할 수 있는 문제는 상대적으로 한정되어 있기 때문에 결국에는 출제 가능한 모든 부분을 공부하고 고르게 점수를 얻는 것이 가장 안전한 방법이라고 할 수 있다. 그리고 불안함을 느낀다고 해도 공부가 된 과목에서 얻을 수 있는 점수는 60~70점 정도일 것이나, 공부가 전혀 안 된 과목에서 얻을 수 있는 점수는 10~30점 정도에 불과하다. 당신에게 똑같은 시간과 똑같은 에너지를 들여 점수를 향상시킬 수 있는 기회가 주어진다면 당연히 아직 공부하지 않은 과목에 시간과 에너지를 투자해야 한다.

여기서는 조금만 공부를 해도 60~70점 정도를 받을 수 있는, 즉 점수 상승의 폭이 큰 과목이 있는 반면, 이미 공부를 했지만 불안한 과목은 그 불안 요인이 찾아지지 않아 불안함을 계속 느끼게 되는 것이니 그와 동일한 시간과 에너지를 투입해도 점수가 큰 폭으로 향상되지 않는다.

수험생활의 목표는 '점수를 높이는 것'이 최고이자 최대 목표가 되어야 한다. 시험공부에 있어서 중요한 것은 똑같은 자원을 사용했을 때 점수가 더 높게 나오는 것이다. 위 상황을 달리 얘기하면 이렇게 볼 수도 있다. '중요하지만 급하게 느껴지지 않는 일'과 '중요하지는 않지만 급하게 느껴지는 일' 사이에서 어떤 것을 선택할 것인가? 반드시 전자를 선택해야 한다.

불면증을
겪고 있다면

수험생 중에는 종종 불면증을 겪는 학생들이 있다. 누워 있어도 잠이 오지 않고 미래를 생각하느라, 또 자신의 공부 상태를 생각하느라, 불안해서 잠 못 이루는 학생들이 많다. 정말 고통스럽다. 잠을 자야 내일 공부에 지장이 없을 텐데 잠은 오지 않고 날은 밝아온다. 이를 어떻게 해야 할까.

나 역시 보기와 달리 매우 심약한 편이다. 새가슴에 불안감을 잘 느끼는 성격이다. 돌다리를 건널 때 애써 다 두드려보고도 다른 곳으로 돌아가는 성격이라고 보면 된다. 그런 내가 대부분의 사람이 2월 즈음에 준비하는 사법시험을, 그보다 8개월이나 늦은 10월부터 본격적으로 준비하기 시작했다.

'무슨 생각으로 8개월이나 뒤늦게 시작한 걸까?'

남들보다 뒤처졌다는 불안감, 그만큼 더 열심히 악착같이 해야 한다는 조바심에 나는 잠을 잘 수가 없었다. 뜬눈으로 밤을 지새운 게 한두 번이 아니었다.

그런데 정말 불현듯 '이렇게 매일 밤새울 거면 그냥 차라리 공부나 하자'라고 생각하자 불면증이 극복되었다. 당시에는 잠을 자지 못하는 날이 너무 많았고, 그래서 단순하게 잠을 자지 못할 거라면 누워 있지 말고 책상에 앉아 책이라도 읽자, 이런 심정이었는데 이것이 뜻밖에 불면증을 극복하게 만들어주었다. 나중에는 '이 시간은 하늘이 내게 공부하라고 준 소중한 시간이구나'라는 생각으로 바뀌게 되었다. 심지어 '내 경쟁자들이 모두 자는 시간까지 나는 공부를 한다, 그러니 나는 합격할 수 있다'라고 생각했다.

이런 경험으로 미루어 불면증으로 고생하는 수험생이 있다면 이렇게 말해주고 싶다. 생각을 바꿔보라고 말이다. 따지고 보면 수험생은 공부가 아니면 할 게 없고, 그래서 정신이 깨어 있는 한, 체력이 남아 있는 한 공부를 하면 된다. 그러니 잠이 오지 않는 날에는 자지 않고 공부를 하면 그만이다. 그런데도 왜 수험생들은 잠이 오지 않는 상황에서도 공부를 하기보다 누워 있으려 할까?

이것은 고정관념 때문이다. 수험생은 응당 정해진 시간에 자고 정해진 시간에 일어나야 하며, 반드시 규칙적으로 밤에 자고 아침에 일어나야 하는 짜임 있는 생활을 해야 한다는 이상한 믿음 말이다. 그것은 어디까지나 공동체 생활, 특히 직장생활을 하는 사람들에게는 맞을지 모르지만, 혼자서 집이나 독서실에서 공부하는 수험생에게는 전혀 관련 없는 이야기라고 생각한다. 수험생은 그저 자신의 생체시계에 맞게 가장 공부가 잘되는 시간에 공부를 하고, 그렇지 않은 시간에 잠을 자면 된다.

물론 이런 생활은 실제 시험을 치는 시간에 깨어 있어야 한다는 것과 상충하는 면이 있다. 그러나 불면증의 가장 큰 원인은 불안감이라는 걸 알아야 한다. 시험이 다가오면 공부가 쌓이면서 불안감이 줄어들기 시작하고 자연스럽게 수면 시간도 조절이 가능해진다.

그때부터는 실제 시험이 시작하는 시간에 맞추어 수면 시간을 조절하면 된다. 나의 경우 1차시험을 준비할 때는 거의 밤을 새서 아침 아홉 시까지 공부를 하고 세 시간 잔 후 정오에 일어나서 다시 공부를 했다. 그런 생활을 하다가 시험 일주일 전부터 수면 시간을 조금씩 늦추기 시작해 밤 아홉 시 정도에 자는 것으로 조절할 수 있었다.

아침에 일어나는 것이 힘든 사람이라면

수험생은 외국으로 치자면 카운슬링의 대상이 될 가벼운 마음의 병을 하나씩 가지고 있다. 공부 자체가 주는 스트레스도 있지만, 미래에 대한 불확실성, 공부를 함께하는 사람에게 받는 스트레스 등 굉장히 다양한 요인들이 존재한다. 그런데 그 외에도(사실 병은 아니지만) 수험생들이 공통적으로 갖고 있는 증상이 하나 있다. 나는 이것을 '수험적 강박증'이라고 부른다.

강박증은 본래 본인의 의지와 무관하게 어떤 생각이나 장면이 떠올라 불안해지기 시작하고 그 불안을 없애기 위해서 어떤 행동을 반복하게 되는 것을 의미한다.

대부분의 수험생은 수험 결과에 대한 불안감을 줄이기 위해 '모범적'이고 '바람직한' 수험생의 모습을 따라 해 불안감을 줄이려고 한다. 그 모델이 합격수기 등의 분석을 통한 귀납적인 결론이라면 문제가 없다. 그러나 실상은 주변 친구나 친구가 추천한 사람, 학원 수강생 등을 모델로 하는 경우가 대부분이다. 이 부분에서 사실상 이성적인 판단이 마비되어 있다.

수험생들은
이상한 믿음을 갖기 쉽다

규칙적인 생활을 해야 한다, 운동을 해야 한다, 밥은 무조건 삼시 세 끼를 챙겨 먹어야 한다, 서브노트를 만들어야 한다, 비전공자는 무조건 인터넷 강의를 들어야 한다, 써야 잘 외워진다 등 이상한 규칙들이 수험생들 사이에 많이 떠돈다.

  모두 소문에 불과할 뿐, 합리적 근거가 부족한 이야기다. 이런 소문을 따르면 일시적으로 불안감이 줄어들지는 모르겠지만, 그야말로 임시방편에 불과할 뿐, 공부의 주된 목표인 성적 상승을 기대하기는 어렵다.

  '수험생이라면 응당 이렇게 해야 한다'는 것은 사실상 존재하지 않는다. '나는 이렇게 해야 한다'라는 것만 있을 뿐이다. 공부는 서로 전혀 다른 지능, 서로 다른 환경에서 하는 것이기 때문에 모든 사람에게 적용되어야 할 법칙 같은 것은 존재하지 않는다. 유일하게 공통으로 적용되는 원칙이 하나 있다면, 기출문제를 열심히 분석하고 풀어야 한다는 정도밖에 없다.

수험생들이 무작정 믿고 따르는 근거 없는 규칙 중 대표적인 것이 '아침에 일찍 일어나야 한다'이다. 시험공부를 더 효율적으로 하기 위한 바람과 의도에서 비롯된 규칙이지만 스스로의 판단을 거치지 않고 무작정 이것을 받아들이면 수험생활 전반을 망가뜨리기 딱 좋은 신념이라고 할 수 있다.

시험을 준비할 때 나는 시험 직전 기간만 빼고 주로 새벽에 공부를 했다. 당시에는 '아침형 인간'이 굉장히 유행했는데, 그래서였는지 주변 사람들에게 나는 불합격을 예약해둔 수험생 취급을 받았다. 나는 그런 미신, 소문, 고정관념은 전혀 신경 쓰지 않았다. 무엇이 더 중요하게 고려되어야 하는지 명확히 인식했기 때문이었다.

아침 일찍 일어나는 것을 어려워하는 사람이 있다. 그런 사람은 운이 좋아 아침에 일어난다고 해도 오전 내내 골골대기가 쉽다. 또는 오후나 저녁이 되어야 확실히 공부가 잘된다고 느껴온 사람이 있다고 해보자. 그런데 시험공부를 시작한 후 남들이 다 좋다는 '아침형 생활'을 하기로 했다면? 그 사람은 공부는 둘째치고 아침형 생활을 하기 위해, 그것이 몸에 배도록 하기 위해 큰 에너지를 써야만 한다. 그야말로 본말이 전도되는 것이다.

수험생활에 있어 공부법, 수면, 식사 등 모든 것은 합격이라는 목표에 맞게 이루어져야 한다. 합격에 적합한 상태가 되기 위해 내가 가진 자원을 효율적으로 배치하고 사용해야 하는 것이다. 아침형 생활이든 규칙적인 생활이든 그 자체는 의미가 없다. '합격'에 도움이 되느냐 마느냐, 그 수단적 의미만 있을 뿐이다. 그렇지 못하다면 그런 규칙들은 과감하게 포기할 수 있어야 한다.

중요한 것은
자신이 가장 효율적으로 공부할 수 있는 환경

아침형 인간도 결국 수험생활에 관한 다양한 생활 유형 중 하나일 뿐이다. 자신에게 잘 맞는다면 다행이지만 자신이 '오후형 인간'이거나 '저녁형 인간'이라면 굳이 생활 패턴을 바꿀 필요는 없다. 일부 수험생은 합격을 위한 가장 효율적인 방법이 아니라 수험생활 자체에 함몰되어 불필요한 고민을 한다.

    그것보다 훨씬 중요한 것은 내가 어느 시간에 집중이 가장 잘 되고, 또 집중이 안 되는 시간에는 어떻게 집중력을 끌어올려야 하는지 고민하는 것이다. 어떤 책을 보면 이해가 잘될지, 어떤 순서로 책을 보면 이해가 잘될지, 그런 것들을 생각하는 것이 더 중요하다. 몇 시에 일어나 하루를 시작할지에 대한 결정은, 시험이 아침에 시작하는 경우 시험에서 집중력을 최대한 발휘하기 위한 전제로, 시험 직전에 내 신체

리듬을 그에 맞게 조정하기 위한 기준 정도로만 적용해야 하는 게 아닐까.

   수험생은 모든 것을 스스로 주도해야 한다. 이들은 자신이 아직 뭔가 이루지 못했다고 생각해 스스로를 낮추는 경향이 있는데, 그럴 필요가 없다. 나의 삶, 나의 패턴, 나의 생활리듬은 스스로에게 집중하여 각자 상황에 맞게 설정하도록 하자.

매일 세 시간만 자고도 공부할 수 있었던 비결

수험생들의 가장 큰 고민 중 하나가 바로 공부 시간의 확보다. 여기서는 그 방법에 대해 이야기해보고자 한다.

본격적으로 시험공부를 할 때 나는, 항상 공부 시간을 측정해 기록하곤 했다. 거창하게는 아니고 (수험생이라면 종일 공부하는 것이 정상이므로) 그저 24시간 중 식사 시간, 수면 시간 그리고 집중하지 못한 시간 정도만 빼는 식으로 기록했다. 이렇게 계산하다 보면 결국 공부 시간을 확보하기 위해 수면 시간과 식사 시간을 줄이는 방법을 강구하게 된다. 공부에 집중하지 못한 시간은 순전히 집중력 향상의 부분이라 컨트롤이 어려우니 말이다.

절대적 시간이 아닌
성취도로 판단하라

많은 수험생이 잠을 충분히 자두지 않으면 공부할 에너지를 쓰지 못한다고들 생각한다. '정상적인 컨디션'을 잃어 평소처럼 집중할 수 없다고 말이다. 하지만 내 생각에 그건 평소에 잠을 잘 자서 100퍼센트의 집중력으로 공부하는 사람만이 이야기할 수 있는 전제가 아닌가 싶다. 실제 수험생 중에 자신이 깨어 있는 시간에 100퍼센트 집중하는 사람이 있을까. 에너지와 집중력이 100이라고 하면 그 100을 온전히 공부에만 쏟는 사람은 정말 극소수일 것이다.

그렇다면 잠을 충분히 잘 잔 상황의 집중력과 성취도가 (후하게 주어) 80 정도라고 해보자. 잠을 자지 않으면 그것이 20~30까지 떨어질까? 내 경험으로는 그렇지 않았다. 잠을 전혀 자지 않는 경우가 아닌 이상, 잠을 충분히 못 자면 눈이 조금 따가울 뿐, 머릿속으로 지식이 들어오지 않고 누수가 된다는 느낌은 크게 받지 못했다.

물론 잠을 평소에 충분히 자는 사람에게는 갑자기 잠을 줄이는 것이 '심적인 낙차'로 작용해 전에 느끼지 못했던 피로감을 불러일으킬 수도 있다. 몸이 무겁다, 속이 메스껍다, 집중이 안 된다 하면서 말이다. 그러나 이 역시 심리적인 착각이 크다고 본다. 공부가 아닌 다른 일을 밤새 하고 그다음 날 학교를 가거나 출근한 일들을 떠올려보라. 수면 부족의 상태에서도 평소처럼 공부하고 생활할 수 있다.

심리적 공포에서 벗어나라

잠을 아홉 시간은 자야 집중할 수 있다는 사람이 만약 여덟 시간 반을 잔다면 다음 날의 모든 일정이 망가질까? 그렇지 않다고 한다면 여덟 시간을 자면 어떨까? 다섯 시간을 잔다면? 이런 숫자가 주는 심리적 공포에서 벗어나 수면 시간에 따른 공부 효율에 대해 스스로 체감하고 기록해보는 것이 중요하다. 실제 한 수면 전문의의 말에 의하면 장기기억이 형성되는 데 최소 세 시간이 필요하고, 그 이후부터는 보통 1.5의 배수 시간으로 얕은 수면 상태가 돌아오는데, 그 타이밍에 잠에서 깨는 것이 피로감이 적고 좋다고 한다.

나는 수면 시간을 줄이면서 나타난 공부의 비효율, 그 반대 급부로서 성취도를 하루하루 기록했다. 그리고 성취도 그래프가 평균적으로 비슷한 수준을 유지할 때까지 수면 시간을 줄여나갔다. 나는 그 시간을 나의 '최소 수면 시간'으로 설정했고, 그 시간 이상만 자면 내 생활이나 공부에는 큰 지장이 없었다. 내 경우에는 그 시간이 세 시간 정도였다.

여기까지 읽고 나서 지나치게 심리적 고무를 받아 자신의 생활습관이나 체력 등을 고려하지 않고 세 시간으로 바로 잠을 줄이는 일은 하지 않길 바란다. 다시 한 번 말하지만 자신의 최소 수면 시간을 찾는 노력이 먼저고, 그것은 사람마다 모두 다르니 말이다. 그리고 그렇

● **수험생활 동안 기록한 수면 시간** ●

	1/5	1/6	1/7	1/8	1/9	1/10, 11	공부 시간
수면 시간	5시간	5시간	5시간	4시간	4시간	-	목표 96시간
공부 시간	16시간	15시간	16시간	17시간	15시간	18시간	달성 96시간
성취도	상	상	중	중	상	중	

	1/12	1/13	1/14	1/15	1/16	1/17, 18	공부 시간
수면 시간	3시간	3시간	3시간	3시간	3시간	-	목표 96시간
공부 시간	17시간	15시간	15시간	16시간	16시간	19시간	달성 96시간
성취도	하	중	중	중	상	상	

	1/19	1/20	1/21	1/22	1/23	1/24, 25	공부 시간
수면 시간	2시간	2시간	3시간	3시간	3시간	-	목표 96시간
공부 시간	12시간	12시간	14시간	15시간	16시간	24시간	달성 96시간
성취도	하	하	중	중	중	중	

*주말 공부 시간은 토요일, 일요일 합쳐서 기록한 것이다.

게 수면 시간을 줄이고자 한다면 자신의 심리적인 부분에 기초하기보다 객관적인 통계에 기초하는 것이 바람직하다는 점을 다시 한 번 강조하고 싶다.

문득 찾아오는
열등감에 대처하는 법

시험공부를 대하는 태도, 수험생활의 패턴과 멘탈 관리에서 강조하는 내용들을 가만히 살펴보면 모두 생각의 전환으로 시작된 방법이라는 것을 알 수 있다. 우리가 문제라고 생각했던 것들, 바꿀 수 없다고 생각한 것들을 거꾸로 보는 것. 그 생각의 전환은 대개 문제나 위기를 긍정적으로 인식하고 돌파구를 찾는다는 특징이 있다.

 '저 사람은 참 긍정적이야', '어떻게 저런 일을 겪고도 아무렇지 않지?', '안 좋은 상황에서 저렇게 생각할 수 있다니 참 대단해' 이런 생각을 갖게 하는 사람이 주변에 한 명은 있을 것이다. 나는 도저히 긍정적으로 생각할 수 없는 상황인데 어떤 상황에서도 긍정적이어서 때론 존경심까지 드는 사람 말이다. 마치 그들은 태어날 때부터 긍정적인 사람이었던 것 같다. 그래서 긍정적인 관점이나 태도는 마치 후천적으로 가질 수 없는 것처럼 여겨지기도 한다.

태어날 때부터 좋은 체력, 건장한 체격을 가진 사람은 없다. 꾸준히 운동을 계속해야 체력이 좋아지고 근육이 붙게 된다. 단련해야 좋아지는 신체처럼 마음도 마찬가지다. 사고나 생각, 관점, 마음도 근육처럼 꾸준히 단련하면 바꿀 수 있다.

특히 이와 관련해서 반드시 알아둬야 하는 개념이 '열등감'과 '열등감으로 인한 부정적인 후속 행동'이다. 뜨거운 것을 만지면 열감을 느끼는 것이 당연하다. 거기서 이상하게 그 열감을 극복하는 사람은 뜨겁지 않은 척을 하겠지만 손은 화상을 입었을 수도 있다. 열등감도 이와 마찬가지 구조다. 나보다 잘나고 공부 잘하고 멋진 사람을 보면서 열등감을 느끼는 것은 마치 뜨거운 것을 만졌을 때 열감을 느끼듯 자연스러운 일이다. 오히려 뜨거운 것을 만지고도 열감을 느끼지 못하는 게 비정상인 것처럼, 이 경우 열등감을 느끼지 않는 것이 더 부자연스럽다. 열등감을 느끼는 것은 자연스럽고, 오히려 그 이후의 행동이 중요하다. 애써 아무렇지 않은 척 무시하는 것은 마음에 화상을 입힌다. 열등감을 좋게 극복하는 방법이 바로 '긍정'이다.

긍정한다는 의미는 어떠한 상황에서도 내게 도움이 되는 부분을 찾아내는 눈을 갖고 있다는 뜻이다. 신체적인 시력은 시간이 지날수록 감퇴하지만, 마음의 시력은 훈련을 거듭할수록 좋아진다. 긍정적인 부분을 어떻게 찾아내느냐, 이 상황을 나에게 도움이 되는 방향으로 어떻게 만들 수 있는가, 끈기를 가지고 관찰하는 훈련을 하면 긍정적인 사고를 기를 수 있다.

예를 들어보자. 시험이 얼마 남지 않았는데 공부가 잘되지 않는다면 어떻게 생각할 수 있을까? 나라면 시간이 정말로 조금 남았는지 자문해볼 것이다. 그다음 시험까지 남은 시간과 그중 내가 가용할 수 있는 시간, 그리고 공부를 해야 할 분량과 그에 소요되는 시간을 먼저 계산해볼 것이다. 만약 그 시간이 근소하게 부족하다면 '내 집중력과 끈기가 이번 기회를 통해 늘겠구나', '이번 관문을 지나면 한 단계 업그레이드가 되겠구나'라고 생각할 것이다. 반대로 시간이 정말 부족하다면 '지금부터 최선의 노력을 하면 이 정도 결실을 거둘 수 있다', '이번에 이 정도의 노력이 통한다는 것을 기록해두면, 다음 기회에 얼마나 노력을 더하면 통과할 수 있을지 가늠할 수 있다', '이번 기회가 나를 시험해볼 수 있는 좋은 계기'라고 생각할 것이다.

저명한 심리학자 조던 피터슨Jordan Peterson은 자신의 딸이 소아 류마티스성 관절염에 걸려 10년 넘게 통증으로 실신하는 것을 보면서도, "시간 단위를 짧게 끊어서 생각을 해보자. 다음 주를 어떻게 보낼지 막막하면 우선 내일을, 내일을 어떻게 보낼지 막막하다면 한 시간을, 한 시간도 막막하다면 10분, 5분, 1분만 생각하자."라고 스스로에게 이야기했다고 한다. 그렇게 그는 고통스러운 딸을 지켜보는 자신의 삶 속에서도 행복을 발견할 수 있었다고 말했다. 이러한 삶의 태도가 바로 긍정적인 태도가 아닐까. 이런 마음가짐은 결코 하루아침에 생기는 것이 아니다. 아주 오랜 시간과 각고의 노력을 기울인 끝에 가질 수 있는 마음의 근육이다. 말하자면 그들은 마음의 보디빌더Bodybuilder가 된 것이리라.

'낙관'하지 말고 '긍정'하라

'최선의 결과를 위해 준비하되, 최악의 결과에 대비하라Plan for the best, prepare for the worst.'

내가 좋아하는 말 중 하나다. 긍정에 관한 기준과 척도가 되어주는 말이랄까.

긍정이란 현재 자신이 하고 있는 일이 최선을 향해 가고 있고 또 그렇게 되도록 스스로 계획하고 인식함을 의미한다. 하지만 진정한 긍정을 위해서는 최악의 상황도 고려해 이를 대비한 계획 역시 세워야 한다. 좋은 일은 어차피 좋은 결과(합격)를 만들어낸다. 반대는 어느 정도로 나빠질지는 아무도 모르지만 그 상황 역시 기회로 삼고자 해야 한다. 그래서 나는 어떤 목표와 성공을 향해 일을 계획할 때 가장 비관적인 결과를 생각하고 그 대비책을 세우는 편이다. 앞서 공부 계획을 투 트랙으로 짠 것처럼 말이다.

이런 나를 보고 주변 수험생들은 '너는 부정적인 생각을 많이 한다', '생각보다 어두운 사람이다'라는 반응을 보이곤 했다. 그러면서 '긍정적으로 생각해라', '낙천적인 사람이 공부도 잘할 수 있다'라는 조언을 덧붙였다. 그들이 합격 가능성을 높이기 위한 내 전체 계획을 보지 못한 탓도 있지만, 동시에 나는 이들이 '낙관'과 '긍정'을 혼동하고 있는 것이 아닌가 하는 생각이 들었다.

긍정과 낙관은 다르다

낙관과 긍정. 두 단어의 사전적 의미는 크게 다르지 않을지도 모르지만, 나는 두 용어를 다르게 쓰고 있다. '긍정'이 어떤 상황에 대해 부정적인 영향과 긍정적인 영향 모두를 확인한 후, 그중 긍정적인 영향을 더 크게 취하는 능력이라고 한다면, '낙관'은 분별없이 긍정적인 영향만 보고 그것밖에 취할 수 없는 것을 말한다.

나는 항상 나에게 도움이 되는, 밝고 긍정적인 결과를 지향한다. 다만 그 결과를 확실하게 만들기 위해, 가능성을 높이기 위해, 부정적인 생각을 멀리하고 그런 비관적인 가능성을 제거하는 것에 집중하고 있었을 뿐이다.

　이를 단순하게 생각해 낙관적인 태도가 오히려 편한 마음으로 공부하게 만들어주지 않느냐고 반문할 수도 있다. '그냥 공부'라면 그럴 것이다. 하지만 인생의 일부이자 인생의 향방을 한순간에 결정지을 시험공부는 이야기가 다르다. 절대 호락호락하지 않다. 긍정적인 결과뿐 아니라 부정적인 결과를 고려하지 않으면 실제로 부정적인 결과를 마주했을 때 혼란을 겪게 된다.

　긍정적인 사람은 부단히 많은 경우의 수를 생각하고 좋은 결과를 확실하게 만들기 위해 적극적으로 가능성을 높이는 행위를 한다. 그 사람의 전체 준비 과정은 못 보고 일부만 보는 경우, 그의 인생은 어쩌면 어둡고 우울해 보일지도 모른다. 하지만 결과는 정반대일 수도 있다.

현재의 나는
모든 것을 바꿀 수 있다

어린 시절 인상 깊게 읽은 책 중에 스펜서 존슨의 《선물》이라는 제목의 책이 있다. 내용을 간단히 요약하면 과거로부터 현재를 배우고 미래를 준비한다는 것인데, '현재Present'가 바로 인생의 모든 걸 바꿀 수 있고 결정지을 수 있는 '선물Present'이라는 내용이다.

매우 어릴 때 읽은 책이었는데 당시에는 당연한 이야기를 하고 있다고 생각했다. 그런데 나이가 들고 지금 와서 보니 이 책의 진가를 몰랐었구나, 이 메시지는 실로 엄청난 것이구나 하고 느끼게 되었다.

사법시험 2차 준비를 모두 2월에 시작할 때, 나는 그보다 8개월이 늦은 10월부터 시작했다. 그것도 사법시험 공부에만 올인하는 게 아니라 제적을 면하기 위한 졸업학점 취득까지 함께 해야 했다. 내 선택이긴 했지만 그 8개월의 격차는 너무나 큰 부담이었다. 공부를 시작하고 한동안은 그냥 포기하고 싶다는 생각만 들 정도였다. 그래서 뭐든 부족한 상황이었고 목표를 이룰 수 없을지 모른다는 불안도 심했다. 그러던 어느 날, 그 괴로움의 실체를 따져보기로 했다. 이 상황이 내가 진짜 두려워해야 할 상황인지 말이다.

노트에 적어가며 내 괴로움을 구체적으로 살펴보자 내가 모든 걸 쏟아부어서 공부하면 합격할 수 있다는 객관적인 가능성을 무시하고 있다는 사실을 알게 되었다. 그저 부족한 공부 시간을 들먹이며 시험공부를 지연시키려고만 했던 것이다. 그리하여 나는 내가 얼마만큼 공부를 못 했는지가 아니라 앞으로 어느 정도 공부하면 어떤 결과를 만들 수 있는지에 초점을 맞추기로 했다.

지금 할 수 있는
일을 하자

시험공부에 있어서 지나간 시간, 지나간 일을 후회하거나 괴로워하는 사람은 아마추어다. 미래를 바꾸고 싶다면 과거에 연연할 게 아니라 '지금 할 수 있는 일'에 집중해야 한다. 그것으로 충분하다. 어차피 지나간 일은 절대 바꿀 수 없다. 계속 후회하고 있으면 의욕을 상실하고 불안감만 커져 부정적인 영향만 준다. 부질없는 후회를 멈추고 오로지 긍정적인 결과를 만드는 요인만을 생각해야 한다.

공부 시간만이 아니라 여러 가지 이유를 대며 과거에 집착하고 후회하며 부정적인 결과만 그리는 수험생들을 종종 본다. 왜 그럴까? 현재 자신에 대한 믿음이 없기 때문이 아닐까. 내가 아무리 노력한들 미래가 바뀌지 않을 거라는 생각이 무의식을 지배하고 있기 때문일 것이다.

오직 현재의 노력만이 미래를 유의미하게 바꿀 수 있다는 사실을 깨달아야 한다. 물론 이것이 말처럼 쉽지는 않다. 이런 분들은 앞에서 이야기했던 것처럼 공부 계획과 실행을 잘게 쪼개서 진행하길 권하고 싶다. 작은 성취감을 자주 경험하다 보면 스스로에 대한 믿음이 단단해질 것이다.

힘든 순간은 힘을 내야 할
또 하나의 이유일 뿐

앞에서도 이야기했지만 안 좋은 상황이 생기면 사람은 보통 두 가지 중 하나를 선택해 생각을 한다. 긍정적인 부분을 보려는 생각과 그렇지 않은 생각이다.

모의고사를 쳤는데 결과가 생각보다 좋지 않을 때 수험생들은 보통 좌절을 한다. 시험이 얼마 남지 않았는데 몸이 좋지 않아 병원에 들락날락하느라 공부 시간을 날렸을 때 심각한 불안을 느끼기도 한다. 다니던 독서실에서 옆 사람과 문제가 생겨 다른 독서실로 옮기게 될 때도 마찬가지다. 지금까지 열심히 보던 책이 실은 시험에 적합하지 않다는 것을 알게 됐을 때도 심란해진다.

이러한 모든 순간에도 수험생은 힘을 내야 한다. 내가 나를 믿고 힘을 내지 않으면, 어쩔 수 없이 발생한 부정적인 영향들을 제거하지 않으면, 그 피해는 고스란히 내 미래에 반영되기 때문이다.

나는 사람의 진가는 위기의 순간에 발휘된다고 믿는다. 평상시에 불안감에 휩싸여 있고 자기 일을 제대로 처리하지 못하는 사람은 누구와도 경쟁할 수 없고 좋은 평가를 받을 수도 없다. 좋지 않은 상황이 발생했을 때 이를 피해 없이, 어떻게 그 영향을 최소화하며 처리하느냐에 따라 그에 대한 평가가 달라진다.

나의 친한 친구 중 한 명은 사법시험 몇 달 전에 어머니께서 돌아가셨다. 한 사람에게 일어날 수 있는 일 중 그보다 더 힘든 일이 없을 것이다. 하지만 친구는 그 상황을 이겨냈고 시험에 합격했다. 사법연수원 동기 중 한 명도 건강이 좋지 않아 병상에 누운 채로 공부를 했는데 결국 시험에 합격했다.

내가 가장 존경하는 이민영李敏榮 변호사는 초등학교밖에 나오지 못했지만 공부를 계속했고, 공부할 돈이 없어 월남전에 참전했으나 그 돈을 고스란히 수재를 입은 가족을 위해 썼으며, 다른 사람의 도움을 받아 이곳저곳을 돌아다니며 공부를 했지만 결국 사법고시에 합격하여 변호사가 되었다.

어떤 상황이 오더라도 내가 어떻게 받아들이느냐에 따라 결과는 달라진다. 힘든 순간은 좋은 결과를 만들어내겠다고 믿는 사람에게는 힘을 내야 할 또 하나의 이유에 불과하다. 상황이 안 좋아졌다고 해서 비관적으로 생각하는 것처럼 어리석은 짓은 없다.

스트레스를 받지 않았던 이유, 고통 총량의 법칙

수험생활은 처절하고 또 잔인하다. 특히 안 좋은 결과가 나왔을 때는 내 인생이 드라마의 한 부분이 아닐까 싶을 정도로 깊은 패배감과 좌절감을 맛보기도 한다. 그런 과정에서 수험생의 멘탈이 산산조각나는 것은 비일비재한 일이고, '도대체 나는 왜 이 시험을 선택해서 이 고생을 하고 있는가' 하는 생각이 들 때도 있다.

그러나 조금만 달리 생각해보자. 나는 솔직히 말해서 편하게 살기 위해 변호사가 되고자 했다. 지금은 책을 써서 수험생들에게 노하우를 전달하는 것처럼, 더 나은 가치들을 많이 발견하고 있지만 시험을 준비할 때는 그런 허욕虛慾이 없지 않았다. 시험을 준비하면서 나는 항상 합격에 도움이 되는 방향으로 생각하려고 했다. 변호사가 되어 내가 생각하는 것처럼 별다른 고생 없이 살 수 있다면, 정말로 그런 길이 보장된다면, 현재 주어지는 이 모든 고통을 감내해야 하는 게 아닐까.

  나는 모든 사람이 평등하다고 믿는다. 모두 동등한 기회를 부여받고 그것을 어떻게 활용하느냐에 따라 결과가 달라진다고 믿고 있다. 무언가를 얻으려면 무언가를 내주어야 한다. 고통은 다른 좋은 것이 오기 전에 또는 다른 좋은 것과 함께 반드시 치러야 하는 '값'이다. 그래서 나는 한 사람의 일생 동안 느낄 수 있는 고통의 총합을 공부하는 동안 한 번에 받는 것이라고 생각하기로 했다. 힘들고 무너질 것 같은 순간에도, 그 고통이 크면 클수록 합격에 다가간다고 믿었다. 그래야 나의 합격이 당위를 가질 수 있다고 생각했고 고통이 의미가 있다고 믿었다.

  너무도 작은 일에 속절없이 무너지는 수험생들이 많다. 내가 성공하고 성과를 얻는 것이 다른 사람의 자리를 차지하는 것임을 모르는 수험생들이 많다. 그러나 우리는 무인도에서 혼자만의 삶을 영위하는 것이 아니다. 가치 있는 무언가를 얻고자 한다면 나는 그 자리를 차지하지 못한 다른 사람의 고통의 총량만큼을 어느 순간에는 받아야만 한다는 사실을 기억하자.

괴로운 오늘은
합격수기의 한 줄에 불과하다

나는 공부를 시작하기 전에 학생들에게 합격수기를 미리 써보기를 권하는 편이다. 이는 수험생으로서 가져야 할 자신감을 구체적으로 가시화한다는 면에서 그 효용이 있다. 그리고 자신의 합격수기를 미리 써보기 전에 다른 사람의 수기를 참고하게 되기에 자연스럽게 다른 사람의 경험을 접하는 효과도 있다. 무엇보다 합격수기는 수험생활 동안 내가 하는 모든 일이 수기의 한 줄이 된다는 인식을 준다. 합격수기를 읽다 보면 하나같이 위기의 순간이 있었고 이를 의연하게 대처했다는 대목들이 나온다. 위기 없이, 고통 없이 합격했다는 수기는 결코 찾아볼 수 없다.

합격한 사람들은 크고 작은 위기를 모두 극복한 사람들이다. 그러니 지금 느끼고 있는 괴로움, 고통, 불안 등도 이후 내가 완성하게 될 합격수기의 한 줄 정도가 될 뿐이라고 가볍게 생각해보자.

내가 느끼는 고통의 크기는 주관적인 것이며 지금은 괴롭게 느껴지더라도, 합격 후에 그것들은 까마득해지기 마련이다. 나는 수험생활 중에 힘들고 지치는 순간 또는 위기의 순간이 올 때마다 지금의 상황을 합격수기에 쓴다면 뭐라고 쓸 것인지, 어떻게 극복했다고 쓸 것인지 상상해보았다. 마치 만화의 주인공이 된 것처럼 말이다.

결국 지금의 수험생활은 미래의 합격수기에 담긴 한 줄 한 줄을 몸으로 직접 써내려가는 것과 같다. 내가 겪고 있는 지금의 고통은 결국 내 합격수기의 한 줄이자 합격을 위한 자양분이라는 점을 잊지 말자.

한계를 조금씩 늘리다 보면 괴물이 되어 있다

나는 시험 직전 3개월만 자취방에서 공부했을 뿐, 그 외 6개월 동안은 개방형 도서관에서 공부를 했다. 개방형 도서관에서 공부를 하는 데는 많은 이유가 있었지만 무엇보다도 페이스메이커를 쉽게 찾을 수 있다는 게 가장 큰 이유였다.

  공부를 하다 보면 내가 공부 시간을 많이 확보하고 있는 것인지, 집중력이 좋은 것인지 가늠하기 쉽지 않은 경우가 많은데, 이럴 때 라이벌 혹은 나의 페이스를 가늠할 수 있는 한 명을 선정하고 그 사람과 경쟁하듯 공부하면 좋다. 나는 그 사람을 페이스메이커라고 불렀는데, 일단 공부하기 위해 자리에 앉으면 그 페이스메이커가 일어나기 전에는 절대 자리에서 일어나지 않았다.

하루는 페이스메이커가 자리에서 일어난 후 10분 정도를 더 공부하게 되었다. 그런데 그 10분 동안 다음 분량으로 넘어가게 되었고(분량 계획법에서 얘기를 했지만 나는 정해진 분량을 다 하기 전에는 자리에서 일어나지 않았다) 한 단위의 분량을 더 공부하게 되었다. 그런 일을 몇 번 더 반복하다 보니 나는 페이스메이커가 자리에서 두 번 일어나는 동안 한 번만 일어나게 되었다.

공부를 하다 보면 이렇듯 가속도가 붙을 때가 있다. 이것을 느끼기 시작하면 나중에는 실제 존재하는 페이스메이커가 아니라 내 마음속의 페이스메이커를 만들 수 있게 된다. 그런 식으로 조금씩 공부를 더 하다 보니, 어느 순간 나는 자리에 앉으면 하루에 세 번 이상은 일어나지 않는 사람이 되었다. 한 번은 커피를 마시러 나가다가 다른 수험생들이 이야기하는 것을 듣게 되었는데 '자리에서 일어나지 않는 괴물이 있다'고 했다. 바로 나를 두고 하는 이야기였다.

실제든 가상이든 페이스메이커를 상정하고 그와 경쟁하듯 공부를 하면 공부 효율을 높일 수 있다. 어느 순간 나는 '조금만 더 하고 갈게. 잠시만'이라고 실제로 얘기하게 될 정도로 페이스메이커와의 경쟁을 즐겼다. 결과적으로 의식하지 않아도 공부를 절로 하게 되었다. 거대한 성도의 시작은 벽돌 한 장을 쌓는 일에서 비롯된다. '조금만 더 하고 일어서자', '5분만'이라고 스스로 되뇌며 한계를 늘려가 보자. 어느덧 스스로도 상상하지 못한 공부 괴물이 되어 있을 것이다.

휴식에 인색한 것은 공부에 인색한 것

공부를 하다가 너무 지치고 힘들어 잠시 쉬려고 하다가도 괜한 죄책감 때문에 쉬지 못하는 수험생이 많다. 지금 이렇게 공부법에 관한 책을 쓰고 있는 나조차도 중·고등학생 시절에는 게임을 하고 친구랑 노는 것이 눈치가 보여 주저하는 때가 적지 않았다. 물론 그때는 공부를 열심히 하던 때가 아니어서 '공부와 공부 사이의 휴식'이 아니라 '휴식과 휴식 사이의 공부'를 할 때였다. 그래서 당연히 눈치를 봐야 했지만 본격적으로 사법시험 공부를 할 때도 그런 마음이 남아 있었다.

수험생들은 책상에 앉아 있는 시간만 '공부하는' 시간이라고 생각한다. 그래서 공부를 잘하기 위해 사고를 환기하고, 에너지를 충전하는 등 공부 준비를 위해 필요한 의미 있는 '쉬는' 시간을 간과한다.

과하다 싶을 정도로
쉬어라

의식적으로 나는 공부 시간 사이사이에 쉬는 시간을 배치했다. 그리고 다른 수험생들이 생각하는 것보다 쉬는 시간을 넉넉하게 잡았다. 공부하다 지친 경우에는 휴식을 반드시 취해야 하고, 다음 공부를 이어가기 위해서 쉬는 시간을 충분히 가져야 한다고 생각했다.

공부는 반反생존적인 행동과 같다. 그러므로 이성의 끈을 붙잡고 자신을 밀어붙이고 난 뒤에는 휴식 시간을 통해 '본능'을 충족시켜줘야 한다. 그래야 다음 공부 시간에 쉬고 싶다는 본능이 튀어나오지 않게 만들 수 있다. 가령 만화를 보면서 쉰다고 해보자. 어설프게 한 시간 동안 만화를 보고 중간에서 끊어버리면 공부를 하는 내내 다음 스토리가 궁금해 집중할 수 없게 된다. '아까 조금 더 쉬었다면 좋았을 텐데'라는 생각이 든다면 쉬지 않은 것만 못하다. 이는 오히려 본능을 어설프게 충족시켜 그 충족 욕구만 자극한 꼴이다.

그래서 나는 지칠 정도로 휴식 시간을 가졌다. 10분간 코인 노래방에서 노래를 부르고 싶다면 일부러 40분을 최대 시간으로 잡아 '이 이상 노래를 부르다가 공부가 완전히 망할지도 모른다'는 양심, 즉 이성이 발동할 때까지 쉬었다. 이런 식으로 '내 이성이 살아날 때까지' 쉬는 것이 포인트다. 어설픈 휴식을 취하는 것보다 확실히 쉬고 집중해서 공부하는 것이 효율 측면에서 훨씬 낫다.

직장인을 위한
시간·멘탈 관리법

시험공부를 하는 사람 중에는 '전업 수험생'도 있지만 직장을 다니면서 시험 준비를 하는 사람들도 많다. 일을 하면서 공부를 할 때는 몇 가지 사항에 주의해야 한다. 일단은 계획 수행 여부를 체크할 때, 전업 수험생처럼 일주일이 아니라, 직장의 패턴에 따라 2~3주 단위로 계획을 세워야 한다는 것이다. 예를 들어 회식이 2주에 한 번씩 있고, 이로 인해 통상 네 시간 정도 손실이 생긴다고 하면, 1주 30시간이 아니라, 2주 56시간(30×2-4)을 목표로 잡아야 한다. 그래야 탄력적으로 공부를 잘 수행할 수 있고 동기부여나 집중력 관리가 가능해진다.

전업 수험생은 보통 오전에 인풋을 시작해서 오후에 아웃풋을 한다. 하지만 직장인 수험생의 경우라면 패턴을 바꾸어서 퇴근 후 밤 시간에 인풋을 하거나 빠른 취침 후 새벽 기상을 하여 새벽에 인풋을 하고 직장 출근 후에 아웃풋을 해줘야 한다. 그래야 뇌의 해마가 장기 기억을 정리해준다. 인풋은 책을 읽거나 강의를 듣는 것을 의미하고 아웃풋은 문제를 풀거나 떠올려 보는 것을 의미하는데, 직장에서 인풋을 하는 것은 사실상 불가능하거나 비효율적인 경우가 많기 때문이다.

직장에서의 아웃풋은 문제를 미리 PDF나 그림파일로 변환해서 휴대폰에 넣어두고 틈틈이 풀어보거나, 모니터 화면에 심어두고 다른 업무 창으로 가리며 틈틈이 풀어보는 방식을 사용하면 된다. 그리고 인풋 과정에서 이해가 잘 안 되는 부분들 또는 틀렸던 부분을 심도 있게 생각하는 것도 매우 좋다. 여기서의 핵심은 '몸'은 일을 하지만 '뇌'로는 계속 공부를 이어간다는 느낌을 갖는 것이다. 공부 시간을 체크할 때는 스스로 평가해서 직장 내에서의 공부 시간도 꼭 포함해서 기록해야 한다. 퇴근 후 회사에 남아 공부하는 것은 가급적 자제하기를 권한다. 그것보다는 확실하게 잠시라도 휴식을 취하시면서 분위기 전환을 해주는 것이 좋다.

주말은 매우 힘들겠지만 주중에 다하지 못한 공부를 보충할 수 있는 너무 좋은 기회라고 생각하자. 개인사와 가정사 등으로 바쁠 수도 있지만 그래도 미래를 위한 저축이라 생각하고 부족한 부분들을 적어도 하루 정도는 채워주는 게 좋다. 그리고 나머지 하루는 꼭 휴식을 취하자. 장기적으로 휴식이 없는 공부는 무너지게 되어 있다.

1초 만에 답을 찾는 방법
- 문제풀이

훈련과 연습을 구별하라

아웃풋에 있어 가장 먼저 알아둬야 할 사항은 바로 훈련과 연습의 구별이다. 같은 말이 아닌가 하는 생각이 들 수 있지만, 훈련은 영어로 'training'이라고 하고, 연습은 'practice'라고 영어로 한다. 훈련은 실전과 비슷하게 또는 더 가혹한 조건 속에서 실전처럼 하는 것인 반면, 연습은 그렇지 않다. 축구를 예로 들면 패스 연습, 슈팅 연습, 드리블 연습 같은 것이 '연습'에 해당하고, 미니 경기, 평가전 등이 '훈련'에 해당한다.

이 점을 알고 합격수기를 읽어보자. 그러면 보이지 않던 것이 보일 것이다. 원하는 결과를 얻은 사람들은 모두 연습에서 그치지 않고 훈련을 제대로 했다. 수능 만점자 중에 한 명이 교실 책상과 같은 것을 구해서 3년 내내 공부했다는 말에 누군가는 유별나다고 하겠지만, 공부법을 아는 사람이 보면 '역시 그래서 만점을 받았구나'라는 생각이 든다.

우리나라 교육 환경의 특징이기도 한데, 우리는 대부분이 연습에만 치중하고 제대로 된 훈련을 하지 않는다. 문제를 열심히 풀어봤다고 해서 공부를 다 한 것은 아니다. 우리나라 양궁이 세계 최강인 이유는 바람을 가정해서 센 선풍기를 틀어놓는다거나, 관중을 동원해서 야유소리를 내게 한다거나 하는 식으로 실전과 똑같은 훈련을 하기 때문이다. 개개인의 연습에서 그치지 않고 제대로 된 훈련을 하기 때문에 그것이 결과로 이어지는 것이다.

**연습과 훈련의
적정 비율**

연습의 목표는 '정확도'다. 시간을 비롯한 여타 조건들을 고려하지 않고 순수하게 문제 그 자체를 제대로 풀어낼 수 있는지, 그리고 그것을 다른 사람에게 설명할 수 있는지를 목표로 공부해야 한다. 반면 훈련의 목표는 신속함을 비롯한 '실행력'의 확보다. 아무리 잘 알고 문제를 제대로 풀 수 있어도 실전에서 시간 내에 문제를 못 풀거나 긴장 등으로 실력 발휘를 하지 못하면, 그것은 '운이 없는 것'이 아니라 제대로 준비를, 다시 말해 공부를 하지 않은 것이다.

연습과 훈련의 적정한 비율을 60 대 40 또는 70 대 30 정도가 좋다. 먼저 정확성이 확보되어야 속도를 내거나 멘탈을 관리하는 것이 의미가 있다. 일단은 인풋을 충실히 한 후에 문제를 정확히 풀고 내가 강사가 되었다는 생각으로 또는 나보다 조금 못하는 친구를 가르친다는 생각으로 문제를 완전히 해설해낼 수 있는 정도로 공부를 하자. 이것이 정확한 '연습'을 위한 공부법이다.

그렇게 해서 문제를 완전히 익혔다면 이제 실전하고 동일한 조건 또는 그것보다 좀더 가혹한 조건을 만들어놓고 다시 문제를 풀어본다. 이때는 같은 배열의 같은 문제를 풀기보다는 새로운 문제 혹은 배열을 다르게 한 문제를 풀어야 더 효과적이다. 이러한 방식을 '가혹 조건에 의한 훈련'이라고 한다.

뒤에 회독법을 다룰 때 다시 설명하겠지만, 훈련은 다시 두 가지로 나누어진다. 하나는 실전훈련Situational Training이고, 다른 하나는 가상훈련Image Training이다. 실전훈련은 실전과 동일한 상황을 만들어놓고 훈련을 하는 것이고, 가상훈련은 머릿속으로 실전과 같은 상상을 하며 훈련하는 것이다. 합격수기 등을 읽어보면 거의 모든 학생이 회독이나 파이널 공부(막판 정리)를 한다. 그 공부를 뭐라고 부르든 간에 학생의 뇌 속에서 일어나는 일이 결국엔 결정적인 차이를 만들어낸다. 결과를 만드는 수험생들은 '연습 → 실전훈련 → 가상훈련'의 순서로 아웃풋을 완성시킨다. '회독'이라고 부르든 '막판 정리'라고 부르든,

결국 최종적으로는 그동안 공부한 교재나 문제집을 보면서 머릿속에서는 실전을 떠올리고 그 속에서 문제를 푸는 자신을 상상한다. 다양한 조건들을 고려하면서 무엇을 조정해야 결과가 나올지를 끊임없이 생각하는 것이다.

반면 원하는 결과를 얻지 못하는 수험생들은 '양을 늘리면 안 된다'는 안심이 되는 말을 굳게 믿으며 그동안 공부했던 내용들을 정말로 '눈으로만' 반복해서 본다. 머릿속에서 어떤 실전연습, 아웃풋을 실행하는 게 아니라, 마지막까지 인풋만 하는 것이다. 단기기억을 강화시키는 방식으로 마지막까지 반복해서 인풋만 한 수험생과 머릿속으로 끊임없이 상황을 설정하며 실전연습을 한 수험생 중에 누가 원하는 결과를 얻을지는 자명하다.

두 가지 길로 움직이는 뇌를 효율적으로 이용하라

본격적인 아웃풋에 앞서 한 가지 더 반드시 알아야 할 점이 있다. 바로 뇌의 작동 방식이다. 대부분의 사람은 자신이 매우 합리적으로 사고한다고 착각한다. 다른 사람의 기준에 따라 합리적이라는 말이 아니라, 내가 하는 일들은 적어도 내 이성의 최대치를 발휘해서, '내 딴에는' 제대로 처리하고 있을 것이라는 착각이다.

하지만 실상은 그렇지 않다. 사람은 상당히 많은 일을 순간적인 판단으로 처리한다. 예를 들어 어두운 곳에 갔을 때 무서움을 느끼고 걸음이 빨라지지 않는가? 어둠 속에 무엇이 있을지 미리 생각하고 대비를 하는 것이 아니라, 그냥 불안해지고 어서 여기를 벗어나야겠다고 판단한다. 이런 식의 사고방식을 '직관적 사고방식Intuitive System'이라고 한다. 반면 천천히 심사숙고한 뒤 주변 상황을 모두 고려해서 최선의 판단을 내리는 사고방식을 '논리적 사고방식Reflective System'이라고 한다. 심리학자 대니얼 카너먼Daniel Kahneman이 이 이론으로 노벨경제학상을 받았다는 점을 기억해두자.

시험을 칠 때 우리는 직관적인 사고를 쓸까, 논리적인 사고를 쓸까? 언뜻 생각하면 당연히 논리적인 사고를 쓸 것 같지만, 그렇지 않다. 정확히는 논리적인 사고로 모든 문제를 풀어내기에는 주어지는 시험 시간이 그렇게 여유롭지 않다. 시험을 잘 치는 사람들에게서 흔히 '답이 보인다'는 얘기를 많이 들어봤을 것이다. 이것은 그냥 재수 없는 소리가 아니라, 직관적 사고방식을 통해 문제를 풀었다는 의미다.

대표적으로 4지, 5지 선다 등의 객관식 문제에서 문제를 읽지 않고 선지의 단어들만을 보고 답을 골라내거나, 수학이나 회계 같은 계산 문제에서 문제만 보고 바로 대략적인 답을 알 수 있는 것(구체적인 계산이나 검산의 과정은 남지만)이 이에 해당한다. 주관식의 경우에는 보자마자 답이 떠오르고, 수기 또는 타이핑으로 머릿속 내용을 그대로 옮겨 적는 것이 이에 해당한다.

기본 문제와
어려운 문제를 푸는 전략은 달라야 한다

시험에서 합격과 불합격을 비롯하여 득점을 좌우하는 것은 기본문제다. 대략적으로 쉽고 자주 나오는 문제가 전체의 60~70퍼센트를 차지한다. 반면 어려운 문제는 생각보다 비율이 높지 않다. 우리의 뇌는 가장 인상적인 것과 마지막 것을 스냅샷 형태로 기억하기 때문에 어려운 문제에 맞닥뜨리면 그 시험이 온통 어려운 문제로 도배된 것 같은 느낌을 받지만, 실제 국가시험의 기출문제들을 분석해보면 대략적으로 이러한 분포로 출제된다. 여기서 기본적인 문제들을 앞서 설명한 직관적 사고로 빠르고 정확하게 풀어내고, 어렵고 변별력 있는 문제들을 논리적 사고에 따라 천천히 시간을 들여 풀어내는 것이 고득점을 하거나 합격을 하는 사람들의 전략이다. 실제로 이러한 점을 의식하지 않은 경우가 대부분이지만, 합격수기를 면밀히 분석해보면 이러한 전략을 사용했음을 알 수 있다.

그래서 실전을 대비한 훈련, 특히 앞서 설명한 '실전훈련'에서는 이러한 점을 고려해서 문제풀이의 순서를 정하는 것이 매우 중요하다. 이런 방식의 훈련을 스포츠 심리학에서는 '미니루틴'이라고도 한다. 어떤 유형의 어떤 문제들을 먼저 풀고, 어느 정도로 시간을 분배해 문제들을 처리할지, 또 어려운 문제가 나왔을 때는 어떻게 행동할지 등도 아웃풋 과정에서 반드시 연습이 되어야 한다는 점을 기억해두자.

찾지 않아도
정답이 보이는 문제풀이법
객관식

문제가 객관식이냐 주관식이냐에 따라 머릿속에 입력한 지식을 출력하는 방법이 달라진다. 우선 이 챕터에서는 객관식 문제를 잘 푸는 방법을 알아보기로 한다.

객관식은 크게 두 가지 유형으로 나뉜다. 하나는 출제 문제의 '패턴'을 먼저 파악해야 하는 유형, 다른 하나는 출제 문제의 '보기'를 먼저 파악해야 하는 유형이다. 국어나 영어 그리고 수학이 전자에 해당하고 국사나 법학과 같은 암기 과목이 후자에 해당한다.

전자에 해당하는 과목을 잘 살펴보면 과목별로 또 문제 유형을 나눌 수 있다. 국어는 '문학과 비문학', 영어는 '독해와 문법', 수학은 '집합과 명제, 함수'와 같은 식이다. 이런 문제 유형별로 자주 등장하는 패턴이 있다.

수학은 또 다른 이야기가 되겠지만 출제 패턴을 먼저 파악해야 하는 문제들은 대개 한두 단락 이상의 지문이 주어진다. 이런 유형의 문제를 푸는 데 있어 가장 큰 핵심은 한정된 시간 안에 정확하고 **빠르**게 문제를 푸는 것이다. 그래서 문제가 요구하는 답이 무엇인지 파악한 뒤 지문에서 그에 관한 부분만 읽어내는 요령이 필요하다.

예를 들면 영어의 독해 영역에서는 '다음 글의 제목으로 가장 적절한 것은?'과 같은 문제가 자주 출제된다. 주어진 지문의 전체적인 내용, 주제, 흐름을 묻는 문제로, 보통은 지문의 가장 처음과 뒤쪽에 결론이나 주장이 나오기 마련이다. 그래서 이런 문제를 풀 때는 문제를 확인하고, 보기를 확인한 다음, 지문의 첫 문장과 마지막 문장을 확인해야 한다. 그래도 답이 보이지 않으면 중간 부분부터 반복되는 단어

● **출제 문제의 패턴을 먼저 파악해야 하는 경우의 예** ●

영어독해 영역 중 '주제나 제목 찾기 유형의 문제'를 풀 때

1단계: 문제를 확인한다.
2단계: 보기를 확인한다.
3단계: 주어진 지문의 첫 문장과 마지막 문장을 확인한다.
4단계: 그래도 답이 보이지 않으면 지문의 중간 부분부터 반복되는 단어, 또는 보기와 대응되는 표현을 찾아나간다.

를 찾으면 된다.

　이런 객관식 문제는 일단 많이 접해보고 풀어야 한다. 그래야 문제별 출제 패턴을 정리하고 그에 맞는 풀이 요령을 정립해가기 좋다. 어떤 부분을 먼저 보고, 어떻게 답을 찾아야 하는지 풀이 순서를 만들어두는 것이 공부의 핵심이라고 볼 수 있다.

　다음으로 출제 문제의 보기를 먼저 파악해야 하는 경우를 이야기해보자. 이 경우의 문제는 대개 옳거나 틀린 것을 고르라는 식으로 고정되어 있다. 그래서 출제 보기에 제시된 단어를 보고 어색하거나 이질적인 것을 먼저 확인하고, 자신이 느낀 이질감이 맞는지 확인하는 식으로 문제를 푸는 것이 좋다. 왜냐하면 이런 형태의 객관식은 '이상하거나 다른 내용 한 개를 고르는 것'이 요구되기 때문이다. 다음은 2017년 수능시험에 출제됐던 문제다.

　다음의 보기를 보면 「총융청」, 「백동화」, 「상평통보」는 조선시대의 것이고 「독서삼품과」는 통일신라의 것임을 확인할 수 있다. 여기서 조선시대의 것인 ①, ③, ④ 보기는 답에서 제한다. 지문을 보면 「태조」라는 단어가 나오는데 '태조, 정조'와 같은 임금의 시호는 고려 때부터 사용했다는 사실을 떠올릴 수 있다. 통일신라시대에 해당하는 ⑤ 보기도 답에서 제한다. 문제는 하나의 답만 요구하고 있으므로 답은 '② 역분전을 지급하였다'가 된다. 역분전이 고려시대의 것이라는 것을 몰라도 이렇게 이질적인 내용을 찾는 식으로 답을 찾을 수도 있다.

● **출제 문제의 보기를 먼저 파악해야 하는 경우의 예** ●

7. 밑줄 친 '우리나라'가 실시한 정책으로 옳은 것은? [3점]

> 태조께서 통일하신 후에 외관(外官)을 두려고 하셨으나, 초창기였으므로 미처 그럴 겨를이 없었습니다. 청컨대 외관을 두십시오. …(중략)… 우리나라는 봄에 연등회를 열고 겨울에 팔관회를 개최합니다. 그러나 사람을 많이 동원하여 힘든 일을 시키니, 이를 줄여 주십시오.

① 총융청을 설치하였다.
② 역분전을 지급하였다.
③ 백동화를 발행하였다.
④ 상평통보를 주조하였다.
⑤ 독서삼품과를 시행하였다.

자료: 2017년 수능시험 한국사

이런 유형의 문제는 답이 되는, 또는 답이 되지 않는 단어들의 집합을 만들며 풀어가는 식으로 공부를 하는 것이 좋다. 그리고 이는 기출문제를 반복적으로 푸는 과정에서 체화되어야 한다. 문제를 그냥 많이 풀기만 하거나 맞고 틀린 것만을 확인해서는 안 된다. '이 부분에서는 어떤 유형으로 문제가 출제되고 답은 어떤 부분에 집중되어 있으므로, 이와 비슷하게 문제가 나온다면 나는 어떤 식으로 문제를 풀겠다'는 생각을 확실하게 가지고 기출문제를 풀어야 한다. 이러한 지향점이 없이는 절대 답이 되는 단어들의 집합을 만들 수가 없다.

유형별로
나눠 푸는 요령을 익혀야 하는 이유

지식을 잘 입력했다면 어떤 문제든 잘 대처할 수 있는데, 굳이 문제를 유형별로 나누고 또 푸는 요령을 알아야 하는 이유는 무엇일까? 우리가 아무리 잘 준비해도 시험에서는 꼭 '풀어보지 못한 문제'가 나오기 마련이다. 처음 보는 문제라고 해서 당황할 필요가 없는 것이 거의 모든 시험은 문제출제나 형식이 거의 패턴화되어 있다. 때문에 해당 지식을 습득하지 않고 푸는 요령만 익혀도 맞출 수 있는 문제들이 존재한다(사실 기출문제 분석을 통해 공부할 범위를 정하고, 공부의 중요도를 나누는 것 역시 비슷한 맥락이다.)

그러니 점수를 얻고 합격 가능성을 높이기 위해서라도 문제 푸는 요령을 익혀두는 것이 중요하다. 어떤 문제가 나오면 어떤 힌트를 보고 어떻게 풀어야겠다는 대응책을 만드는 것이 시험공부의 열쇠라고 할 수 있다.

전부 외우지 않아도
술술 써지는 문제풀이법
서술형

국가시험의 서술형은 크게 두 가지 유형으로 나누어진다. 하나는 서술형이고 다른 하나는 계산형이다. 이 챕터에서는 두 유형을 나누어 설명하기로 한다.

먼저 서술형 문제풀이법부터 보자. 이상한 얘기처럼 들릴 수 있지만 서술형 시험은 포커에서 쓰는 '블러핑Bluffing'과 같다고 생각해도 좋다. 실제로 내가 아는 것이 별로 없어도 많이 아는 것처럼 적고, 그것이 간파당하지 않게 써야 한다. 결국 주관식 시험공부는 실제로 아는 것보다 더 많이 아는 것처럼 '연출'하는 연습이 핵심이다. 정말로 아는 만큼 쓰려고 하면 공부가 괴로워진다. 쓰려고 하는 '모든 것'을 외워야 하기 때문이다.

실제로 사법시험에 응시했던 많은 수험생이 그것을 알지 못해 2차 시험에서 고배를 마셨다. 그러나 내게 사법시험 2차는 크게 어렵지 않은 시험유형에 속했다. 기출문제와 모범답안, 채점평 등을 모두 수집해서 보았더니 서술형 답안에는 반복이 되는 기초 논리가 존재하고 있었다.

게다가 그에 관한 힌트가 문제에서 주어지기 때문에 별도로 공부할 필요가 없는 것도 있었고, 시험장에서 주어지는 별도의 책자, 즉 법전에 쓰여진 내용이 어느 위치에 있는지만 정확하게 알면 암기할 필요도 없었다.

이를테면 이것은 '공부'가 아니라 '탐색'의 영역에 속한다고 볼 수 있는데, 많은 수험생이 이를 모르고 서술형 시험공부를 할 때 '암기'에 치중하는 경향이 있다.

**서술형,
쓸 것과 옮길 것을 분류하라**

나는 서술형 시험공부를 할 때, 우선 답안에 들어갈 내용들을 먼저 분류했다. 사고 과정을 중심으로 분류해보면 ①눈으로 찾은 후 옮겨 쓸 수 있는 것, ②머릿속에서 찾은 후 옮겨 쓸 수 있는 것, ③사고를 해야 쓸 수 있는 것, 이 세 가지다.

이 중 시험장에서 책자가 제공되는 유형의 서술형 시험이 ①의 영역에 해당한다. 이런 식으로 보는 시험은 변호사 시험, 5급 공채, 법원행정고시, 법무사 시험, 공인노무사 시험 등이 있다.

이런 문제를 풀 때의 핵심은 제시된 문제와 제공된 책자 내용 사이의 '관계'다. 그래서 필요한 내용이 어디에 있는지 찾아서 바로 옮겨적을 수 있을 정도로 머릿속에 내용 구성과 체계를 잘 정리해 공부하는 것이 중요하다. 흔히 기억해야 할 지식이 있다고 하면 똑같은 강도, 똑같은 에너지를 들여야 한다고 생각한다. 하지만 이것 역시 효율적으로 접근할 필요가 있다. 구체적인 내용, 표현, 용어, 키워드 등은 책자에서 보고 적을 수 있는데 단어 하나, 문장 하나까지 다 기억하려고 들면 너무 큰 시간과 에너지를 낭비하게 된다.

나 역시 이런 서술형 시험을 준비하면서 가장 중요하게 기억하고자 했던 부분은 구체적인 단어, 용어, 문장이 아니라 일종의 '명제'였다. '주어진 상황에 적용할 수 있는 법은 무엇인가' 같은 것 말이다. 그래서 구체적인 사안에 어떤 법이 적용될 수 있는지 명제 위주로 공부하고, 그 명제를 어느 부분에서 찾을 수 있는지를 대략적으로 기억하려고 했다.

서술형 시험 중 ②의 영역에 해당하는 것은 책자가 제공되더라도 꼭 맞는 명제가 없어 자신의 의견을 반영해야 하는 경우다. 기존 명제를 참고로 하고 자신이 새로운 명제를 제시한다고 봐도 좋다. 그러나 이 역시 참고할 만한 내용은 주어진 책자에 있고, 새롭게 제시하는 부분은 결론 부분의 한두 줄 정도에 불과하므로 '글짓기'에 대한 부담이 적다.

수험생들은 대부분 서술형 시험이 처음부터 끝까지 '글을 만드는 것'이라고 여긴다. 그래서 유난히 서술형 시험 준비를 어려워한다. 그러나 나는 어떤 서술형 시험이든 결론 한두 줄 정도만 제외하면 '베껴 쓰기' 또는 '옮겨 쓰기'라고 생각했다. 이렇게 생각을 전환하니 서술형 시험공부가 한결 편했다. 다른 수험생들이 목차와 키워드, 주요 내용을 두문자로 외우고 있을 때, 나는 '대전제' 부분에만 집중해 시간과 에너지를 효율적으로 쓸 수 있었다.

논리적인 글짓기란 결국 '대전제, 소전제, 결론'이라는 삼단 논법을 그대로 적용하거나 변용하는 것이다. 내가 응시한 사법시험 2차는 대전제는 책자(법전)로 주어지고, 소전제는 문제로 주어졌기 때문에 내가 할 일은 결론만 쓰면 되는 것이었다.

그렇다면 사법시험과 달리 책자가 주어지지 않는 시험의 경우에는 어떻게 해야 할까?

글의 뼈대를
어떻게 잡아야 할까

공부는 얼마나 효율적으로 하는가에 따라 합격까지의 시간을 단축시킬 수 있다. 서술형 시험에 대비해서 공부를 할 때도 이와 마찬가지다. 서술형 답안을 작성하기 위해 기본적인 뼈대를 만드는 것부터 이야기해보도록 하자.

서술형 시험은 서론, 본론, 결론의 형태를 갖출 것을 요구한다. 배점이나 세부적인 시험 유형에 따라 생략되는 부분이나 축약되는 부분이 있겠지만, 기본적인 논리 구조는 동일하다. 서술형 시험에서 득점의 포인트는 세부 내용을 얼마나 풍부하게 잘 쓰느냐보다 전체적인 구성이 더 중요하다. 글짓기에 있어 이러한 구성은 결국 목차의 형태로 구체화된다. 그래서 머릿속에 자신의 논지를 목차의 형태로 만들어두어야 한다. 결국 목차를 얼마만큼 부풀려 쓸 수 있는지가 글쓰기의 핵심이라고 할 수 있다.

'부풀리기' 과정에 들어가기 앞서 목차 간의 상관관계가 중요하다. 보통 목차만 봐도 그 답의 수준을 알 수 있다. 목차명과 목차 간의 구조에서 답안의 인상이 대부분 좌우된다고 해도 과언이 아닐 정도다. 따라서 서술형 공부에서 가장 중요한 것은 목차 구성이다. 처음부터 자신의 목차를 만들려면 너무 힘이 드니 모범적인 목차를 정리하고, 그것을 유사하게 흉내 내어 결국 내 것으로 습득하는 방식으로 연습해두면 된다.

나는 내가 모범으로 삼을 답안을 미리 선정한 후 그 목차를 대부분 외웠다. 분량은 많지 않지만 기본 구조에 맞게 짜여진 목차들을 대상으로 삼았다. 기본적인 문제에 대한 목차가 머릿속에 자리 잡힌 이

후에는 어떤 응용문제가 나와도 머릿속의 기본 목차를 응용해서 쓸 수 있었다.

목차 정리는 포스트잇을 활용하는 것이 좋다. 교과서나 기본서의 해당 부분 중 서술형으로 출제될 수 있는 내용에 조그만 포스트잇을 붙여 그 예상답안 목차를 정리하는 것이다. 예상답안을 얻는 방법은 기출문제 분석을 통해 알 수 있음을 이미 설명한 바 있다.

이렇게 자신의 논지를 목차 형태로 정리한 후에는 세부적인 내용을 생각해야 한다. 앞서 말한 것처럼 어딘가에서 '옮겨 쓸 수 있는 것'이라면 쓰기에 고민하기보다 말을 얼마나 자연스럽고 부드럽게 다듬을지에 신경 쓰면 된다. 이 부분은 모범답안과 내가 옮겨쓰기로 선정한 부분을 비교해보면 쉽게 법칙을 찾을 수 있다. 그러나 옮겨 쓸 것이 없다면 정말 글짓기의 영역이 되는데, 여기서는 주요 키워드를 꺼내는 것이 중요하다.

모범답안의 문장 구조를 잘 분석해보면, 특정한 개념들만 바뀌고 문장의 나머지 구성은 바뀌지 않는다는 점을 알 수 있다. 다시 말해 모범답안에서 배워야 할 점은 어떤 부분이 키워드인지 하는 것과 자신이 '써야 하는 부분'의 문장력이다.

전자는 분류의 문제, 후자는 흉내 내기의 문제인데, 후자는 합격을 위한 것이 아니라 고득점을 위한 것에 해당한다. 이렇게 어떤 부분이 공부의 대상인지 구별하지 않고 무작정 모범답안만 외운다면 그건 무척 비효율적인 일이 아닐 수 없다.

더 중요한 것,
묻는 것에만 답할 것

이렇게 서술형 공부에 대해 어느 정도 실력이 쌓인 사람도 크게 하는 실수가 있다. 공부를 오래 한 소위 '고수' 수험생들에게서 이런 일이 자주 발생하는데, 시험을 쳤을 땐 분명 잘 썼다고 생각했는데 점수는 형편없이 나오는 경우다. 이는 시험에서 묻는 것에 답하지 않고 내가 알고 있고 좋아하고 쓰고 싶은 것을 쓰고 나와서 벌어지는 일이다.

대입 논술부터 시작해서 임용시험이나 각종 전문직 시험의 2차시험에서는 주어진 조건과 문제의 질문 부분을 정확히 읽고 무엇을 쓸지부터 파악하는 것이 매우 중요하다. 특정 단어를 보자마자 '까먹기 전에 모두 쏟아내겠다'는 생각으로 답안을 작성하다가는 스스로 확증편향을 발동시켜서 돌아올 수 없는 강을 건너게 된다.

서술형의 기본은 묻는 것에 답하면서, 그 질문에 포함되어 있는 단어와 개념부터 차근히 설명을 하는 것이다. 다만 시험의 전체적인 채점 관행이나 배점, 서술 분량 등에 비추어볼 때 기본적인 단어나 개념 설명을 제외해야 하는 경우도 있으니 주의가 필요하다.

국가시험의 서술형은 약술형과 사례형으로 나누어지는데, 약술형의 경우에는 문제에 서술해야 할 조건들이 모두 포함되어 있고, 사례형은 구조상 써야 할 부분들을 별도로 파악해내야 한다. 예를 들어 갑과 을 두 명이 주어진 사례는 서로의 결론을 다르게 쓰라는 의미다.

계산형 주관식
대비법

법학에서는 상속법이나 세법, 공인회계사나 세무사 시험의 경우에는 회계학이 대표적으로 계산 문제가 출제되는 영역이다. 한편 계산 문제 중에는 그 풀이 과정을 모두 써야 하는 경우도 있고, 답만 써도 되는 경우가 있는데 두 개의 공부법이 조금 다르다.

먼저 풀이 과정을 모두 써야 하는 경우라면 그 풀이법을 외워야 한다. 당연한 말 같지만, 풀이법을 외우는 구체적인 방법이 중요하다. 산식이나 수식은 본래라면 국문으로 설명할 수 있는 것을 반복하지 않기 위해 하나의 약속으로 바꾸어둔 것이다.

즉 산식이나 수식도 책을 구조화하듯이 풀이의 단계를 나누고(레벨링), 각 단계의 요점을 정리한 후(트리밍), 그것을 기억의 대상으로 삼아야 한다. 아웃풋 연습을 할 때에는 먼저 각 단계가 나누어 떠오르는지 확인하고 그 요점이 기억나는지, 그리고 그것들을 통해 주어진 문제의 조건, 숫자들을 대입해서 답이 나오는지를 확인하는 식으로 단계를 나누어야 한다.

답만 쓰고 계산 과정을 따로 쓰지 않는 유형이라면 세세한 접근법보다도 검증 툴이 더 중요하다. 예를 들어 회계 문제를 풀 때 분개分介를 통해 답을 내는 사람이라면, 검증을 할 때에는 표를 그려서 푼다든지 다른 방식으로 검증을 하는 연습을 해야 한다. 결국 이 경우는 중간 과정을 모두 기재하는 전자의 문제 유형에 비해 난이도가 더 높다고 할 수 있다. 실제 두 가지 방식으로 문제를 풀어내는 것과 같기 때문이다.

적재적소에 꺼내
조합하는 문제풀이법
구술형

대입뿐 아니라 공무원 시험을 비롯한 대부분의 국가시험은 마지막에 꼭 면접시험을 치른다. 그래서 이 부분에 대해 짤막하게라도 언급하고자 한다. 구술형 시험은 꺼내야 하는 정보가 머릿속에 모두 있어야 한다는 점을 제외하면 서술형과 인풋 및 아웃풋 방식이 동일하다. 다만 세부적인 준비 방법이 약간 다르다.

구술형의 경우에는 내가 예상한 상황에 대비해서 말할 내용, 그러니까 모범답안을 미리 잘게 쪼개서 머릿속에 저장해둬야 한다. 시험장에서는 머릿속에 나누어 저장한 지식을 적재적소에 꺼내 '조합'하는 것만 해야 한다. 마치 PPT 템플릿을 미리 저장해두었다가 바꾸어 쓰는 느낌이라고 보면 된다.

그리고 실제 구술로 답을 진술할 때에 고려해야 하는 것이 있다. 사람의 작업기억은 한 번에 2~3개 이상을 기억하는 것에 어려움을 느끼므로, 가급적 말할 내용은 2~3개 정도로 나누어서 구조화를 하는 것이다. 말을 하다 보면 스스로 무슨 말을 하고 있는지, 핵심에 대한 답을 하고 있는 게 맞는지를 놓치는 경우가 많은데, 이는 내 작업기억의 용량을 생각하지 않고 생각나는 대로 말을 하기 때문에 발생하는 문제다.

이런 실수를 피하기 위해서는 말을 하면서 머릿속에 마인드맵 그림을 그린다고 생각하고 머릿속에서 내가 말한 항목을 지워나가는 식의 연습이 필요하다. 이런 연습을 반복하면 지엽적이거나 세세한 내용을 말하면서도 상위의 더 중요한 키워드, 방향성을 잃지 않을 수 있다. 이를 점검하는 방법도 중요한데, '클로바노트' 같은 메모형 어플리케이션을 적극적으로 활용하자. 기록된 내용을 통해 내가 한 말과 고칠 부분을 명확하게 선별할 수 있다.

객관식이나 서술형에서도 말한 바 있지만 답을 떠올리는 과정과 그 떠올린 과정을 현출하는 과정은 구별되어야 한다. 구술형에 있어서 답안을 현출하는 것을 '화술'이라고 하는데, 말하는 습관은 하루 아침에 고쳐지지 않는다. 따라서 이에 시간을 투자하기보다는 공손하고 자신감 있는 어조를 유지하면서 머릿속에 모범답안을 만들어두도록 하자.

평가자 입장에서
'뽑고 싶은 사람'이 되라

마지막으로 한 가지 꼭 기억해야 하는 점은 모든 구술형 시험은 상대방, 즉 평가자의 입장에서 생각을 해야 한다는 점이다. 평가자(면접관)의 입장에서 수험생이 우리 직종, 우리 직장에서 일하기에 적합한 사람인지를 어떻게 판단할지 생각해보자.

어떤 사람이 과연 우리 일에 맞는 사람이라고 느낄까? 다양한 답이 있을 수 있지만, 언제나 공통적인 것은 '우리 쪽'의 용어와 말투, 행동이나 태도를 가진 사람이라고 할 수 있다. 멋있게 말하는 데 치중하기보다는 면밀한 리서치와 인풋을 통해 내가 지원하는 곳에서 자연스럽게 사용하는 용어와 그 배경지식이 무엇인지 파악하고, 해당 집단과 직역 등에서 원하는 태도가 무엇인지를 정확하게 분석해서 시험에 임하도록 하자.

그리고 가급적이면 스터디원이나 친구, 부모님 등에게 부탁해서 평가자 내지 채점자로서 점검을 해달라고 부탁을 해보자. 앞서 스터디와 관련된 부분에서 말한 것처럼, 우리는 구술형 시험에 익숙하지가 않다. 바로 그 분위기, 내 말이라는 도구를 통한 마킹 방식에 익숙하지 않은 것이다. 따라서 그러한 상황과 조건을 조성해서 연습을 하는 것도 매우 중요하다.

한 가지 더 첨언하자면 드물게 예외적인 경우도 있긴 하지만, 우리나라는 기본적으로 조화와 협력을 중시하는 사회에 속한다. 내가 더 돋보이고 내 지식이나 공부의 정도를 보여주려고 면접관을 비롯하여 다른 사람에 대해 지나치게 공격적인 태도로 임하거나 사사건건 비판을 하는 태도는 결코 좋은 인상을 주지 못한다. 내가 처음부터 면접을 보는 분야의 최상위 직급으로 채용되는 경우라면 모르겠지만, 대부분의 경우는 그렇지 않을 것이다.

지식의 틈을 채우는
단권화 방법

수험가에서는 '단권화'라는 말을 자주 쓴다. 이 말은 1990년대 이전에 특히 법학을 대상으로 하는 수험 영역에서 널리 쓰이기 시작한 말로, 각자 중점을 둔 부분이 서로 다른 여러 저자들이 쓴 교과서 내용을 수험생이 다시 정리해 자기만의 완성된 책으로 만드는 작업을 의미한다. 간단하게 나만의 서브노트를 만든다고 이해하면 된다.

1990년대가 지나면서 대부분 교과서의 내용이 어느 정도 통일되었고 이러한 의미의 단권화는 더 이상 필요 없게 되었다. 오히려 수험가에서 수험생의 노고를 덜어준다는 명목으로 모든 것을 다 넣은 책, '단권화된' 책을 만들어 배포했다. 이러한 책들이 2000년대 수험가를 휩쓸었는데 그 목적과 달리 수험생들에게 엄청난 부담만 안겨주었다.

이러나 저러나 오늘날에는 단권화가 공부의 필수가 아니게 되었다.

공부의 부담을 던다는 측면에서라면 지금은 단권화보다 '분권화'가 더 바람직하다. 두꺼운 한 권의 책을 모두 읽는 것과 얇은 책 여러 권을 읽는 것 중 무엇이 더 쉬울까? 한 권의 두꺼운 책은 전체를 다 읽기 전까지는 성취감을 느끼기 힘들다. 그러나 얇은 책들은 심적인 부담을 주지 않을뿐더러 한 권을 끝까지 읽을 수 있어 소기의 성취감과 재미를 선사해준다.

내가 시험을 준비할 때, 헌법 분야에서 부동의 베스트셀러인 책이 하나 있었다. 이 책에는 모든 내용이 들어가 있어서 이렇게까지 책을 잘 만들 수 있나 하는 얘기가 나올 정도였다. 방대한 내용을 압축적으로 넣은 탓에 한 페이지에 다른 책의 두세 배가 되는 내용이 있었다. 이 책은 10페이지를 넘기기도 쉽지 않아 공부에 전혀 흥미가 생기지 않았다. 그래서 나는 공인된 책이지만 분량이 적은 다른 책을 선택했다.

위에서 말한 그 베스트셀러는 이론과 논문, 판례, 법령이 합쳐진 책이었는데, 그것을 기준 삼아 나는 총 세 권의 책을 따로 보기로 했다. 내가 선정한 책은 비교적 쉽고 재미있게 읽히는 책이었기 때문에 5일 정도면 다 읽을 수 있었다. 이후에 판례집도 중요도를 나눠서 일주일에 걸쳐 세 번씩 볼 수 있었다.

나는 남들과는 다른 방법, 다른 책을 선택했지만 합격했다. 그 과정에서 내 지식이 살찌는 느낌을 받으면서도 공부량에 너무 치이지 않고 즐겁게 공부를 했다. 내가 만약 그 베스트셀러를 기본서로 삼았다면 어쩌면 아직까지도 시험공부를 하고 있었을지도 모른다.

**단권화,
하려거든 이렇게 하라**

그렇다면 이제 단권화는 의미가 없는 것일까? 아직도 많은 수험생이 단권화를 하며 공부하고 있는데 그들은 모두 틀린 것일까? 그렇지는 않다. 다만 지금의 단권화는 책이 아니라 '사고'를 통해 해야 한다.

일반적으로 기본서를 읽으며 인풋을 하고, 문제집을 풀면서 아웃풋 연습을 하게 된다. 정확히 인풋과 아웃풋이라는 용어를 쓰지 않더라도 우리는 책을 읽고 무언가를 알고 난 후에 문제를 풀어야 한다는 생각을 한다. 달리 말하자면 기본서는 지식을 쌓는 용도로, 문제집은 단지 내 지식이 맞는지 확인하는 용도로 쓰는 것인데 사실 이는 정확한 이해가 아니다.

문제집은 문제와 해답으로 나누어져 있고, 해답 부분은 기본서의 특정 부분을 발췌하여 옮겨둔 것으로 볼 수 있다. 즉 문제집에도 인풋을 위한 부분이 있는 것이다. 이렇게 보면 기본서와 문제집 해설 부분을 연결시키는 작업이 단권화에 해당한다는 것을 알 수 있다. 비유적으로 설명하자면, 얼룩말에 대해 설명한다고 할 때 기본서에는 '얼룩

● **인풋과 아웃풋을 연결하는 사고의 단권화 요령** ●

기본서의 서술을 공부하고
→ 문제를 풀며 공부한다 (X)

기본서의 서술을 공부하고
→ 문제집의 해설을 확인한 후(같은 지식을 다른 측면에서 습득)
→ 문제집을 풀며 공부한다 (O)

말은 말이다'라는 설명만이 써 있고, 문제집 해설에는 '얼룩말은 흰 바탕에 검은 무늬를 가지고 있다'는 설명만이 써 있다면, 두 가지를 합쳐서 '얼룩말은 흰 바탕에 검은 무늬를 가진 말이다'라는 설명을 만드는 것이다.

이런 사고의 과정 없이 공부를 하면 기본서와 문제집을 따로 이해하게 된다. 공부를 하다 보면 자연스럽게 양자를 이어야 한다는 사고를 하게 되는데 그 수단으로 선택하는 것이 보통 '오답 노트'다. 그러나 오답 노트는 사고의 분리를 더 부추길 뿐이다. 내 지식 중 잘못된 부분을 고치는 데 활용되기보다 그 전 단계, 즉 틀린 부분이 무엇인지 확인만 하고 예쁘게 정리하는 것에서 그치게 된다. 이는 공부에 아무 효용도 없다.

정리하자면 기본서와 문제집 해설은 하나의 지식을 서로 다른 측면에서 설명한 것이다. 그래서 기본서의 내용과 문제집의 해설을 머릿속에서 연결시키며 문제를 풀면, 기본서와 문제집 해설의 서술이 떠오르는 경험을 할 수 있다.

보통 '기본서의 서술 → 문제'로 넘어가는 것은 힘들지만 이런 식으로 기본서와 문제집 해설을 단권화시키면 '기본서의 서술+문제집의 해설 → 문제' 순으로 사고를 진행하여 필요한 지식을 빈틈없이 채울 수 있다.

일타 강사처럼
설명하라

아웃풋까지 공부가 잘되었다고 느낄 때 반드시 점검해야 하는 부분이 있다. 나는 이 방식을 '일타 강사 공부법'이라고 부른다. 내가 무언가를 제대로 안다는 말은 그것을 남에게 쉬운 말로 설명할 수 있음을 의미한다. 그래서 앞서 인풋 과정에서 '할머니 공부법'을 쓴 것이다. 아웃풋에서는 할머니에게 쉬운 말로 설명을 하는 대신, 내가 일타 강사가 되었다고 생각하고 푼 문제를 설명하는 연습을 해보자.

  이때 설명을 해야 하는 항목은 총 세 가지다. 첫째는 출제빈도다. 기출분석을 통해(기출문제가 없거나 공개되지 않은 시험이라면 시중의 문제집을 모두 수집해 문제가 공통적으로 실린 분포에 따라 판단한다) 내가 푼 문제 유형이 시험에 어느 정도로 자주 출제되는 것인지를 설명해

본다. 이를 통해 내가 치는 시험에 과연 이 문제가 출제될지 여부를 합리적인 통계에 기반해서 예측할 수 있다. 제대로 기출분석을 한 사람이라면 시험에 대부분 출제되리라 예측한 문제가 나올 것이다.

간혹 출제빈도를 분석하기 위해 표를 이용해 문제를 정리하는 사람들이 있는데(여러 학원 교재들이 이러한 방식을 추천한다) 나는 절대 그 방법을 권하지 않는다. 그보다는 반복으로 기출문제를 풀고 분석해서 그런 표 같은 것을 만들지 않아도 바로 판단할 수 있을 정도로 '체화'를 시켜야 한다. 표를 만들면 그 표를 외우는 것으로 공부의 목표가 바뀌어버리며, 그건 실전에서 아무런 도움이 되지 못한다.

그리고 기출연도를 정확히 외울 필요는 없고, 5년 정도를 기준으로 매년 출제되었는지, 격년이나 2~3년에 한 번 출제가 되었는지, 5년간 1회 또는 0회 출제가 되었는지 등으로 대략적인 등급을 나눌 수 있으면 된다. 그래서 책의 전체 목차나 세부 목차들을 볼 때 빠르게 A, B, C급으로 등급을 나눌 수 있고 핵심적인 출제 포인트가 무엇인지, 구체적인 문제 유형은 무엇인지까지도 떠올릴 수 있도록 정리가 되어야 한다.

일타 강사가 되어 설명해야 하는 두 번째 항목은 답과 그 이유이다. 논리적 사고체계에 따라 정확하게 답을 설명하는 것은 기본이고, 실전에 대비해서 직관적으로 문제를 풀 수 있도록 어떤 단어가 나왔을 때 어떤 선지부터 검토할지까지도 정리한다. 따라서 진짜 공부는 바로 해설지를 확인한 순간부터라는 것을 알 수 있다. 내가 기존에 가지고 있던 사고가 해설지의 사고와 일치하는지, 또는 거기서 덜어내어 좀더 효율적으로 만들 수 있는 방법은 없는지 등을 확인해야 할 뿐 아니라, 직관적으로 한 번에 풀 수 있는 문제인지도 확인해야 하기 때문이다.

셋째는 변형 가능성이다. 시험에서 같은 문제가 완전히 똑같이 다시 나오는 경우는 좀처럼 없다. 그러므로 지금까지의 출제 경향 분석을 통해 내가 출제자라면 문제를 어떻게 바꾸어서 낼 것인지를 적극적으로 상상해봐야 한다. 교육의 목표나 시험의 목표, 자격 기준을 기본적으로 고려해야 하고, 출제 예상자들의 학력이나 관심사까지도 생각해서 구체적으로 상상하는 것이 도움이 된다. 그리고 시험에 따라서는 시사성이 있는 문제들도 출제되곤 하는데, 그때는 시사적인 부분을 고려해서 변형 가능성을 정리해야 한다.

이렇게 설명을 하고 나면 꼭 학원강사나 선생님이 어차피 다 해주는데 내가 꼭 이렇게 해야 하는지 되묻는 경우가 있다. 그러나 시험장에 들어가는 사람은 그 강사나 선생님이 아니라 바로 나 자신이다. 다른 사람이 잘하는 것을 보고 대리만족을 느끼거나 나도 잘할 수 있다고 착각하는 것은 공부에 아무런 도움이 되지 않는다. 공부는 언제나 치열하게, 내 스스로 힘으로 대할 때 내 것이 된다는 점을 명심하자.

오답 노트를 만들어도 점수가 오르지 않는 이유

수험생들이 많이 만드는 것 중 하나가 자신이 틀린 문제와 그에 대한 해답 등을 별도로 정리해놓은 '오답 노트'다. 수험생마다 오답 노트를 만들거나 활용하는 스타일이 다르긴 한데 가끔 진짜 목적을 잊고 오답 노트를 만드는 일 자체에 몰두하는 학생들이 있다. 색연필이나 형광펜, 볼펜 등으로 노트를 구획하고 문제를 하나씩 오리고 풀칠한다. 그러나 여기까지 읽었다면 잘 알겠지만 시험 과목 중 가위질이나 풀칠의 아웃풋을 요구하는 유형의 시험은 없다. 그것이 얼마나 무용한 행동이고 주관적인 만족감만 충족시키는 행동인지는 다시 설명하지 않아도 잘 알 것이다.

앞서 말한 주객이 전도된 오답 노트 제작뿐만이 아니라 오답 노트를 활용하는 공부법 자체에도 여러 문제점이 있다. 이를 설명하기 앞서 오답 노트의 목적을 생각해보자.

오답 노트 말고
오답 포스트잇

아웃풋 과정에서는 궁극적으로 합격 가능성을 높이는 데 모든 에너지를 써야 한다. 아웃풋은 입력한 지식을 출력하면서 내가 무엇을 알고 모르는지 가리고, 그 가능성을 점수로 객관화하여 보는 과정이다.

 오답 노트는 문제풀이, 즉 아웃풋 과정을 통해 확인된 내 지식 중 잘못된 부분이 교재 읽기 등의 방법으로 잘 수정되지 않을 때 그 부분만 특히 강조해서 모아두는 것이다. 즉 오답 노트를 만드는 목적은 (내 머릿속에 입력된) '지식의 수정'이다. 이는 '왜 내가 이것을 잘못 알고 있었는지'와 그에 대한 해답, 즉 '맞는 내용'이 서로 연결되어 있을 때만 의미를 가진다. 그렇지 않고 그저 수정한 내용들만 모아두면 그것이 별도의 지식체계를 이루어 오히려 잘못 알고 있는 지식들과 충돌을 일으키는 경우가 많다. 오답 노트를 만들고 또 만들어도 성적에 변화가 없다면 이러한 문제점이 있다고 봐야 한다.

 그래서 오답 '노트'를 만든다면 수정되어야 하는 지식 부분, 즉 해당 부분마다 붙여져야 한다. 그런데 이 작업이 오리고 붙이는 시간과

● 오답 포스트잇의 예 ●

○ 통일신라시대 교재 서술 부분
… 독서삼품과란 신라의 관리선발제도로 국학의 학생들을 독서능력에 따라 상중하로 구분하여 관리임용에 참고하였다.

> ★ 시대별 관리선발제도 비교 암기
> - 통일신라: 독서삼품과(최초)
> - 고려: 과거(문과/잡과/승과)
> - 조선: 과거(소과/대과/무과), 음서

○ 고려시대 교재 서술 부분
… 역분전은 고려 전기의 토지제도로 태조가 후삼국 통일에 공을 세운 조신과 군사 등에게 관계의 고하를 막론하고 인품과 공로를 기준으로 지급한 수조지를 말한다.

> ★ 고려 토지제도 명칭 암기

○ 조선시대 교재 서술 부분
… 총융청은 조선 후기, 1624년 이괄의 난 이후 설치된 중앙 군영으로 북한산성을 중심으로 수도의 북부를 방어하는 기능을 담당하였다.

> ★ 고려 군사제도와 혼동 말 것
>   (2군 6위, 양계 주진군, 주현군)

… 상평통보는 조선 인조 때 김신국과 김육 등의 건의에 따라 주조하고 유통한 화폐인데, 결과가 나빠 중단되었다가 숙종 때 허적과 권대원 등의 주장에 따라 다시 유통되어 조선 말기까지 통용되었다.
… 백동화는 조선시대 말기에 쓰였던 화폐로 개항 이후 급증하는 재정 수요와 재정 궁핍에서 벗어나기 위하여 주조, 유통한 것이다.

★ 시대별 화폐 구별할 것
· 통일신라: 없음
· 고려: 건원중보, 해동중보, 동국통보, 삼한통보, 해동통보, 은병→ ○○중보, ○○통보(조선, 상평 제외)
· 조선: 저화, 조선통보, 전폐, 상평통보

에너지가 많이 드는 '이식' 작업이라 효율적이지 못하다. 그래서 오답 노트가 필요하고 그걸 활용해야 한다면 나는 '오답 포스트잇'을 권하고 싶다. 이것은 오답 노트와 같은 원리지만 지식의 수정이 필요한 부분에 쉽게 붙일 수 있을 뿐만 아니라, 여러 번 본 후에는 제거하기도 쉬워 머릿속으로 지식이 수정되었을 때 더 이상 읽을 필요가 없는 부분을 또 읽는 에너지 낭비를 막을 수 있다.

구별해야 하는
오답 노트 유형

다만 시험을 치고 나서 내 사고 과정을 복기하고 어느 부분의 인풋이 잘못되었는지를 추적하기 위한 방법으로 오답 노트를 만드는 경우가 있다. 수학 분야에서 '발상 노트'라고 부르는 것을 다른 과목으로 확장시킨 것으로, 이 오답 노트는 지금까지 우리가 이야기한 오답 노트와는 성격이 다르다.

   이는 앞서 설명한 것처럼 내가 문제를 풀 때 어떻게 사고를 했고, 어디를 수정해야 하는지를 확인하기 위해 시험 직후에 시험지나 별도 노트에 시험 당시로 돌아가 그때의 생각을 적어보는 방식이다. 이런 것은 문제가 있는 부분을 수정하기 위한 매우 탁월한 점검법에 해당한다.

모의고사,
왜 치는지 알고 치자

우리는 고등학생 때부터 아무런 의문 없이 모의고사에 응시해왔다. 모의고사를 잘 치면 당연히 본시험도 잘 칠 거라는 암묵적인 인정 속에서 시험을 보는 것인데, 이는 성인이 되어 치르는 시험에서도 다르지 않다. 으레 모의고사를 잘 못 보면 본시험도 못 볼 것이라고 생각하고, 모의고사에 목숨이라도 걸린 듯 그 결과에 크게 일희일비한다. 그리고 모의고사 점수를 마치 본시험의 점수처럼 생각한다.

그러나 이는 매우 큰 착각이다. 모의고사는 말 그대로 모의시험일 뿐 본시험과는 다르다. 사법시험을 준비하면서 깨달은 사실 하나는 기출문제를 분석한 결과, 절대로 시험에 나오지 않을 문제들이 바로 모의고사에 나온다는 것이었다.

모의고사에는 크게 네 종류가 있다. 실제 시험과 같은 범위와 수준의 모의고사, 같은 범위이지만 높은 난이도의 모의고사, 더 범위가 넓지만 비슷한 난이도의 모의고사, 더 넓고 더 어려운 모의고사가 그것이다. 이 중에 어떤 모의고사를 어떻게 활용해야 할까? 결론만 먼저 이야기한다면 응용력이 요구되는 문제를 익힐 때 모의고사를 활용하면 된다.

나에게 필요한 것만 선별해 취하라

모의고사 활용에 대한 답은 기출문제를 분석하는 과정에서 힌트를 얻을 수 있다. 기출문제 역시 네 가지로 나눠볼 수 있는데, 시험에 자주 출제되는 기본문제, 자주 출제되지만 다소 어려운 응용문제, 자주 출제되지 않는 기본문제, 자주 출제되지도 않고 어려운 응용문제가 바로 그것이다.

　기출문제의 중요도는 먼저 기본문제인지 응용문제인지 따라 결정된다. 시험은 한정된 에너지로 한정된 시간에 최대한 많은 답을 골라야 하는 행위이기 때문에, 가장 적은 에너지로 점수를 얻을 수 있는 기본문제가 응용문제보다 더 중요하다. 자신의 목표 점수를 정했다면 버려도 되는 문제가 어느 정도 계산되었을 것이다. 시간과 에너지를 많이 소모하는 문제는 이 '버려도 되는 문제군'으로 구분하고 풀지 말아야 한다.

그다음은 출제 빈도에 따라 중요도를 또 나눌 수 있다. 나는 매년 출제, 2년에 한 번 출제 등 다섯 개의 범주로 문제를 분류했다. 25개의 기본문제 중 매년 출제되는 문제는 정확히 알아야 하는 것이었는데, 이 문제들은 대개 기출문제 풀이만으로도 모두 커버할 수 있었다. 결국 중요한 기본문제 풀이를 익히는 데 모의고사는 필요하지 않았다.

그렇다면 언제, 어떻게 모의고사를 활용할 수 있을까? 시험문제 중에는 기출문제 분석만으로는 해결되지 않는 부분이 있다. 사법시험의 경우를 예로 들자면, 사례가 제시되고 그 해석에 관한 답을 묻는 문제들이 그러했다(형법총론의 사례형 문제). 이런 문제들은 모의고사를 통해 응용력을 길러야 잘 풀 수 있는 것들이다. 결국 모의고사는 선별해서 내가 필요한 부분만 풀어야 한다.

하지만 그 부분 역시 시험 전체로 보면 큰 비중은 아니기 때문에 결국 모의고사는 '예상하지 못했던 부분'이 시험에 나왔을 때 당황하지 않는 연습을 하기 위한 시험이라고 생각하는 것이 좋다. 시험 합격과는 큰 관련이 없다. 그러니 모의고사의 점수나 성적에 연연할 필요도 없다.

나는 사법시험 2차시험을 보기 3개월 전에 모의고사를 연습 삼아 응시하기 시작했는데, 점수는 항상 30점대가 나왔다. 일반적인 수험생이라면 패닉에 빠질 점수겠지만 나는 기출문제 분석을 끝냈기 때문에 이러한 문제들을 실전에서 당황하지 않기 위한 임기응변 테스트로 활용했다. 그래서 30점이면 대단한 점수라고 스스로 칭찬했다. 물론 모의고사에서도 거의 만점에 가까운 답을 쓰는 사람들도 있었지만, 애초에 그런 사람들은 나의 경쟁 상대가 아니었다.

막판 다지기, 회독법

수험가에서 가장 유명한 공부법을 꼽으라면 단연 '회독법'일 것이다. 이제는 고유명사가 되었다고 해도 과언이 아닐 정도로 회독법은 수험생들 사이에서 일반적인 말로 쓰이고 있다.

그런데 회독법은 지나치게 그 범위가 넓다 보니 실제로 그것이 정확히 어떤 방법을 말하는 것인지 별로 정리된 바가 없다. 그저 글자 뜻 그대로 책을 반복해서 읽는 정도로 생각하는 경우가 많은데, 간단하게 생각해서는 효과를 보기 힘들다. 여기서는 기존의 회독법이 어떤 공부법을 의미하는지 살펴보기보다 기존에 사람들이 두루 활용한 회독법의 문제점을 짚어보고, 그 대안으로 어떤 상황에서 책의 어떤 부분을 어떻게, 어떤 식의 사고를 가지고 반복해서 읽는 것이 좋은지 설명하도록 하겠다(구체적인 단계별 회독법에 대해서는 뒤에서 더 자세히 설명할 것이다). 다만 앞서 훈련과 연습의 구별 부분에서 설명했지만, 제대로 된 회독은 크게 봤을 때 '이미지 트레이닝'에 해당한다는 점을 꼭 기억해두자.

목적을 생각하지 않으면 소용이 없다

하나의 지식을 습득하는 과정을 1,000만 조각짜리 퍼즐을 맞추는 과정과 동일하다고 생각해보자. 처음으로 해야 할 일은 완성본을 구하는 것이다. 이후에는 퍼즐을 모두 뒤집어야 한다. 그다음은 비슷한 색상끼리 모아야 한다. 그리고 힌트가 있어 맞추기 쉬운 부분, 즉 가장자리부터 조금씩 퍼즐을 맞춰간다. 가장자리부터 중심부로 조금씩 조금씩 완성해나가는 것이다.

여기서 완성본을 구하는 일은 앞서 이야기한 '목차 복사하기'에 해당한다. 퍼즐을 뒤집는 일은 '빠르게 전체 책 내용을 친밀하고 익숙하게 만드는 것'이라고 할 수 있다. 이 과정은 보통 1~3번 정도 책을 빠르게 읽는 것으로 완성된다. 이에 소요되는 시간은 아무리 500~600페이지가 넘는 두꺼운 책이어도 1회당 두세 시간을 넘으면 안 된다. 퍼즐에서 비슷한 색상끼리 모으는 작업은 중심이 되는 뼈대를 만드는 것, 즉 책 내용 중 목차를 선별하는 작업이라고 할 수 있다. 그렇게 만든 뼈대를 두고 세부 내용 가운데 중요도가 높은 순서대로 추리는 것이 구체적인 퍼즐을 맞추기에 해당한다. 이처럼 4단계의 과정을 거치면 퍼즐이 완성되는데, 흔히 말하는 회독법은 위 과정을 아무런 목적 없이 반복한다. '이 과정을 통해 무엇을 얻겠다'라는 의식 없이 기계적으로 또는 수동적으로 지식을 습득하는 것이다. 책을 쭉 읽었을 때 현재 이해할 수 있는 부분과 그렇지 않은 부분이 있을 텐데, 현재 이해할 수 있는 부분만 취사하여 읽고 머리에 집어넣는 것이다.

그렇게 지식의 취사 선택과 조직화가 운 좋게 적은 횟수에서 끝난다면 적은 회독으로도 효과를 거둘 수 있지만, 복잡한 책일수록 그것이 쉽지 않다. 이는 같은 책을 아무 생각 없이 여러 번 볼 경우, 내용보다 그 위치가 암기가 되어버려서 마치 책이 외워지는 듯한 착각이 든다는 점에서 암기에 유리하다고 할 수 있으나 사실은 회독 단계별 목적이 결여되어 있다는 점에서 매우 비효율적인 방법이다.

자신에게 맞는
횟수를 찾아라

전통적으로 '회독'이라고 하면 공부의 전반적인 과정, 즉 인풋과 아웃풋 모두를 포함한 것을 의미한다. 그러나 때로는 그보다 범위를 좁혀

'이해-정리-암기' 3단계로 이뤄지는 인풋에서 '암기'를 강화할 목적으로 하는 것을 의미하기도 한다. 이 좁은 의미의 회독은 보통 시험 한 달 또는 두 달 전 마무리 목적으로 활용되는데, 공시생들 사이에서 유명한 8-4-2-1 회독법이 여기에 해당한다.

이것은 한 과목을 8일간, 4일간, 2일간, 1일간 반복해 책을 총 네 번 읽는 공부다. 단 하나의 과목만 읽는 것이 아니고 다른 과목도 번갈아 가며 읽는다. 예를 들어 A, B, C 세 과목을 본다고 하면 앞서 설명한 기억의 원리에 따라 A과목 5일-B과목 5일-C과목 5일-다시 A과목 2일-B과목 2일-… 이런 식으로 과목을 번갈아 가며 봐줘야 한다. 그래야 기억이 정리가 된다. 회독을 하다 보면 내가 외운 내용과 아닌 내용을 구분하게 되는데, 못 외운 부분이 있다면 재학습의 과정을 반복하도록 한다.

회독법의 성패는 기간 설정과 그것을 충실히 따르느냐로 좌우된다. 개인적으로 '8-4-2-1' 방식은 지나치게 긴 기간이라고 본다. 보통 사법시험 준비생들은 '4-3-2-1' 또는 '4-2-1' 방식을 쓴다. 물론 이런 기간 설정은 절대적으로 지켜야 하는 건 아니고 탄력성 있게 해야 한다. 가령 민법은 형법에 비해 세 배 정도 양이 많은데 똑같이 4일 안에 정리하는 것은 말이 되지 않는다. 모든 합격수기에서 확인되고 있듯이, 결국에는 마무리 과정에서 자신의 이해도와 공부 정도, 분량에 따라 차등을 두며 횟수를 수정하는 것이 바람직하다고 하겠다.

누구도 알려주지 않은 합격을 만드는 회독의 5단계

어떤 행동을 겉으로만 똑같이 따라 한다고 해서 결과까지 똑같이 나오지는 않는다. 공부를 잘하는 사람들, 합격하는 사람들의 회독법에는 차이점이 있다. 공부를 잘하지 못하는 사람은 그냥 같은 것을 반복해서 볼 뿐이겠지만, 공부를 잘하는 사람들은 단계마다 어떤 내용을 봐야 하는지, 무엇을 떠올려야 하는지를 모두 다르게 설정하고 반복해서 책을 읽는다. 즉 목표, 봐야 할 부분, 떠올려야 할 부분이 다른 것이다.

    합격하는 사람들의 회독법을 간단히 5단계로 정리하면 다음과 같다. 첫 번째 단계에서는 개념과 체계를 비롯한 전체상을 익힌다. 그런 뒤 두 번째 단계에서 시험문제를 풀 수 있을 정도로 깊이감 있는 지식을 습득한다. 세 번째 단계에서는 문제를 통해 책에 쓰인 지식을 보다 입체적으로 이해하고, 네 번째 단계에서 '아는 것'을 '풀 수 있는 것'으로 전환한다. 직관적으로 문제를 풀 수 있는 지식들을 만드는 단계라고 할 수 있다. 마지막 다섯 번째 단계는 머릿속으로 실전을 떠올리며 이미지 트레이닝을 하는 것이다.

그렇다면 이제 각 단계에 대해 하나씩 상세하게 알아보기로 하자.

회독법 1단계:
개념·체계 만들기

모든 시험은 답을 많이 아는 사람이 좋은 점수를 받고 원하는 결과를 얻는다. 그리고 답을 알기 위해서는 해설지가 설명하는 내용이 무슨 의미인지를 이해할 수 있어야 한다. 해설지 내용을 이해하기 위한 가장 빠르고 효율적인 방법은 바로 문제로 출제될 가능성이 높은 책에 쓰여 있는 중심 개념을 습득하는 것이다.

이 중심 개념은 책의 맨 앞에 나오는 전체 목차에 모두 쓰여 있다. 요즘 중·고등학교 교과서에는 전체 목차는 간략하고 각 장이나 챕터에 들어가면 조금 더 상세한 목차가 나오는 식으로 구성된 경우도 있는데, 여기서는 맥락상 그런 상세 목차들까지 모두 합친 것을 '전체 목차'로 이해하도록 하자.

회독의 첫 단계는 바로 이러한 개념들을 균형 있게 익히고, 각 개념들 간의 관계, 즉 체계를 이해하는 것을 목표로 삼아야 한다. 이런 부분을 잘 모르는 채로 무턱대고 회독을 시작하거나 엄청나게 많은 분량의 학원 강의를 들으면 각 챕터의 중심 개념만을 아는 데 그치거나, 균형 있게 공부하지 못해 지식에 구멍이 생기곤 한다. 애써서 한 노력이 무색해지는 결과를 맞는 것이다.

사람의 기억 및 지식은 내 기존 지식의 바탕 위에서 쌓인다. 즉 머릿속에 새로운 지식을 받아들일 '토양'이 존재하지 않으면 무언가를 더 얹을 수 없는 것이다. 우리 교육 과정이 왜 초등학교부터 대학교까지 순차적으로 체계와 난이도를 가지고 커리큘럼을 구성해두었는지 생각해보면 이해가 빠르다. 내가 공부하고 있는 이 과목 안에서도 그러한 지식 간의 수준 차이가 존재한다는 걸 꼭 기억해두자.

그런 까닭에 첫 번째 단계에서 해야 할 일은 전체 목차를 복사해놓고 쭉 보면서 해당 페이지만을 펼쳐서 읽어보는 것이다. 정확히는 읽기보다는 퀴즈를 푼다는 느낌으로 답을 찾듯이 '서칭하는 느낌으로' 책을 읽어줘야 한다. 일단 쭉 훑어보고 반복해서 해당 챕터를 넘겨보면서 전체 목차에 쓰인 개념이 무엇인지 답을 찾는다. 답을 찾았다면 그때부터 그 부분만을 정확하게 정독해주면 된다.

이때 주의해야 할 점은 이해를 할 대상과 읽어야 할 부분을 구별하는 것이다. 무슨 말이냐 하면, 이해를 해야 하는 대상은 목차에 쓰여 있는 말이지만 그걸 이해하기 위해서 때로는 그 해당 부분의 내용 전체를 읽어야 할 수도 있다는 뜻이다. 이렇게 생각하면 처음부터 그냥 책 전체를 다 읽는 것과 무슨 차이가 있냐고 물을 수도 있겠다. 하지만 명확한 목표를 가지고, 답을 찾듯이 읽는 것과 아무런 생각(=목표) 없이 전체를 그냥 쭉 읽는 것에는 분명한 차이가 있다. 다시 한번 강조하지만 공부를 잘하는 사람과 그렇지 않은 사람의 회독법 차이는 오직 '머릿속에서' 일어난다. 책을 반복해서 읽는다는 그 표면적인 행동에는 아무런 차이가 없다.

이렇게 전체 목차에 쓰인 내용들을 다 이해했다는 느낌이 든다면, 누군가에게 그 전체 목차의 내용에 대해 대략적으로나마 요약할 수 있고, 다른 챕터에 쓰인 개념과의 차이점을 간략하게라도 설명할 수 있을 것이다. 이정도 수준까지 오르면 첫 단계에서의 목적은 달성한 셈이다. 이제 두 번째 단계로 넘어가 보자.

회독법 2단계:
시험용 지식 만들기

회독의 두 번째 단계는 문제풀이를 위한 시험용 지식을 만드는 것이다. 책을 꼼꼼하게 읽으면서 시험에 나오는 지식들을 정리한다. 다만 이 단계에서도 책에 쓰여 있는 모든 내용을 다 꼼꼼하게 읽고 기억해야 할 필요는 없다. 목차와 관련이 있는 내용들까지만 지식을 습득해도 괜찮다. 어차피 다음 회독 단계에서 문제를 통해서 책을 재차 이해하게 되므로 그때 가서 지식의 폭을 조금 더 넓히면 되기 때문이다. 그리고 뇌는 의도적으로 시간을 둬야만 기억을 정리해 장기기억으로 만들어주므로 이런 식으로 단계를 밟아가며 시간을 두고 회독을 하는 것이 더 효율적이다.

이 단계의 목표는 문제해설을 봤을 때 내가 공부한 내용이 책의 어느 부분에 해당하는지 주소를 정확하게 찾아서 나누어 담을 수 있도록 생각의 서랍을 만드는 것이다. 여기에 더해 책에 쓰여 있는 것보다 더 심화된 내용, 나아가 다른 각도에서 보아 얻을 수 있는 지식까지 내 것으로 만들 수 있도록 필수적인 지식들을 머리에 담는 것까지를 모두 포함한다. 그러기 위해서는 세부적인 목차와 그 목차를 풀어서 설명하는 중심 내용들을 정확하게 이해해야 한다. 이를 위한 최고의 인풋 루틴이 바로 앞서 설명한 구조화 독서법이다. 구조화 독서법에서 레벨링과 트리밍까지 하는 것이 최고의 2단계 회독이다.

많은 사람이 책을 읽는다고 하면 이 단계에서 시작하는 경우가 많다. 특히나 정독과 완독의 강박이 강한 우리나라 사람들에게는 더욱 그러하다. 하지만 무턱대고 모든 내용을 정독하는 건 비효율적이다. 목표가 없이는 지식이 머릿속으로 들어오지 않는다. 이 단계에서는 반드시 세부적인 목차들과 그 목차를 풀어주는 중심 내용만을 머릿속에 집어넣는 것을 명확한 목표로 삼고 회독을 진행하자.

이 단계가 제대로 수행되었는지 확인하는 방법이 있다. 바로 다음

날 어제 공부한 부분을 빠르게 넘겨보면서 다음에 나올 목차가 대략적으로 무엇인지, 해당 챕터에는 몇 개의 내용이 있었는지, 전체적인 흐름은 어떻게 되는지가 무리 없이 떠오르는지 체크하는 것이다.

특히 책에 있는 내용을 그대로 옮겨서 내뱉지 말고, 내가 알고 있는 단어 중에 가장 쉬운 단어로 바꾸어 그 내용을 요약하거나 설명할 수 있는지 확인해봐야 한다. 예를 들면 공부한 챕터의 세부 목차가 대략적으로 몇 개였으며 어떤 흐름이었는지를 설명할 수 있어야 하고, 그다음으로 그 세부 내용이 대략적으로 무엇이었는지까지 설명할 수 있어야 한다.

회독법 3단계:
문제를 통해 입체적 지식 만들기

회독의 세 번째 단계는 다른 시각에서 책을 보면서 지식을 풍성하게 만드는 것이다. 세 번째 단계에서는 그냥 책을 읽어서는 안 되고 문제를 풀어보며 내 기존 지식을 돌아봐야 한다.

앞서 단권화를 설명하며 이야기한 예를 다시 들어 설명해보자. 책에는 '얼룩말은 줄무늬 동물이다'라는 설명이 써 있는데, 문제집 해설에는 '얼룩말은 초식동물이다'라는 말이 써 있다면, 이 두 가지 사실을 합쳐서 '얼룩말은 줄무늬 초식동물'이라는 완전한 하나의 지식을 만들 수 있다. 이렇게 책에 쓰여 있지 않은 정보들을 적절하게 보충해 넣거나 불명확하거나 잘못된 부분을 수정해가며 책을 읽는 과정이 바로 세 번째 단계의 핵심이다. 따라서 세 번째 단계 회독에서는 책을 바로 읽지 말고 선제적으로 문제를 풀어봐야 한다. 내가 공부한 내용 중에 문제로 나오는 내용은 무엇인지, 어떤 부분을 묻는지, 그런 것들을 책에서는 어떻게 쓰고 있는지, 문제까지 포함해서 책을 이해하려면 내 생각을 어떻게 바꿔야 하는지를 고민하며 읽어야 한다.

이런 과정이 빠지면 '뇌'가 아니라 그냥 '눈'으로 책을 반복해 읽는 것이 된다. 뇌가 아니라 눈으로 반복해서 읽는 건 단기기억을 만드는 행위다. 단기기억은 반복을 통해 강화되기는 하지만 지속력이 떨어지고, 기억을 유지하기 위해 계속된 반복을 필요로 한다. 하지만 대부분의 국가시험에서 요구하는 공부의 양은 어마어마하다. 그것들을 모두 반복하여 단기기억을 강화시키는 방법은 불가능한 일은 아니지만 무척 비효율적인 방법이다. 이러한 함정에서 피해가려면 반드시 문제를 풀어보거나 적어도 그 해설과 책을 비교하며 읽으며 죽은 지식을 살아 있는 지식으로 바꾸는 과정을 거쳐야 한다.

이번 단계에서 회독이 제대로 되었는지를 확인하는 방법은 시간 제한 없이 내가 학원 강사가 되었다고 생각하고, 문제화된 부분을 읽을 때 그 문제를 떠올리며 직접 해설을 해보는 것이다. 이렇게 하려면 사실상 문제를 통째로 외워야 한다. 하지만 이를 문제의 단어 하나까지 토씨 하나 안 틀리고 외우는 것으로 오해해서는 절대 안 된다. 그게 아니라 여기서는 책의 정보들 중에 '문제화되는 포인트'를 외우는 것이 핵심이다.

　누군가는 강사의 해설을 들으면 굳이 내 힘으로 회독 3단계를 하지 않아도 되지 않느냐고 물을 수도 있겠다. 하지만 앞서 여러 차례에 걸쳐 이야기했듯, 내 지식과 내 기준에 따라 설명할 수 없는 지식은 모르는 것과 같다. 남이 잘 알고 잘 설명하는 것을 마치 내가 안다고 착각하는 것은 공부가 아니다. 그건 공부라는 이름의 자기위로에 불과할 뿐이다.

**회독법 4단계:
출제자와 대화하며 읽기**

회독 네 번째 단계에서의 핵심은 책에 쓰여 있는 내용 이상을 읽어내는 것이다. 무슨 말인가 하면 어느 부분에서 어떻게 문제가 출제되는지를 이해했다면, 이제는 그 출제의 원천이 되는 교재를 보면서 출제자의 사고와 의도를 유추하는 것을 목표로 삼아야 한다는 얘기다. 문제의 답은 그냥 아무렇게나 정하는 것이 아니다. 출제자는 모든 문제에 의도를 넣어서 출제한다. 최근에 사회적으로 이슈가 된 사안일 수도 있고, 그 출제자가 속한 영역에서 이슈가 되는 주제일 수도 있다. 또는 해당 시험의 출제 원칙에 따라 반드시 테스트해야 하는 부분일 수도 있다. 이런 점을 추론하면서 책을 읽어내고, 어느 부분에 중심을 두고 공부를 해야 할지 정해 선택과 집중을 한다. 이것이 바로 4단계 회독의 중요한 목표 중 하나다.

이를 위해 앞서 설명한 강사가 되었다고 생각하고 해설을 하는 방식에 한 가지를 더해보자. 바로 지금까지 출제된 빈도와 그 부분, 그리고 내가 치는 시험에 과연 이 파트가 나올지, 나온다면 그대로 나올지 바뀌어 나올지 등을 강사처럼 근거를 들어 설명해보는 것이다. 정리하자면 출제 빈도와 가능성, 그리고 변형 가능성을 정리하는 것이다. '기출분석'은 바로 이 단계까지 왔을 때 가능한 일이다. 즉 지금까지 출제된 것들을 정확하게 이해할 수 있을 때 비로소 출제의 규칙이나 패턴을 알아챌 수 있다.

이 단계의 두 번째 목표는 시험장에서 바로 답을 골라낼 수 있는 나름의 기준을 만드는 것이다. 앞서 시험을 볼 때 '직관적 사고'와 '논리적 사고'를 모두 이용해야 한다고 이야기한 바 있다. 공부를 잘하고 점수를 잘 받는 사람들은 모든 문제를 하나하나 다 꼼꼼하게 생각해서 풀지 않는다. 그들은 쉽고 자주 출제되는 문제들의 경우 재빠르게 답을 찾은 뒤 넘어가고, 이후 어렵고 변별력이 있는 문제에서 시간과 노력을 투자한다.

이 직관적 사고체계는 훈련을 통해 속도를 빠르게 만들 수 있다. 그러므로 어느 정도 공부가 되고 난 후부터는 문제의 답과 그 답들의 배열까지도 기억을 해주는 것이 좋다. 단적으로 말하자면 문제를 안 읽고 선지만 보고 바로 풀 수 있을 정도로 말이다. 계산 문제의 경우라면 전형적인 풀이법 또는 접근법을 툭 치면 나올 정도로 기억해두어야 한다(이 단계는 주교재만 보고 정리해도 되지만, 경우에 따라 (기출) 문제집을 같이 보면서 정리해도 좋다).

계산 문제를 보자마자 어떻게 푸는지가 떠오른다면 그 문제는 계산 실수만 없다면 맞힐 것이다. 그런데 계산 문제가 아닌 것들은 어떻게 직관적으로 풀 수 있을까? 그 방법은 문제가 아니라 선지를 먼저 읽는 것이다. 쉽고 기본적인 문제들은 선지들에 쓰여 있는 단어들의 조합만을 보고도 대부분 문제를 맞힐 수 있다.

어디 운전면허시험에서나 통할 것 같은 얘기처럼 들리지만, 나는 대한민국에서 가장 어렵다던 사법시험도 이 방식으로 풀어서 엄청나게 시간을 단축했다. 구체적인 예를 하나 들어보자. 선지를 보았는데 ① 라면, ② 냉면, ③ 불고기, ④ 국수라는 단어들이 눈에 보인다고 하자. 답은 몇 번일까? 문제를 읽지 않아도 답은 ③번임을 짐작할 수 있다. 택일형 객관식의 본질은 '이상한 것을 고르는 것'에 있기 때문에 이런 접근이 가능하다. 다른 유형의 문제들도 마찬가지다. 앞 단계에서 출제자의 의도를 최대한으로 유추하면서 공부했다면, 이번 단계에 와서 다시 책을 보면서 시험에서 어떤 직관적 사고가 문제풀이 속도를 빠르게 해줄 수 있는지 생각을 다듬을 수 있다.

요컨대, 네 번째 단계에서는 책을 보고 있기는 하지만 실제 머릿속에서는 가상의 출제자들과 대화를 하는 것이라고 보면 된다.

회독법 5단계:
시험장을 상상하며 읽기

회독법의 마지막 단계는 시험장을 상상하며 읽는 것이다. 적어도 수험에 있어서 모든 지식은 문제를 시간 내에 정확하게 풀기 위한 것이다. 그런데 의외로 우리나라에서는 공부는 열심히 하지만 시험장에서 문제를 풀기 위한 훈련은 전혀 하지 않는 경우를 많이 본다. 그냥 열심히 공부하면 문제가 잘 풀리겠지 착각하는 것이다. 이를 '유창성 오류'라고 한다. 그러나 시험에서는 준비를 많이 한 사람을 이길 수 없다. 여기서의 '준비'는 단순히 얼마나 열심히 공부했느냐가 아니라 예측할 수 없는 일들이 일어나는 실전에 대해 얼마나 대비가 되어 있느냐를 의미한다.

시험장에서 내가 전혀 예측하지 못했던 문제가 나왔다면? 생각보다 난도가 너무 높았다면? 생각보다 시간이 너무 적게 느껴진다면? 이 모든 일은 실전에서 일어날 수 있는 매우 흔한 일들이다. 따라서 마지막 회독에서는 무엇보다도 시험장을 상상하면서, 시험 당일에 내가 읽은 지식을 직접 사용하는 상상을 하면서 책을 읽어주어야 한다.

특히 이 단계에서 가장 중요한 포인트는 인출의 속도를 높이는 것이다. 평소에 어떤 부분을 읽고 떠올리는 시간이 오래 걸렸다고 하더라도, 앞서 설명했듯이 직관적 사고는 훈련을 통해 속도를 높일 수 있다. 그러므로 본래 나의 속도보다 기준을 높게 잡아 반복해서 훈련을 하면서 인출이 빨리 될 수 있도록 한다.

여기서 한 가지 더 꼭 기억해야 할 점이 있다. 바로 속도를 빠르게 하는 것과 중간 과정을 건너뛰는 것은 다르다는 점이다. 인출 속도를 높이라고 했더니 '가-나-다-라' 순서로 생각해야 풀리는 문제를 '가-라'로 바로 생각을 단축시켜버린다든지 하는 것이 바로 그 예다. 특히 이런 실수는 논술형 시험이나 계산 문제를 다룰 때 자주 일어난다. 다시 한번 강조하지만 사고의 과정이나 단계를 생략해서는 안 되고 정말 빠르게 진행이 되어서 마치 '가-라'로 진행된 것처럼 느껴져야 한다.

그리고 점차 기간을 줄여가며 읽다 보면 책의 특정 부분에서 눈이 튕겨져 나가는 느낌을 받을 때가 있다. 그 부분은 이해가 잘 되지 않았거나 멘탈적으로 불안감이 커서 그런 것인데, 이럴 때는 해당 부분에는 포스트잇만 붙여 두고 바로 다음 파트로 넘어가자. 그때 불안하다고 하여 어려운 부분을 계속 붙잡고 있으면 다른 부분을 보지 못하게 되어 공부 손실이 더 커진다.

그렇게 체크해둔 부분들은 모두 모아두었다가 하루 회독이 끝나고 남은 시간에 집중적으로 보충해주도록 한다. 예를 들어 포스트잇을 붙인 것이 6개 파트이고 오늘 공부가 끝나고 60분이 남았다면 한 파트당 10분씩 더 공부를 해주는 것이다.

● **회독의 5단계** ●

1단계: 개념과 체계 만들기 (주교재)
2단계: 시험용 지식 만들기 (주교재)
3단계: 문제를 통해 입체적 지식 만들기 (주교재+문제집)
4단계: 출제자와 대화하며 읽기 (주교재+문제집)
　　　*답 고르는 기준을 만든다든지 하기 위해서 (기출)문제집도 함께 봐줘야 하는 경우가 있음.
5단계: 시험장을 상상하며 읽기 (주교재)

회독 횟수라는 허상에 집착하지 말 것

종종 회독법의 횟수에 집착을 하는 수험생들을 많이 본다. 최근에는 '시험까지 7회독을 목표로 하고 있다'고 하는 학생도 봤다. 하지만 그건 아무런 의미가 없는 목표다. 회독법은 단계를 나누고 목표를 명확하게 설정하는 것이 중요하지, 그 구체적인 과정에서 책을 몇 번 읽어야 하는지는 전혀 중요한 사안이 아니다. 이해력이 좋거나 배경지식이 많은 사람 또는 해당 파트에 대한 관심이나 흥미가 많은 사람은 한두 번 읽고도 목표를 달성할 수 있지만, 그렇지 않은 사람은 10번을 읽어도 목표를 달성하지 못할 수 있다. 이처럼 각자가 처한 상황이나 조건 등이 모두 다른데 일률적으로 횟수를 정해놓고 그 '횟수 채우기'를 목표로 삼는 것은 너무도 어리석은 방법이다. 이는 마치 이를 닦으라고 했더니 치아 사이에 있는 세균이나 이물질을 없애는 데는 신경 쓰지 않고 칫솔질을 몇 번 했는지만 중요하게 생각하는 것과 같다.

횟수를 중시하는 사람들이 가지고 있는 또 다른 문제점은 공부의 방향성이 장기기억이 아닌 단기기억을 만드는 데 치중되어 있을 확률이 높다는 점이다. 예전에 '밑 빠진 독에 물붓기'라는 공부에 관련된 속담이 있었다. 하지만 이는 전적으로 단기기억을 위주로 공부한 사람에게만 적용되는 말이다. 단기기억은 반복을 통해 강화를 시키기 때문에 오랜 시간 지속될 수가 없다. 올바른 공부의 방향은 처음에는 시간이 조금 걸리더라도 새로운 정보를 내 기존 지식과 함께 분해해보고 다시 조립해보는 과정을 거치면서 장기기억으로 만드는 것이다. 이는 진득한 독서와 인내의 과정을 필요로 한다. 어려운 것에 부딪히면 일주일씩 고민을 하고 괴로워하는 과정에서 공부가 만들어지는 것이다.

하지만 횟수를 기준으로 공부를 하는 사람들은 이해가 잘되었고 장기기억이 만들어졌는지보다는 오직 반복 횟수가 가장 중요한 기준이기 때문에 대부분 지식을 장기기억으로 만드는 데 실패하게 된다.

나는 '고시공부할 때 책을 몇 회독 하셨나요?'라는 질문을 들을 때마다 다른 답을 한다. 단계를 생각해서 하는 질문에는 5회독이라고 답하고, 횟수를 중요하게 묻는 질문에는 30회독이라고 답하며, 이해를 중시하는 질문에는 1회독이라고 답한다. 여기까지 책을 읽었다면 내가 이렇게 말한 이유를 이제는 쉽게 이해할 수 있을 것이다. 회독은 명확한 목표 아래에, 시험장에서 쓸 수 있는 지식을 장기기억으로 만들기 위한 방식으로 행해져야 한다.

'기출회독'이라는 말의 진짜 의미와 방법

수험가 특히 공무원 시험이나 경찰시험에서 주로 쓰는 말로 '기출회독'이라는 것이 있다. 이 방식은 기출문제집을 반복해서 보는 공부법을 의미한다. 그런데 이 말이 정확한 방법에 대한 설명 없이 자주 쓰이다 보니 그냥 기출만 반복해서 보는 것이 기출회독이라고 잘못 이해하는 사람이 많다. 그래서 마치 운전면허시험을 치듯이 기출 선지만을 반복해서 보고 시험에서 고배를 마신 후 '기출회독을 제대로 했는데 결과가 왜 이렇지? 재능, 머리 차이인가? 나는 공부에 소질이 없나?'와 같은 생각을 하게 된다.

하지만 이는 정말 크나큰 오해다. 앞서 설명한 것처럼 회독의 단계별 목표와 구체적으로 해야 할 행동을 미리 생각하지 않은 채 기출지문만 반복해서 보는 것은 그저 단기기억을 강화시키는 행위일 뿐, 그런 방법으로는 절대로 시험에서 좋은 성적을 받을 수가 없기 때문이다. 그 사람이 공부에 재능이 없어서가 아니라, 그런 방법으로는 누구도 시험에 합격할 수가 없다.

기출문제집으로 하는 기출회독은 사실 순서와 대상이 바뀐 것에 불과하다. 기출회독을 하는 사람의 99퍼센트는 모두 선제적인 지식을 가지고 있다. 대부분은 이를 학원 강의를 통해서 얻는다. 가끔 대학에서 전공을 하면서 기본적인 지식을 갖고 있는 경우도 있다. 즉 앞서 설명한 회독의 1, 2단계를 어디선가 하고 이 '기출회독'이라는 단계로 오는 것이다. 그리고 기출문제집을 보고 난 후에 다시 기본서로 돌아간다. 이 부분에서 순서가 바뀌는 것이다. 다만 기본서를 보는 과정은 경험에 비추어보면 필수적인 것은 아니고 선택 사항에 해당한다.

기출회독의 진정한 특징은 회독의 대상이 기본적인 교재가 아니라 기출문제집이라는 데 있다. 문제집을 대상으로 하는 회독은 즉각적으로 시험장에서 쓸 수 있는 형태의 지식들을 다룬다는 점에서 장점이 크지만, 단점도 분명히 존재한다. 바로 출제될 가능성이 있는 다른 문제들에 대한 확장 가능성, 응용 가능성이 떨어진다는 것이다. 그래서 기출회독은 기출문제의 비중이 높은 시험에서만 바람직한 방법이다.

앞서 설명한 것처럼 기출회독으로 합격한 대부분의 사람들은 기출회독 전에 충분한 지식을 만들어놓고 기출회독으로 진입한다. 또한 회독에 진입한 이후에도 기본서나 강의 등을 통해 기출문제집에 있는 지식 이상의 지식들을 적은 범위나마 흡수하려고 노력한다는 공통점이 있다. 이럴 때 기출회독의 진정한 효과를 느낄 수 있을 것이다.

회독만 했을 때
생기는 참사

회독법의 원리와 사용 방법, 사용 시기를 명확히 의식하지 않은 채 무턱대고 회독하는 사람들이 있다. 이를테면 공부의 초입부터 마무리 단계에서 사용될 '8-4-2-1 회독'을 한다든지, 한 과목을 대상으로 총 네 번에 걸쳐 연속된 기간 동안 '8-4-2-1 회독'을 한다든지 하는 것이다. 이는 왜 그러한 방식으로 공부를 하는지 이해하지 않은 채로 그냥 하는 것이라서 성과나 효율을 기대하기가 어렵다.

여기서는 '회독'만을 반복하면 발생하는 참사를 언급하고자 한다. 지식 입출력, 즉 인풋과 아웃풋 전부를 포함하는 '넓은 범위의 회독'을 할 경우, 회독 횟수가 곧 공부의 양이고 실력과 비례한다고 착각하는 경우가 많다. 그러나 실제로 공부된 것과 내가 공부를 했다고 생각하는 주관적 만족감은 전혀 다르다. 때로 '책을 몇 회독하면 시험을 치기에 적합한 상태가 될까요?'라고 묻는 수험생이 있는데 그 대답은 '알 수 없다'이다.

머릿속에 든 지식을 공고히 하는 마무리 과정에서 쓰는 '좁은 범위의 회독'도 그 전제를 갖추지 못한 상황에서 활용되는 일이 종종 있다. 지식은 그것이 어떠한 방법으로든 이해와 정리가 되었을 때 암기가 수월해진다. 그런데 그 과정을 제대로 거치지 않은 채 시험 날짜가 되었다는 이유로 특히 '8-4-2-1 회독'을 시작하는 수험생들이 굉장히 많다. 그런 사람들에게 묻고 싶다. 회독만 하면 시험을 잘 칠 수 있을까? 대답은 단연코 '아니오'다.

좁은 범위의 회독은 내 머릿속에 지식이 들어갈 수 있는 상황이거나 들어가 있는 상황을 전제로 그것을 공고히 하고, 문제를 모두 풀어보았기 때문에 기본서를 읽는 것만으로도 바로 인풋과 아웃풋이 동시에 일어날 때에만 할 수 있는 공부 방식이다. 이러한 전제 조건이 마련되지 않은 상황에서는 어떤 효용도 기대하기 어렵다. 늦었다고 생각하더라도 내용을 이해하고 정리하는 데 모든 에너지를 쏟아야 한다.

'8-4-2-1 회독'은 반드시 지켜져야 할 원칙이 아니라, 그 구성을 지향하라는 정도에 불과하다. 그러니 그 기간과 회독을 반복하면 무조건 실력이 늘 것이라는 착각은 버려야 한다.

공부는 기출문제로 끝난다는 말의 의미

앞선 장에서 '공부는 기출문제로 시작해서 기출문제로 끝난다'는 말을 설명한 바 있다. 여기서는 그에 대한 이야기를 조금 더 하고자 한다.

'공부는 기출문제로 끝난다'는 말은 기출문제를 통해 실전 감각을 길러야 한다는 의미다. 기출을 통해 공부할 부분과 유형을 정했다면, 이후 시험의 난이도와 준비 기간에 따라 교재를 읽고 예상문제를 푸는 방식으로 실력을 끌어올릴 수 있다. 그러나 항상 마지막에 해야 하는 일은 실전에 대비해 '감'을 끌어올리는 것이다.

토익TOEIC 시험을 보러 가는 학생들을 관찰해보면 귀에 무언가를 꽂고 간다. 바로 듣기 연습을 하면서 시험장까지 이동하는 것이다. 퍼스널 트레이닝PT을 받아본 사람은 알겠지만, 운동을 하러 가면 본 운동을 하기 앞서 반드시 워밍업을 해야 한다. 그러한 과정을 통해 몸 상태를 조정하기 때문이다.

수험이라는 과정도 한 걸음 떨어져서 보면, 시험 직전의 일주일 또는 2주일 정도는 시험장으로 이동 중인 토익 수험생과 같다고 볼 수 있다. 그러므로 마지막 기간에는 시험에 적합한 두뇌 상태를 만들어두어야 한다. 그리고 그를 위한 최적의 소재가 바로 기출문제다.

이때 주의할 점은 유사시험의 기출문제가 있다고 하더라도 배제해야 한다는 것이다. 출제 범위를 분석하거나 지식을 습득할 때는 그런 부분까지 대비하는 꼼꼼함을 필요로 할지 모르지만, 여기서 말하는 건 정말로 기출된 문제를 체화시켜 실제 시험 역시 미래의 기출문제로 느끼게 하는 것에 있다. 그 과정을 통해 마치 또 하나의 기출문제를 푸는 것처럼 더 편하고 익숙한 상태를 만들면 실력을 발휘할 수 있으니 말이다.

같은 시간을
두 배의 밀도로 쓰는 시간 관리법

시간은 모든 인간에게 동일하게 주어진다. 우리는 누구나 24시간 속에서 산다. 그러나 같은 시간을 보내도 일의 결과는 서로 다르다. 사람마다 자질이나 능력이 각각 다르기 때문이다. 아주 예외적인 사람들은 같은 시간에도 남들이 절대 해내지 못할 엄청난 일들을 해내곤 한다. 어떻게 일의 결과가 이토록 달라질 수 있을까?

나는 그 이유가 시간 사용의 방법, 즉 시간을 얼마만큼 밀도 있게 쓰는가에 따라 차이가 나는 것이라고 생각한다. 사법시험 공부 중에 어느 수석 합격자의 수기를 읽은 적이 있는데, 그 수석 합격자는 합격수기에서 굉장히 자신 있는 어조로 '나는 다른 수험생보다 두 배로 밀도 높은 시간을 썼다고 말할 수 있다'고 했다. 단순하게 물리적인 개

넘이라고 생각했던 시간이, 관리 방법이나 능력에 따라 다르게 활용될 수 있다는 그 생각은 내게 큰 깨달음을 주었다.

그렇다면 어떻게 시간의 밀도를 높일 수 있을까? 첫 번째는 바로 집중력이다. '시간' 중심으로 시간 관리 방법을 떠올린다면 시간이 적게 드는 일, 많이 드는 일, 당장 처리해야 하는 일, 나중에 처리해야 하는 일 정도가 있을 것이다. 생각을 바꿔 시간을 활용하는 주체 '나'를 기준으로 생각해보자. 같은 시간을 어떻게 활용할 것인지, 어떻게 더 유의미하게 쓸 수 있는지, 더 높은 집중력으로 사용할 수 있는지에 대해 말이다.

일반적으로 집중력을 높인다고 하면 자신이 가진 타고난 집중력을 컨트롤하기 위한 노력을 많이 한다. 내 의지나 관심이 다른 곳으로 흩어지려고 할 때 그것을 한곳으로 모으기 위한 방법이 무엇인지 생각해보는 것이다.

공부를 하다가 집중력이 흐트러지면 다시 집중하기는 어렵다. 어떨 때는 '집중이 안 된다, 다시 집중해야 해'라는 생각에 사로잡혀 공부를 못 하게 된다. 그러나 집중은 내가 애써서 하는 것이 아니라 의식과 관계없이 어떤 일에 자연스럽게 몰입하게 되는 것이다. 그래서 애초에 집중이 흐트러지지 않는 상황을 만드는 것이 더 중요하다고 할 수 있다.

그 상황을 만드는 방법은 의외로 간단하다. 먼저 휴대폰을 멀리 두자. 가족과 친구의 연락, 게임, 유튜브, SNS, 인터넷 뉴스 등 너무 많은 유혹거리가 휴대폰에 있다. 다이어트를 하려는 사람이 아무리 의지가 강해도 매일 눈앞에 갓 구운 피자가 있다면 참을 수 있을까? 마찬가지다. 급한 연락을 받아야 하는 경우가 아니라면 휴대폰은 곁에 두지 말아야 한다.

두 번째, 하고 싶은 일들은 미리 해두자. 이는 휴식 이야기에서도 언급했지만 공부는 그 자체로 재미있고 자꾸자꾸 하고 싶을 만큼 매력적인 일이 아니다. 그만큼 흥미에서 우선순위가 떨어진다. 이를 고려해 공부보다 흥미의 우선순위가 높은 것들을 먼저 없애는 것도 좋은 방법이 될 수 있다.

각자 좋아하는 일들을 떠올려보자. 나 같은 경우에는 영화 보는 것을 매우 좋아하는데 시간 가는 줄 모를 정도로 의식하지 않아도 자연스럽게 집중이 된다. 내 관심과 흥미가 영화로 몰리기 때문이다. 이렇게 공부보다 우선순위가 높은 '재미있는 일'들을 먼저, 조금은 관대하게, 충분히 해두는 게 좋다. 앞에서 나는 휴식 시간을 길게 잡는다고 이야기를 했는데 이를테면 만화를 보고 싶을 때는 30분, 한 시간이 아니라 아예 세 시간을 내리 만화만 보았다. 공부할 때 아예 만화 생각이 나지 않게 말이다.

세 시간이나? 그렇게 많은 시간을 '쓸데없이' 보내도 되냐고 물을지 모르겠다. 만화를 보는 시간에 초점을 맞춘다면 굉장한 시간 낭비이자 쓸데없는 일로 보일 수도 있을 것이다. 그러나 공부에 집중하는 시간에 초점을 맞추어본다면 공부보다 쉽게 끌리는 방해물을 제거하기 위한 행동이었다는 점에서 그건 '유용한 쓸데없음'이었다고 말할 수 있다.

두뇌는 언제나 가동 중으로

시간 사용의 밀도를 높이는 두 번째 방법은 시간의 단절을 줄이는 것이다. 우리는 운동을 하기 전에 반드시 준비운동, 즉 워밍업을 한다. 왜냐면 '운동해야지' 생각한다고 해서 곧바로 운동할 수 있는 몸이 되는 게 아니기 때문이다.

공부를 할 때도 마찬가지이다. 집중력을 끌어올렸는데 친구와 커피를 마셔야 한다거나 식사하러 가야 하는 상황이 생기기도 한다. 그럴 때 나는 시간이 조금 걸리는 어려운 문제 하나를 머리에 넣고 갔다. 커피를 마시거나 밥을 먹을 때, 머릿속으로 그 문제를 계속 생각하는 것이다. 머리를 멀티태스킹 상태로 두려고 노력했다. 이를 통해 나는 내가 끌어올려 둔 공부의 텐션을 조금이라도 유지하려고 했다. 물리적·신체적으로 단절이 일어나는 시간에도 두뇌가 저효율 모드로 공부할 수 있게 말이다.

우리의 뇌는 '분산모드'와 '집중모드'의 두 가지 방식으로 가동되는데, 창의력이 발휘되는 순간은 주로 이동하거나 휴식을 취하거나 화장실에 가거나 샤워를 하는 등으로 신체가 긴장 상태에서 벗어나 이완이 되었을 때다. 이런 시간을 공부하는 데도 잘 활용하는 것이 너무도 중요하다.

　의식하지 않았겠지만 볼펜은 내가 '머리로' 한 일의 결과를 표현해 주는 것에 불과하다. 즉 공부는 머리로 하는 것이다. 몸은 잠시 공부를 떠났더라도 머리는 공부를 떠나지 않게 하는 것이 시간을 밀도 있게 쓰는 두 번째 방법이다.

'예상한 고통'은
덜 고통스러운 법

어떻게 하면 멘탈을 강하게 만들 수 있느냐고 물어보는 수험생이 많다. 멘탈이라는 단어를 이 책에서는 '수험생의 심리상태'라고 쓰고 있는데, 그러한 관점에서 멘탈은 강해지는 일이 없다. 누군가가 뒤에서 큰 소리를 내면 놀라는 사람과 그렇지 않은 사람이 있을 것이다. 놀라는 사람은 아무리 신경 쓰지 말자고 생각해도 같은 소리가 나면 또 똑같이 놀라게 된다.

그렇다고 역경이 있을 때, 큰 충격이나 자극이 왔을 때, 고통을 그대로 감내해야 하느냐 하면 그렇지 않다. 내가 받게 될 고통을 줄이는 방법이 있다. 고통은 내가 그것을 예측하지 못했을 때 더욱 크게 느껴지는 법이다. 수험생활에서 '멘탈이 흔들리는' 이유는 심적인 고통이 버틸 수 있는 수준을 넘어 그 고통이 너무 크기 때문이다.

내가 받게 될 고통을 예측하면 그 크기를 현저히 줄일 수 있다. 정확히 말하면 고통 그 자체의 객관적 크기가 줄어들지는 않지만, 내가 느끼는 정신적 충격은 훨씬 덜하기에 고통의 크기가 상대적으로 별 것 아니게, 즉 작게 느껴진다. 사람은 예상하지 못한 충격이나 고통을 더 크게 느끼는 법이니 말이다.

고통의 크기를
줄이는 방법

그렇다면 수험생활에서 오는 고통을 어떤 식으로 예측할 수 있을까? 미리 경험해볼 수도 없는 건데 말이다. 이에 대해 이미 앞에서 답을 제시한 적이 있다. 바로 간접경험을 통해 미리 고통이 발생할 시점과 그 강도를 가늠하는 것이다. 합격수기를 많이 읽었을 때의 장점 중 하나가 바로 이것이다. 다른 사람들이 경험한 고통을 미리 읽어보고 내가 겪을 고통과 발생 시기를 예측해보면, 그것을 '당연히 지나가는 것'으로 여길 수 있게 된다.

내가 시험 직전 마지막 정리를 할 때였다. 정리해야 하는 과목이 모두 일곱 과목, 한 과목당 페이지 수가 가장 많은 책이 2,700페이지 정도였다. 그것을 5일 만에 다 봐야 했는데 그러한 현실이 주는 중압감이 엄청나게 컸다. 늘 할 수 있다고 되뇌며 돌파구를 찾는 나였지만 이번엔 '과연 가능할까' 하는 생각이 들었다.

그러나 이미 합격수기를 읽었기에 마지막 정리 단계에서 엄청난 분량을 소화해야 하는 것 때문에 힘들고, 계획 수정도 해야 한다는 사실을 '경험'으로 미리 알고 있는 상황이었다. 이것이 나만 겪는 일이 아님을, '합격자' 역시 겪은 일이라는 사실을 떠올리니 무너지지 않을 수 있었다. 5일 만에 2,700페이지를 읽는 것이 전혀 고통스럽지 않았다는 뜻이 아니라, 당연히 예측되는 고통이었고 지나가야 할 고통이었기에 이겨낼 수 있었다는 얘기다.

그러니 고통을 예상하자. 분명히 고통스러울 거라는 걸 알고 대비하면 이것 또한 지나가리라는 생각과 함께 계속 앞으로 나아갈 수 있을 것이다.

슬럼프가 왔다는 것은 열심히 했다는 증거

슬럼프는 수험생이라면 누구나 꼭 한 번 겪는 일이다. 보통은 시간이 지남에 따라 자연스럽게 해결되지만, 아무 방도도 없이 버티려 하거나 그냥 내버려두면 생각보다 훨씬 더 많은 시간과 에너지를 허비하게 될 수도 있다. 그렇게 무방비로 흘려보낸 시간 때문에 공부에 타격을 입었다고 이야기하는 수험생이 꽤 많다.

곰곰이 다시 생각해보자. 슬럼프는 무엇을 의미하는 것일까? 그것은 일종의 '낙하감'으로 정의할 수 있다. 다시 말해 공부가 잘 안 된다는 느낌인데, 이는 상대적인 것으로 예전에 비해 공부가 잘 되지 않는 상태라고 할 수 있다.

슬럼프를 이처럼 정의한다면 의미 있는 결론을 얻을 수 있다. 바로 공부를 열심히 하지 않은 사람은 슬럼프에 빠질 일도 없다는 것이다. 슬럼프에 빠지지 않는 사람은 굉장히 강력한 동기부여로 자신을 끌고 가는 사람일 수 있지만, 애초에 공부 자체를 큰 성취나 열정 없이 하고 있는 사람일 가능성도 크다.

이전에 최상의 공부 컨디션에 있었던 사람만이 '하강'을 느낄 수 있는 법이다. 다시 말해 슬럼프에 빠진다는 얘기는 적어도 전에는 내가 공부를 열심히 잘하고 있었다는 사실의 반증이기도 한 것이다. 이 점을 명확히 인식하는 자세가 필요하다.

공부의 양과 성취도를 그래프로 그려보기

여기까지 이 책을 읽은 독자라면 주별 계획법에 따라 공부의 시간과 성취도를 기록하고 있을 것이다. 슬럼프에 빠졌을 때는 자신을 낮게 평가하는 자아가 강력하게 발동되는 상태이니 객관적인 기록으로 눈을 돌리자. 내가 지금까지 해온 공부의 양과 성취도를 그래프로 그려보면 정말로 공부 컨디션이 하강하고 있는 것인지, 아니면 파동을 그리는 곡선인데 그 방향이 오른쪽 위로 평균적으로 상승하고 있는 것인지 알 수 있다.

전자의 경우라면 객관적인 생활 방식을 조정해야 할 필요가 있지만, 후자의 경우라면 결국 공부 컨디션의 진폭이 원래대로 복귀하고 또한 평균점이 여전히 상승세에 있으니 크게 걱정할 것이 없다. 이 경우는 단지 알 수 없는 어떤 요인 때문에 자신을 부정적인 시각으로 바라보고 있을 뿐이다.

불안감을 맞닥뜨려야 불안감이 제거된다

수험생에게 멘탈 케어는 가장 큰 관심사 중 하나다. 특히 공부가 너무 안 된 것 같고, 해야 할 일이 한두 가지가 아닌 것 같은 느낌 때문에 잠을 못 이루고, 그 영향으로 공부에서 손을 놔버리는 불안감이 제일 큰 문제다. 그래서 친한 친구를 만나기도 하고 오랫동안 가지 않았던 본가에 가기도 하는데, 그런 행동으로는 상황이 확실하게 좋아지지 않는다.

수험 과정에서의 불안은 결국 성적을 제대로 받지 못할 것이라는 두려움과 미래에 대한 불확실성에서 기인한다. 도대체 우리는 왜 불안을 느낄까? 그리고 왜 실제 느껴야 할 불안보다 한층 더 크게 느끼는 걸까?

불안의 실체를
확인하자

이럴 때는 지금 왜 불안을 느끼는지, 실제보다 크게 느끼고 있는 것은 아닌지 반드시 구체화를 해보자. 이 감정을 정면으로 마주하고 적극적으로 대처해보자.

내가 실행한 방법은 이렇다. 연습장을 반으로 나눠서 왼쪽에는 '불안한 이유'를, 오른쪽에는 '솔루션'을 적었다. 마치 마인드스토밍Mindstorming을 하듯이 내게 불안함을 주는 요소를 구체적으로 모두 적었다. 내가 상대해야 할 적을 알아야 대비책을 세울 수 있기 때문이다. 그다음 그에 대한 대비책은 현재 상황에서 가능한 것으로, 최대·최소의 계획에 따라 두 가지를 적었다.

사법시험 2차까지 24주 정도 남았을 때, 네 가지 과목을 전혀 공부하지 못한 상태여서 나는 거의 잠을 잘 수 없었다. 시험이 망할 거라는 불안에 눈물이 날 정도였다. 이 불안을 없애고 다시 열심히 공부를 해야겠다는 생각보다는 당장 이 불안을 해결하고 싶다는 절박감이 들어 왜 불안한지 알아보기로 했다. 무엇이 나를 그토록 불안하게 하는 것일까? 그 요인을 노트에 적어보았다.

공책을 반으로 나누어 왼쪽에 '24주 남았는데 네 과목을 못 함'이라고 적었다. 적어놓고 가만히 들여다보니, 최종 정리에 필요한 8주를 제외하면 16주 정도 시간이 있다는 생각이 들었다. 보통 책 한 권을

● 2010년 사법시험을 준비할 때 썼던 불안 노트 내용 ●

너무 불안하다.
- 왜? 시험을 못 칠까 봐
- 시험을 못 치는 게 왜 불안할까?
- 시험을 못 치면 부모님이 실망하실 것 같아서

→ 부모님은 내가 시험을 못 친다고 실망하실까? 아닐 것 같다. 나를 항상 믿고 지지해주시는 분들이기 때문에. 순간 실망을 하실지 몰라도 새 꿈을 찾을 수 있게 도와주실 것 같다. 이 부분은 내가 과도하게 좋은 아들이 되고 싶어하기 때문일지도 모르겠다. 부모님을 조금 더 믿고, 나를 믿자. 이런 것으로 불안해지는 말자. 불안할 때는 전화통화를 해보자. 내일 모의고사 치고 전화드려봐야겠다. 목소리를 들으면 조금 괜찮아질 것 같다.

- 시험을 못 치면 변호사가 될 수 없기 때문에

→ 변호사가 되는 것만이 인생에서 성공한 길일까? 최선을 다했다면 변호사가 못 되더라도 후회는 없지 않을까? 내가 무서운 이유는 후회할까 봐가 아닐까?
그렇다면 후회 없이 최선을 다하자. 먹는 시간, 자는 시간을 모두 줄이고 공부 시간을 최대한 늘리자.

- 나는 왜 시험을 못 칠 것이라고 생각하고 불안해할까?
  시간은 부족하고 공부할 양은 많기 때문

→ 시간이 정말로 부족할까? 생동차로 합격하는 사람들은 실제 2차 준비 기간이 4~5개월밖에 안 된다. 내게 그런 기적이 일어나지 않으리라는 법이 없고, 객관적인 결과들도 있다. 시간이 부족했다는 핑계를 대지 말고, 최선을 다해보자.

읽고 정리하는 데 3주 정도가 걸리니 '새로운 네 과목을 공부하고도 여분으로 4주가 남는다, 부족한 학습이 있다면 나머지 4주를 활용할 수 있다'는 사실을 깨닫게 되었다. 그렇게 가능성을 눈으로 확인하니 마음이 한결 가벼워졌고, 무슨 일이 있어도 남은 기간 동안 이 계획을 수행만 한다면 합격할 거라는 희망을 가질 수 있었다.

심리적 쥐구멍을 마련하자

여러 번 강조하지만 공부는 어디까지나 자신의 행복을 위해 선택한 수단에 해당한다. 하지만 이 말을 오해해선 안 되는 것이 시험에서 높은 점수를 받고 합격을 한다고 해서 앞으로의 인생이 무조건 행복해지고, 합격하지 못하면 인생이 무조건 불행해진다는 뜻은 아니다.

이 점을 꼭 기억하면 좋겠다. 인생은 좋은 상황에서도 나쁜 일이, 나쁜 상황에서도 좋은 일이 일어날 수 있다. 늘 더 나은 삶으로 노력하고 만들어갈 수도 있지만 어떤 영역에서는 인간의 노력으로도 어찌할 수 없는 부분이 있다. 시험도 마찬가지다. 설령 시험에서 안 좋은 점수를 받아 불합격하더라도 남은 인생에서 얼마든지 만회할 기회가 있다. 한 번의 시험이 인생의 전부는 아니니 말이다.

또 다른 시험이든 아니면 공부가 아닌 완전히 다른 길이든, 어떤 길을 선택하느냐는 내 의지에 달린 것이겠지만, 이번에 선택한 길이 아니어도 우리가 행복해질 수 있는 방법은 무궁무진하게 많다. 다만 내가 '먼저' 이 길을 선택한 것에 불과할 뿐이다. 크게 보면 지금 여기에서의 실패가 내 인생의 궁극적인 행복으로 가는 길에 있다는 것을 꼭 기억하길 바란다.

그런 의미에서 보다 구체적인 조언을 하고자 한다. 나는 시험공부를 할 때 심리적인 쥐구멍을 하나 파두었다. '합격을 못 하면 어떡하지?'라는 해결되지 않는 불안감에 스스로 답을 해둔 것이다.

'합격 못 해도 괜찮아. 대신 사람들을 가르치는 일을 하겠어.'

물론 이것은 어디까지나 플랜 B이고 현재의 어려움에서 도망치기 위한 쥐구멍에 불과했을 수도 있지만, 이 조그만 마음의 구멍 덕분에 나는 현실의 압박감을 크게 덜 수 있었다. 그리고 그로 인해 정신적인 안정을 찾을 수 있었다는 점에서 어마어마한 효과가 있었다.

'배수의 진을 친다', '사즉생'이라는 말이 있다. 이 말은 죽을 각오로 한다는 뜻인데, 이렇게 스스로를 옭아매는 생각은 종종 평정심을 쉽게 잃게 만든다. 즉 마음을 익사시키는 결과를 불러올 뿐이다.

부족한 것, 하지 못한 것들은 무시하라

특히 시험날이 다가오면 그동안 왜 그렇게 헛된 시간을 보냈는지, 보충하지 못한 과목들이 시험에 나오면 어떻게 대처해야 할지, 내년 시험을 다시 준비해야 하는 것은 아닌지 등 오만 가지 불안한 생각들이 엄습한다.

그러나 확률적인 면에서 그간 하지 못한 공부, 부족한 점들을 생각하는 것은 멘탈만 갉아먹는 일이고 결과적으로 객관적인 점수 획득에 부정적인 영향만 끼칠 뿐 전혀 도움이 되지 않는다.

다른 장에서도 이야기했지만, 바꿀 수 없는 걸 가지고 고민하는 것은 수험생활에서 매우 아마추어적인 행동인데, 특히 그 점을 유념해야 하는 때가 시험이 임박했을 때다. 자신이 할 수 있고, 바꿀 수 있는 것에 최선을 다하는 것이 이때 해야 하는 일의 전부다. 불필요한 생각으로 마음의 추진력을 소모시킬 필요가 없다.

시험 막판에는 채찍은 버리고 당근만을 취하라. 지금까지의 공부 결과에 만족하고 스스로를 칭찬하고 대견스럽게 생각하자. 지금까지의 힘든 과정을 이겨내고 시험장에 들어갈 준비를 하는 나를 따뜻한 마음으로 안아주자.

이쯤이면 모든 것은 결정되어 있다. 내 실력은 하루 전에 공부를 더 한다고 늘지 않는다. 그간의 실력을 보존하는 것이 내가 할 수 있는 최선이라고 생각하면, 실상 그간의 공부가 결과를 이미 정해두었다고 할 수 있다. 시험장에 가서 답안을 쓰는 일은 그 공부 결과를 보여주기 위한 것, 즉 합격을 확인하기 위한 의식에 지나지 않는다. 그렇다면 그 과정을 겪어온 당신은 당연히 칭찬받아 마땅한 사람이다.

막판 뒤집기를 위한 승부수
- 시험 전략

시험 한 달 전에
해야 할 것들

시험이 한 달 정도 남았을 때는 무엇을 해야 할까? 물론 이 말은 1년이 넘는 비교적 장기간의 시간이 필요한 시험일 때만 해당되는 얘기다. 애초에 한두 달 준비하는 시험은 해당 사항이 없다.

  무엇보다도 가장 중요한 것은 시험장에서 볼 자료를 만드는 일이다. 이때 자료는 실제 시험장에서 도움이 되어야 하고, 심리적인 만족감을 줄 수 있는, 즉 멘탈에 손상을 주지 않는 것이어야 한다. 이 자료를 만들 때는 기존에 봤던 교재에 무언가를 추가하는 형태로 '봐야 할 양'을 늘리지 말고 오히려 줄이는 방향으로 만드는 것이 좋다. 즉 공부해야 할 부분을 확실하게 정해서 그것만 봐야 한다.

이것만큼은
잊지 마라

시험을 한 달 앞두고 자료를 만들고 정리할 때는 객관식과 주관식으로 나누어 정리한다.

먼저 객관식 시험의 경우에는 기출문제를 바탕으로 준비한다. 한 달밖에 남지 않은 상황에서 기출문제를 처음부터 푸는 건 무리다. 그러므로 기출문제의 해답을 옆에 놓고 표시하면서 (나머지 답은 보지 않고) 지문을 눈으로 빠르게 훑는 식으로 해야 한다.

이 과정에서 만약 모르는 문제가 나온다면 시간을 30초에서 1분 정도 더 투자해 정식으로 문제를 풀어본다. 그리고 모르는 지문과 아는 지문을 가린 후 모르는 지문만 형광펜으로 표시한다. 여기서 형광펜으로 표시한 부분이 암기를 해야 하는, 자신의 지식 중 빈 부분이라고 보면 된다.

이 작업이 막판에는 최종으로 아웃풋과 점검, 인풋을 동시에 하는 공부가 된다. 아는 문제는 1~2초 안에 아웃풋을 하고, 모르는 문제는 그걸 풀면서 부족한 지식을 인풋하는 것이기 때문이다. 이런 식으로 나만의 OX 지문집을 만드는 것이 시험에 임박했을 때 최고의 마무리가 된다.

객관식 부분에서 한 가지 더 해야 할 일은 단순 암기 사항들을 재정리하는 것이다. 교재를 구조화하며 제대로 공부를 해왔다면 지금

시점에서 여전히 외워지지 않은 것들은 주로 숫자나 고유명사 또는 매우 지엽적이거나 세세한 내용들이 대부분이다. 이런 내용들을 숫자의 경우라면 작은 것부터 큰 것으로 재배열하는 등 A4 용지에 최소한도 분량으로 재정리를 해보자. 이 과정에서 지식이 재분류가 되면서 암기가 되는데, 여기서 한 번 더 정리를 하면 정말로 외워지지 않는 것들을 모은 것이 된다. 이제 이렇게 만든 자료를 시험 당일까지 계속 반복해 보면서 '강화된 단기기억'을 만들어줘야 한다.

주관식 또는 서술형 시험의 경우에는 객관식과 같은 작업이 불가능하다. 실제 시험에서는 논지 전개를 주된 채점 요소로 고려하므로 교재 또는 문제집을 보고 목차를 떠올리는 훈련을 하는 것이 가장 효율적인 마무리 방법이라고 할 수 있다. 즉 기출문제보다 범위를 넓혀 기본서 내용까지 보며 마무리를 하면 된다.

만약 기출문제를 통한 기본서와의 '사고 단권화' 과정이 완료되지 않은 상태라면 문제집을 통해 공부를 마무리하는 편이 좋다. 이미 앞에서 설명했지만 문제집 해설이 곧 시험에 출제될 확률이 높은 기본서 서술 부분만을 모아둔 것이기 때문에, 문제집 해설을 곧바로 읽는 것이 시간과 노력을 줄이는 방법이다.

그리고 객관식과 주관식에서 공통적으로 해야 할 일이 하나 더 있다. 바로 '주의사항 노트'를 만드는 것이다. 노트라고 이름 붙였지만 실제 그 정도 양이 나오는 것은 아니고, 실전을 상정해서 문제를 풀 때 자주 나오는 실수들을 교정하거나 주의사항을 적은 리스트를 의미한

마지막 점검 공부

→ 해답을 보면서 기출문제를 빠르게 훑는다. 이때 문제 내용 중 모르는 부분이 있으면 형광펜으로 표시를 하고 그 부분을 습득하는 식으로 마지막 점검 공부를 했다.

다. 이때 주의할 점은 'OO 문제에서 계산 실수하지 말 것'과 같이 부정문의 형태는 의미가 없고, 반드시 그것을 대체하는 긍정문의 형태로 써야 한다는 것이다. 예를 들어 위의 경우라면 'OO 문제에 OO 부분 계산 정확하게 할 것'과 같이 써야 머릿속 회로가 수정되고 대체된다.

시험장에서
시험을 치르듯이

덧붙여 조언할 것이 있다. 내가 공부를 하는 곳과 시험장은 완전히 분위기가 다르다. 따라서 막판에는 실제 시험장을 상상하며 그 압박감 또는 공포감에 조금이라도 익숙해질 필요가 있다. 나는 문제를 풀거나 책을 읽기 전에 '여기는 시험장이다'라는 생각을 1~3분 정도 집중적으로 한 후 여기가 시험장이고 인생을 걸고 시험을 친다는 긴장감이 들면 그때 공부를 했다. 권투에서 흔히 하는 훈련인 '섀도 복싱'에서 착안한 방법인데 꼭 해보길 바란다.

나아가 생활 역시 신경 쓸 필요가 있다. 먹고 자는 것, 바로 이 두 가지다. 즉 낮밤이 바뀐 사람도 한 달 전부터는 실제 시험 리듬과 동일한 리듬으로 바꾸는 노력을 하는 것이 좋다. 만약 시간이 얼마 남지 않았다면 1~2주 전부터라도 바꾸는 것이 바람직하다.

먹는 것 역시 매우 중요하다. 한 달 전부터 미리 무엇을 먹으면 속이 편한지, 집중력이 높아지는지(또는 높아진다는 생각이 드는지), 담배를 시험과 시험 사이에 피면 다음 시간에 지장을 주지는 않는지 등 철저하게 미리 경험을 해봐야 한다. 시험장에서는 무엇보다 변수를 줄이는 것이 중요한데, 의외로 이런 부분에 대한 대비가 미흡한 학생들이 많다.

단기간에 시험을 준비하는 요령

여태 이야기한 공부법은 정석의 공부법이라고 할 수 있다. 여기서는 일반적인 경우보다 단기간에 준비해 합격하고자 하는 수험생들을 위한 방법을 소개하고자 한다. 다만 다음의 방법은 고득점을 위한 것은 아니므로, 철저하게 최소점 이상을 받아야 하거나 합격만 해야 하는 분들을 위해 추천하는 방식이라는 걸 밝혀둔다.

공부는 결국 지식의 투입, 즉 인풋과 투입된 지식의 활용, 즉 아웃풋이 핵심이다. 또한 계획-실행-점검 3단계로 이뤄지며 오랜 시간 준비하는 시험공부에 있어 '점검'이 필수적이다. 지금까지의 공부법을 4단계로 정리해보면 다음과 같다.

1. 기출문제 분석을 통한 범위 및 공부 필요량 측정
2. 교과서 내지 기본서를 통한 지식 입력
3. 문제풀이를 통한 지식 출력 확인
4. 마무리

기본서를 볼 시간이 없다면 문제집으로

각각의 책을 다 볼 수 없다면 우선 문제집으로 인풋과 아웃풋을 시도해볼 수 있다(시험 난이도가 낮다면 기출문제집만으로, 높다면 기출문제집과 예상문제집을 함께 보는 것이 좋다). 문제집 해설의 본질이 기본서의 내용에서 일부를 옮겨둔 것이기 때문이다. 이 방법으로 인풋, 아웃풋 과정을 거치면 기출문제 분석 과정을 건너뛸 수 있고(게다가 처음부터 기출문제 해설을 교재 대용으로 삼아 공부하면 자동으로 출제 범위와 난이도가 분석된 교재로 공부하는 셈이 된다), 기본서를 보는 시간이 단축되며, 봐야 할 분량도 적어진다. 완벽하다고 볼 수는 없지만 그나마 단기간의 시험 준비에 효율적인 전략이다.

다만 이러한 방식은 기본서(교과서)로 공부할 때 얻을 수 있는, 일정한 체계와 순서에 따라 지식을 정돈해 쉽게 이해하고 기억할 수 있는 장점은 없다. 따라서 일정 점수 이상을 얻기 위해서 결여된 부분을 보충하는 작업이 필요하다. 이것을 일반화하여 설명하면 다음과 같다.

1. 기출문제 해설을 통한 지식 입력
2. 기출문제 확인
3. 유사문제 해설 및 문제 확인
4. 교재 정독

여기서 3번과 4번은 이 방식의 단점을 보완하기 위한 것으로 난이도나 목표 점수에 따른 선택사항이다. 대체로 합격률이 50퍼센트 이상이라면 3~4번은 생략해도 좋다.

기출문제 해설을 통한 지식 입력은 다음과 같은 순서와 방법으로 한다. 먼저 문제집에 형광펜이나 볼펜을 이용해서 답을 모두 표시한다. 그리고 표시한 답과 문제를 반복해서 여러 번 본다. '다음 문제 답은 몇 번이다 또는 무슨 단어다' 라는 느낌이 들 때까지 반복해서 본다. 그런 다음 해설을 보면서 답이 되는 혹은 되지 않는 이유를 공부한다. 운전면허시험이나 일부 절대평가 시험의 경우라면 이 단계까지는 하지 않아도 좋다. 마지막으로 답이 되지 않는 나머지 선지들의 내용까지 공부를 한다. 이 과정에서는 앞 단계들을 누적하여 반복적으로 실행한다.

뭘 먹고 뭘 입을지도 생각하라
매크로 루틴

너무 유별나다고 생각할 수도 있지만, 시험 한 달 정도 전부터는 시험 전부터 무엇을 먹고, 시험 당일에는 무엇을 입고 갈지 등을 모두 생각해두어야 한다. 이런 것을 '매크로 루틴'이라고 한다.

대학수학능력시험에 임박하면 거의 십수 년째 뉴스 등에서 반복해 하는 말이 '얇은 옷을 여러 개 겹쳐 입고 가라'는 조언이다. 하지만 그런 추상적인 조언은 아무짝에 도움이 되지 않는다. 중요한 것은 미리 시험장에 가보고 일기예보를 찾아보면서 어떤 생활습관과 동선에 따라 움직일지를 계획하는 것이다.

넉넉하게 시험을 치기 한 달 전부터는 식단을 포함한 생활 관리를 하는 것이 좋다. 건강 유지나 다이어트 식단 같은 것을 운용하라는 의미가 아니다. 미리 실전훈련을 하면서 어떤 음식이 소화에 부담이 없는지, 어떤 음식이 머리를 쓰고 집중하는 데 도움이 되는지, 중간에 당이 떨어지면 어떻게 보충을 할지, 음식 섭취로 인한 배변 문제는 어떻게 조절할지, 소화를 위해 옷은 어느 정도 두께로 어느 정도 느슨한 것을 입을지 등을 모두 챙기라는 의미다.

시험이 다가오면 머릿속의 불안이 커지기 시작한다. 이것을 '인지불안'이라고 하는데, 이러한 불안은 시험이 임박하면 최고조에 달한다. 이런 인지불안을 없애기 위해 종종 시험 전날 그간 먹어본 적 없던 우황청심환을 먹겠다고 하는 경우가 있는데, 이는 정말로 위험한 행동이다. 우황청심환이 좋지 않다는 말이 아니라, 미리 매크로 루틴에 포함시켜서 내 몸에 어떤 영향을 미치는지를 확인해보지 않은 상태에서 그런 도박과도 같은 행동을 하면 안 된다는 말이다.

시험 하루 전에
해야 할 것들

시험 하루 전에는 교재 또는 자신이 정리한 문제집 해설을 통해 인풋과 아웃풋을 동시에 점검해보자. 보통 마무리 회독법상 마지막 '1'에 위치하는 날인데, 그 원리 역시 인풋과 아웃풋을 동시에 하는 것이다.

정석으로 시험을 준비했다면 기출문제 분석을 통해 어느 부분에 집중해야 하는지 표시가 된 교재가(앞선 방법에 따르면 밑줄이나 형광펜이 그어진 부분이 중요한 부분이다), 단기간에 시험을 준비했다면 문제집 해설이 준비되어 있을 것이다. 이것을 빠른 속도로 읽는 것이 최고의 마무리 전략이다.

눈으로 교재를 쭉 읽으며, 단순하게 글자를 읽는 게 아닌 문제풀이에서 이것이 어떤 의미였는지를 머릿속에서 함께 떠올려야 한다(아웃풋에 해당한다). 공부를 제대로 한 경우라면 이 과정이 매우 짧은 시간에 이루어진다. 거의 끊김 없이 활자를 쭉 읽어가는 느낌이 들 것이다.

만약 그것이 잘되지 않는다면 활자를 따라가다가 중간중간 멈추게 될 텐데, 이를 '눈이 튕긴다'고 표현한다. 이 경우는 아직 지식이 정확하게 머릿속에 들어 있지 않은 상태이니 시간을 더 할애하여 천천히 읽고 넘어가자.

그러나 걸리는 부분이 있다고 해서 자책하거나 당황하지 말자. 몇 년, 몇 개월에 걸쳐 입력해야 하는 공부 범위에서 기억이 나지 않는 부분이 있는 것은 당연한 일이다. 심호흡을 크게 하고 차분하게 읽어보자. 이 과정이 최종의 인풋이다.

다만 이렇게 시간을 더 투자해서 읽는 과정은 나중으로 미루어야 한다. 모르는 내용이 나올 때마다 멈춰서 인풋을 계속 하면 아직 읽지 않은 부분은 공부하지 못한다. 정신적 충격도 상당히 크게 받는다. 나는 책을 쭉 읽다가 모르는 부분이 나오면 일단 포스트잇을 붙이면서 읽고 넘어갔다. 전체를 빠르게 읽고 나면 약 두 시간 정도가 남았었는데, 그때 포스트잇으로 표시한 부분을 다시 찬찬히 읽었다. 표시한 부분이 20개라고 한다면 한 테마당 평균 6분을 보는 것을 목표로 잡고 지식을 보충했다.

이상의 작업은 그동안 장기기억에 저장해두었던 기억들을 단기기억으로 끌어올려주는 역할을 한다. 그래서 하루 전에 시험 과목 범위를 모두 볼 수 있느냐가 시험의 성패를 좌우한다고 얘기할 수 있다.

시험 당일 1
객관식을 푸는 기술

이번에는 알아두면 시험 당일에 도움이 될 이야기를 해보자. 먼저 객관식 문제에 대해 살펴보자. 이 방법을 쓰면 객관식 문제를 보다 빠르게 풀 수 있다. 그리고 문제를 빨리 풀면 헷갈리는 답이 있거나 난도가 높아 시간을 더 할애하고 싶은 문제가 있을 때 다시 풀 시간을 벌 수 있어 아주 유용하다. 결국 모든 문제를 제시간 내에 풀 수 있게 된다. 물론 이 방법을 실행하기 위해서는 문제 유형별 정리, 또는 해답의 단어군 정리가 먼저 되어 있어야 한다. 이러한 방식을 '미니루틴'이라고 한다.

객관식을 빨리 푸는 방법에는 크게 두 가지가 있다. 우선은 '버려도 되는 문제'의 수를 계산하는 것이다. 목표 점수가 100점 만점에

100점인 경우는 예외지만, 그 외에는 다른 의미로 '버려도 되는 문제'가 존재한다. 나는 평균 합격점 추이를 계산해서 올해 시험 예상 합격점을 마음속에 설정해둔 상태였다(안전하게 계산해 도출해낸 예상 합격점보다 조금 높게 잡는다). 그리고 그 외의 점수, 예를 들어 목표 점수가 85점이라고 한다면, 15점은 버린다는 생각으로 미리 머릿속에 쓰레기통을 만든다. 한 문제의 배점이 2점이라고 하면 총 일곱 문제 정도는 버려도 되는 것이다.

두 번째는 문제 개수에 따른 예상 풀이 시간을 미리 정해두는 것이다. 사법시험에서 1차는 기초문제 25문제, 응용문제 15문제가 출제된다. 총 70분의 시간 중 10분의 마킹 시간을 제외한 60분 중에 기초문제를 앞서 설명한 '직관적 사고체계'로 푸는 데 걸리는 시간을 30분, 나머지 15문제를 푸는 데 걸리는 시간을 30분으로 설정했다. 이 30분을 시험장에서 계산하는 것조차 부담이 될 수 있으므로 미리 분침이 어디로 향할 때 몇 번 문제를 풀 것인지 시나리오를 만들고 고사장으로 들어갔다.

이렇게 '머릿속 쓰레기통'을 만들고 예상 소요시간을 계산했다면, 문제를 받자마자 막 풀지 말고, 전체적으로 보고 '버려도 되는 문제'를 가려낸다. 나는 딱 봐서 답이 나오지 않거나 어려울 것 같은 문제는 동그라미를 치며 넘어갔다.

동그라미를 치는 작업을 끝낸 후에는 눈으로만 풀 수 있는 문제를 먼저 푼다. 동그라미가 쳐 있지 않은 대부분의 문제가 그렇겠지만 그

중에도 모르거나 헷갈리는 문제가 있기 마련이다. 그런 것들은 추가적으로 동그라미를 치며 넘어간다. 이 과정에서 눈으로 푸는 문제들은 일종의 가답안이 된다. 확률 70퍼센트 정도의 느낌이면 충분하다. 나중에 다시 문제를 전체적으로 보거나 마킹하는 과정에서 빠르게 풀 수 있으므로(문제가 이전 작업 때문에 익숙해져 있는 상태이므로 가능하다) 이때는 그런 식으로 확률을 높이는 것이 좋다.

이후에는 동그라미가 쳐진 문제들만 푸는데, 여기서부터는 아까 만들어둔 '머릿속 쓰레기통'을 사용한다. 남아 있는 '예상 소요시간'에 따라 달라질 수 있지만 나 같은 경우 1분 이상을 생각해도 풀리지 않는 문제는 바로 쓰레기통에 넣었다. 이렇게 해서 문제를 모두 풀면서 처음에 설정해둔 '버려도 되는 문제'의 숫자를 넘게 되면 동그라미 옆에 숫자를 따로 적었다. 이 숫자는 '쓰레기통'에 담지 못하는 문제들의 숫자로, 해당 문제들은 마지막까지 마킹하지 않고 목숨을 걸고 풀었다.

시험 당일 2
서술형을 푸는 기술

다음으로 서술형 문제를 푸는 방법에 대해 알아보자. 서술형을 풀 때는 무엇보다 문제를 분석하고 논지를 구성하는 과정과 그렇게 구성한 답안을 현출하는 과정을 나누어야 한다. 보통 전자에 전체 시험 시간의 6분의 1 또는 4분의 1 정도의 시간을 할애하고, 나머지 시간은 후자에 사용한다.

　서술형 시험에서 논지를 구성하는 것은 객관식 시험에서 답을 찾는 과정으로, 구성한 논지를 글로 옮기는 것은 객관식 시험의 OMR 마킹으로 비유할 수 있다. OMR 마킹을 아무리 잘해도 오답에 마킹했다면 점수가 나오지 않는다. 그러니 시험이 시작되면 모든 에너지와 정신을 초반부에 쏟아야 한다. 뼈대가 좋지 않은데 내용이 훌륭한 답안은 존재하지 않는다는 것을 꼭 기억하자.

답안 작성의 논리 구조(목차)는 바로 그걸 문장으로 만들 수 있을 정도로 써야 한다. 얼마나 구체적인가는 공부의 정도에 따라 다르겠지만 목차가 상세할수록 답안을 쓸 때 편해진다. 또한 문제를 분석할 때 어떠한 사례나 지문이 주어진다면 절대 그것을 먼저 읽으면 안 된다. 문제를 먼저 봐야 한다. 문제를 먼저 읽으면 문제에서 묻는 바를 이미 기출문제를 풀어보았기에 대략적으로 그 취지를 파악할 수 있다. 그에 따라 지문이나 사례 등을 취사해서 읽는다. 이렇게 하지 않고 지문을 먼저 읽어버리면 다른 시각으로 다시 읽어야 하니 비효율을 초래하게 된다.

구성한 답안을 머리에서 답안지로 옮기는 과정에서 몇 가지 주의할 점이 있다. 먼저 성급하게 답안 구조화를 하는 경우다. 문제의 조건을 제대로 확인하지 않고 성급하게 눈에 띈 단어에 반응해서 구조화를 해버리면 돌이키기가 어렵다. 특히나 장수생들에게서 이런 일이 잘 발생한다. 자기 딴에는 잘 썼다고 생각했는데 점수가 형편없게 나오는 이유는 바로 이 때문이다.

그리고 이 연장선의 문제인데, 한참 쓰다가 지금까지 구성한 답안이 잘못되었다는 생각이 들 때가 있다. 시간이 많이 남은 경우가 아니라면 답안을 바꾸지 말고 잘못 쓴 부분만 삭제하고 뒤이어 나머지 부분을 쓰는 것이 그나마 점수를 높게 받을 수 있는 방법이다. 처음부터 다시 쓰다가 답안의 최소 분량도 못 채우면 더 낮은 점수를 받게 된다. 당황하지 말고 잘못 쓴 부분만 삭제하고 이어서 다시 정확한 답안을 써나가도록 하자.

  문제가 잘게 나누어져 출제되는 경우, 모르는 부분이 있을 수 있다. 그 부분은 예상되는 답안 분량만큼 비워두고 쓰도록 한다. 사람의 머리는 멀티태스킹 속도가 빠르지 않지만, 분명히 풀었던 문제라면 늦은 속도로라도 풀게 된다. 그러니 다른 답안을 작성한 후에 모르는 문제로 돌아와서 답안을 적절한 분량으로 채우는 것이 좋다.

  답안을 작성할 때 너무 분량에 집착할 필요는 없다. 분량보다는 정확도가, 정해진 답이 없는 문제라면 논지 전개 과정이 더 중요하다. 이런 점을 갖추지 못한 채로, 즉 부정확하고 부실한데 분량만 많은 답안으로는 좋은 점수를 받기 힘들다. 만약 문제가 잘 풀리지 않거나 내 논지에 확신이 들지 않는 상황이라면 시간을 더 들여서 답안 구성의 완성도를 높이는 것이 좋다.

시험장에서
잡생각이 든다면

시험장에서 어떤 이유로든 집중력이 저하되고 잡생각이 드는 순간이 있다. 어려운 문제를 맞닥뜨리면 그러한데, 그때는 무리하게 문제를 풀려 하지 말고 10초 정도 심호흡을 하면서 다시 몸과 마음을 시험 모드로 튜닝할 필요가 있다.

시험이라는 것은 여러모로 '생존'에 반하는 행위다. 시험 준비를 위해서는 통상 하루에 여덟 시간 정도 자리에 앉아 있어야 한다. 눈이 아픈 것은 물론이고 허리도 아프고 체력도 점점 고갈되어 간다. '공부하다 보니 몸이 안 좋아졌어'라는 말은 흔히 듣지만 '공부하다 보니 몸이 좋아졌어!'라는 말은 한 번도 들어본 적이 없을 것이다. 그리고 우리가 '공부가 재미있다'는 사람을 으레 이상한 눈으로 쳐다보는 것처럼 공부는 본능적으로는 크게 끌리지 않는 행위일 뿐 아니라 건강에도 도움이 안 되는, 생존에 반하는 행위라고 할 수 있다.

이는 다이어트와 비슷하다. 식단을 조절하거나 굶는 것이 현재의 건강을 증진시킨다고 할 사람은 없을 것이다. 그러나 더 큰 목표가 있기에 그런 고된 과정을 견딜 수 있게 된다. 여기가 바로 이성이 발동하는 지점이다.

앞에서 이성이 적절하게 준비할 수 있게 컨트롤할 필요가 있다고 여러 번 설명을 했는데 긴장감이 높아진, 즉 본능이 조금 더 날카롭게 발동하는 시험장에서는 순간적으로 본능이 이성을 압도하는 경우가 있다. 본능이 이 위기 상황에서 '도망치고 싶다'는 생각이 들게 만들어 생존에 더 유리한 행동을 하도록 유도하는 것이다.

이때 본능을 누르는 두 가지 방법이 있다. 본능을 충족시켜주거나 이성의 힘을 조금 더 키우는 것이다. 그런데 전자의 방법은 곧 시험 포기를 의미하므로 취할 수 없고 후자의 방법을 택해야 한다. 잠시 눈을 감고 심호흡을 하면서 마음을 편하게 만들어 이성이 발동하는 상황을 만들어보자.

촌각을 다투는 상황에서 10초를 버린다고 생각하지 말고, 10초의 투자로 시험 치기 적절한 상황으로 돌아갈 수 있음을 미리 알아두자. 그것이 어쩌면 내게 닥칠지 모르는 상황에 대비하는 훌륭한 대응 지침이 되어줄지도 모른다.

빨리 포기할수록 합격이 빨라진다

나는 시험만 보면 늘 1교시 시험을 망치곤 했다. 징크스라고 해도 좋을 정도다. 시험이 주는 부담감, 결과를 얻지 못하면 안 된다는 중압감을 이기지 못해 그랬던 것 같다. 그런데 이상하게도 1교시를 망치고 나면 오히려 2교시부터는 마음이 편해졌다. 그리고는 늘 유지했던 컨디션대로 시험을 치르곤 했다.

대학에 갈 때도 그랬다. 나는 재수를 했는데, 1교시 언어영역부터 망한 느낌이 강하게 들었다. 모의고사를 볼 때는 늘 만점이거나 하나 정도 틀리던 과목이었는데, 전년도 수능의 결정적 패인이었던 국어점수가 이번에도 틀려먹었구나 하고 직감했다. 실제로도 전년도와 거의 동일한 점수를 받았다.

사법시험을 칠 때도 같은 문제가 생기리라는 건 안 봐도 뻔했다. 하지만 나는 크게 걱정하지 않았다. 이미 수능시험을 통해 그 상황에 대한 답을 가지고 있었기 때문이다. 그 답은 바로 포기다. 1교시에서 망하고 난 후 나는 분명 예전처럼 흔들릴 수 있었지만, 마음을 고쳐먹었다. 시험을 잘 치기를 포기하자고. 실제로 재수 때 수능 점수는 학교 진학과 관계가 없는 과학탐구 영역에서 두 개를 틀린 것 외에는 2교시 이후부터는 모두 만점을 받았다.

공부를 하는 사람에게, 점수를 잘 받아야 하는 사람에게 시험을 포기하라니 대체 무슨 말인가 싶을 것이다. 그러나 진짜로 시험을 포기하라는 말이 아니므로 오해가 없길 바란다. 정확히는 내가 할 수 있는 부분, 즉 좌우할 수 있는 부분과 그렇지 않은 부분을 나누고, 내가 어떻게 할 수 없는 부분에 대해서는 헛된 희망을 포기하라는 의미다.

수험생이 좋은 점수를 받거나 합격하기 위해 할 수 있는 일은 최선을 다해 공부하고 시험에 전력으로 응시를 하는 것이다. 엄연히 따지면 합격과 불합격을 결정짓고, 점수를 매기는 것은 채점자의 일이다. 그러니 나는 지금 할 수 있는 것을 하면 된다.

자신을 믿고
결과를 기다리자

사람은 위기의 순간에 균형감을 발휘한다. 그러나 그 균형감은 높은 절벽 사이의 외나무다리를 건널 때 발동되어야 하는 것이지 평지 위 외나무에서 균형감을 발휘할 필요는 없다. 평지에서 발휘하는 균형감은 오히려 실패로 이어지는 경우가 많다. 평지는 애초부터 별다른 균형감을 요구하지 않는데 균형감을 발휘한다는 말은, 평지를 외나무다리나 낭떠러지로 인식한다는 뜻이기 때문이다. 다른 곳에 에너지와 정신을 집중해야 이길 수 있는데 더 좋지 않은 상황을 일부러 만든다면 결과가 좋을 리 없다. 달리 말하자면 시험에서 반드시 좋은 점수를 받아야 한다거나, 꼭 합격해야 한다는 것은 할 수 없는 일을 하려고 하는 것으로 스스로에게 부담감만 줄 뿐이다.

　진정으로 노력을 다한 사람은 결과가 무엇이든 받아들일 용기와 책임감을 느낀다. 그 결과는 자기가 들인 노력의 가치이니 아름답지 않을 수 없다. 시험을 보는 본인이 진정으로 노력했고 자신을 믿는다면 결과에 대해 마음을 놓을 줄 아는 자세가 필요하다. 노력조차 하지 않은 사람이 하는 건 포기가 아니라 도망이다. 진정으로 노력한 사람만이 결과를 포기하고 받아들일 수 있고, 또한 성공할 수 있다.

이미 합격한 사람처럼 시험을 쳐라

시험을 치러 간 당신은 이미 합격한 사람이고, 그간의 공부가 당신을 그렇게 만들어줄 것이며, 시험장에 간 이유는 합격을 확인하러 간 것이라는 사실을 기억하라.

지나친 자신감이 아니냐고 할 수도 있겠지만, 미래에 닥칠지도 모르는 가능성을 확신으로 만들기 위한 과정이 지금까지의 준비 기간이었고, 나는 스스로 합격할 자격이 있는 사람이라고 생각해야 한다. 이 점에 의심이 있거나 의혹을 갖는 사람은 실제로 자신을 믿지 못하는 사람이기에 위기의 순간에 크게 흔들리게 된다. 시험 당일엔 나 자신을 믿는 마음에 조금의 흔들림도 없어야 한다.

혹여나 하는 의심을 지우고 자신의 믿음을 공고히 하는 방법이 있다. 앞서 소개하긴 했지만 마지막이니 더 구체적으로 설명하도록 하겠다.

고사장에 들어가며
합격자 수를 세어보자

고사장에 들어가기 전, 미리 전체 합격자의 숫자와 전국의 고사장 숫자를 파악하라. 그 후 고사장에 도착했을 때 교실 숫자를 세어보자. 그렇게 보면 한 반에서 몇 명 정도가 합격할지 가늠할 수 있다. 가령 전국에서 800명을 뽑는데 고사장이 다섯 군데라면 내가 온 이곳에서 160명을 뽑는다는 것을 알 수 있고, 도착한 고사장의 교실 숫자가 40실이라면, 1실당 네 명이 합격한다는 것을 알 수 있다.

그러면 이제 실제 나의 경쟁자를 대충 가늠할 수가 있다. 허겁지겁 책을 보는 사람이나, 책을 전부 들고 온 사람, 시험 시작하자마자 주관식 답안을 써내려가는 사람, 한숨 소리로 고사장을 채우는 사람, 얼굴이 죽음을 앞둔 사람처럼 경직된 사람들은 모두 당신의 적수가 아니다.

경쟁자를 추리고 보면 한두 명 정도가 남을 텐데 아까 계산한 합격자 숫자와 비교해보면 된다. 그중 한 자리는 이미 내 것이라고, 나머지 한 자리를 놓고 두 명 또는 세 명 정도가 경쟁을 한다고 생각하라.

합격한 사람처럼 행동하고 합격한 사람처럼 사고하라. 여러 위기의 순간들이 있었고, 시험장에서도 그런 순간들이 찾아올 것이다. 그러나 나는 이미 합격했기에 위기를 잘 넘길 거라는 구체적인 상상을 할 필요가 있다.

실제로 나는 사법시험 2차를 치를 때, 엄청난 공포가 밀려와서 패닉에 빠지기도 했었다. 항상 1교시를 말아먹는 징크스 때문이었을까, 1교시 헌법시험을 치다가 40분 정도 경과했을 때 내가 지금 치고 있는 시험이 연습이 아니라 실전임을 자각하게 되었다. 그 순간 엄청난 공포가 엄습해왔고 눈에 보일 정도로 팔이 크게 떨리기 시작했다. 도저히 글씨를 쓸 수 없을 정도여서 왼손으로 오른팔을 잡아도 글씨를 쓸 수 없었다. 그때 나는 내가 긴장하고 패닉에 빠질 것을 어느 정도 예상했었고, 이런 일은 가뿐히 넘길 것이라고 계속해서 마인드컨트롤을 했다. 그렇게 몇 번 되뇌자 마음이 편안해졌다. 그다음 무엇을 해야 할지 생각했는데 팔의 힘을 빼는 방법 말고는 없었다. 그래서 팔을 물어뜯었다. 시험 감독관이 깜짝 놀라 내 자리에 와서 괜찮냐고 하며 무슨 일이 있냐고 물었는데 괜찮다고만 대답을 했다. 다행히 팔의 떨림이 멈췄고 무사히 시험을 끝낼 수 있었다. 그렇게 1교시를 무사히 넘기고 난 뒤 나는 합격이라는 영광을 맞이할 수 있었다.

마치며

진정으로 바라는 것은
이루어진다

앞서 이 책을 시작하며 나는 시험에 있어서는 결과만이 고려된다고 쓴 적이 있다. 그러나 그것이 나의 인생에 있어서도 오로지 결과만이 고려되고 또한 중요성을 가진다는 의미는 아니다. 오히려 공부는 나의 진정한 소질과 꿈을 찾아가는 과정이라고 할 수 있다. 세상의 모든 것은 어떻게 보면 다분히 운에 의해 결정된다. 내가 아무리 노력해도 운이 좋지 않다면 결과가 좋지 않을 수 있는 것이다. 다만 내가 할 수 있는 일은 그러한 불운이 내게 찾아오지 않도록 최선을 다하는 것뿐이다.

공부를 열심히 하지 않은 사람일수록 결과에 더욱 집착하는 모습을 보이는 경우가 많다. 내가 노력하지 않았음에도 '망외의 득'이 굴러 들어오길, 행운이 내게 찾아오길 바라며 잠을 이루지 못한다. 그러나 진정으로 최선의 노력을 다한 사람은 결과보다는 그 과정에 의의를 두고 일어난 결과가 아닌 내 노력의 가치와 그 성과를 인정한다.

진정으로 바라는 것은 반드시 이루어진다. 그것은 내 마음가짐이나 행동이 결과를 불러온다는 의미가 아니다. 내가 간절하게 그것을 바라고 전력으로 그것을 얻기 위해 노력한다는 말은, 내게 일어날 수 있는 불운까지도 겸허하게 받아들이고 오로지 내가 할 수 있는 일에 진력한다는 의미다.

나는 사람은 누구나 자기만의 속도를 가진다고 생각한다. 어떤 사람은 굉장히 빠르고 또한 아름답게 결과를 취한다. 그런 사람은 다른 사람들에게 선망의 대상이 된다. 그러나 그것이 하나의 모델이나 표준이 될 필요는 없다. 내가 목표에 이르기까지 조금 더 시간이 걸린다고 해서 아름답지 않다거나 부족하다는 뜻은 아니다. 나는 내게 맞는 방식과 길을 '아직' 찾지 못했을 뿐이다. 결과를 빨리 얻은 사람은 자신의 소질과 환경 등 많은 요소가 운이 좋게도 좋은 방향으로 상승작용을 이루었을 뿐, 나도 조금은 늦을지 모르지만 결과를 얻을 수 있고 꿈을 이룰 수 있다. 진정으로 바라면 이루어진다는 말은, 내게 어떤 역경과 고난이 오더라도 꿈을 포기하지 않는 사람만이 그것을 이룬다는 의미다.

조바심을 버리고 차근히 내가 진정으로 원하는 바, 즉 꿈을 이루기 위해 내가 현재 선택한 공부라는 인생의 과정에 모든 것을 쏟는다면, 누구나 그 꿈을 이룰 수 있다. 이 책이 그런 진정한 꿈을 가진 분들을 위해 작게나마 도움이 되길 바란다.

부록 수험생활의 길잡이가 된 합격수기

나는 한다, 그리고 할 수 있다

李敏榮

나는 대한민국 정부가 수립되던 해인 1948년 10월 26일, 충청북도 음성군 맹동면에서 태어났다. 산으로 둘러싸인 그 조그만 마을은 교통이 불편한 외딴곳이었지만 지나온 36년의 인생행로를 반추해볼 때 그곳은 가장 행복하고 아늑한 공간이었다. 유난히 개구쟁이였던 나는 달도 없는 캄캄한 밤에 친구들과 달리기 시합을 하다가 넘어져 무릎을 다치기도 했고, 가을이면 남의 산에 올라가 밤을 따다 주인에게 들켜 혼구멍이 나기도 했다.

어느 해던가…. 유독 눈이 많이 내리던 겨울, 근처 몇 동네를 통틀어 제일 큰, 20칸이 넘는 집에서 나는 밤새 내린 눈을 혼자서 다 치우겠다고 고집을 부렸고, 결국 그 눈을 다 치운 덕에 동상에 걸려 한동안 고생을 하기도 했다. 아침저녁으로 아령 체조와 역기를 한 덕으로 나이 많은 형님과 팔씨름을 해서 이길 정도로 주위에서는 기운 센 아이라는 소리도 들었다. 형님과 싸우다 아버지 앞에 불려가 벌을 서던 일… 모든 것이 평화롭고 따뜻하고 포근했던 시절이었다. 부족함이 없었던 생활… 그것이 얼마나 귀한 것인지는 뼈저린 가난을 경험하고 나서야 비로소 알게 되었다.

4·19혁명이 나던 1960년, 우리 식구들은 정든 고향을 등진 채 무거운 걸

음으로 산을 넘어 중원군 신니면 동락으로 이사를 했다. 내가 초등학교 6학년이 되던 해 봄이었다. 충주사범학교를 나와서 교편생활을 하셨던 아버지는 맹동면장을 거쳐 그 무렵 감찰위원회 음성군 책임자로 계셨는데 4·19 와중에 직장을 잃으셨고, 무슨 일인지 가세가 차차 기울어 더 이상 고향에 머물 수 없게 되었다. 20여 칸이나 되는 큰집을 팔아버리고 3칸짜리 오두막에 들어서면서 나는 왜 갑자기 이런 집으로 이사를 해야 하는지 모를 정도로 그때 철부지였다.

가세는 점점 기울고

아버지께서는 뒤늦게 한의학 공부를 하시어 한약업 허가를 얻어 약방을 차리셨지만 낯선 곳에서 제대로 영업이 될 리 없었다. 집에서 가사를 돌보던 누님은 외삼촌이 계신 부산으로 기술을 배우러 떠나고 중학교 2학년이던 형님은 학교를 중퇴할 수밖에 없었다. 개구쟁이긴 했지만 나는 그래도 초등학교 졸업식에서 도지사상과 6년 개근상을 탔다. 하지만 그것이 무슨 소용이랴! 졸업식이 끝나고 급우들이 다 떠나고 난 뒤 나는 화장실 뒤에서 서럽게 울었다. 그 눈물이 바로 그 이후의 내 앞길에 고난과 슬픔을 예고해주는 비운의 서곡이 될 줄이야.

진학 못 한 슬픔에 젖어볼 겨를도 없이 곧바로 생활전선에 뛰어들어야 했다. 무엇이든 닥치는 대로 일을 했지만, 나이가 어린 데다가 동작이 둔해 일꾼 한 사람의 반몫도 해내지 못했다. 그런 까닭에 품삯을 받지 못하고 허기진 배를 채우는 게 고작이었다. 집에서는 쌀 몇 알 들어가지 않은 잡곡밥이나 나물죽으로 끼니를 때워야 했고, 때로는 굶기도 했지만 남의 집 일을 열심히 하면 흰 쌀밥을 먹여주니 그 정도라도 감지덕지였다.

배고픔은 참을 수 있었지만 진학하지 못한 슬픔은 한이 되어 내 가슴에 남아 있었다. 내가 일을 해주는 주인집 아이들과 한때 같은 교실에서 공부하기도 했는데 이젠 그들에게 시커멓게 그을고 야윈 몰골로 퇴비를 나르는 내 모습을 보인다는 것은 가슴에 못이 박히도록 부끄럽고 슬픈 일이었다. 처음에는 어찌 된 일이냐고 묻던 친구들도 어색하고 부끄러워하는 나를 동정해서 자기네들이 먼저 나를 피해주었다. "공부하리라, 꼭 다시 시작하리라!" 나는 이때 눈을 부릅뜨고 이를 악물었다.

한약방 경영이 어렵게 되자 선비이신 아버지는 이웃집의 사랑방을 빌려 한문 서당을 차려 아이들을 가르치셨고, 일하는 사람을 두고 집안일을 하셨던 어머니는 이제 남의 집 일을 하러 다니셨다. 가족의 생계를 위해 손끝이 터지고 나중에는 뼈마디가 튀어나올 정도로 일을 하신 어머니의 희생은 지금도 가슴을 찡하게 한다.

공사판에 나가 일을 하다

15세가 되면서부터는 자주 근로사업장이나 공사판에 나가 일을 했다. 새벽 6시에 일어나 6~7킬로미터나 떨어진 공사장에 가서 일을 하고 돌아오면 어두운 밤이었고 온몸은 매 맞은 것처럼 아프고 저려왔다. 발 씻고 자는 날조차 드물 정도로 고된 나날이었다. 도저히 안 되겠다 싶어 일이 좀 편할 것 같은 기와공장으로 자리를 옮겼다. 공사장보다 일은 쉬웠지만 잠시도 쉴 틈이 없어 힘들기는 마찬가지였다. 일을 하다 쓰러질 것 같으면 몰래 화장실에 가서 쉬었다. 그러다 한 번은 감독에게 들켜 멱살을 잡히고 또다시 꾀를 부리면 쫓아내겠다는 호통을 들었다. 어머니의 품이 그리웠다. 이렇게 희망 없는 생활이 언제까지 계속될 것인지…. 차라리 사는 것이 두렵기조차 했다. 그래, 나도 공부를 하자. 생각이 여기에 미치자 집으로 돌아가고 싶어졌다.

집으로 돌아와 예전처럼 산에 가서 나무를 해다 팔기도 했고 남의 집 농사일을 도우면서 우선 아버지 서당에서 한문을 배우기로 했다. 이전까지만 해도 초등학교만 나온 주제에 한문은 배워 무엇 하나, 다 쓸데없는 짓이라 생각하여 공부하겠다는 마음은 꿈에도 안 가졌지만, 객지에서 어린 나이에 겪은 고통은 이제 무엇이든 배워야 한다는 굳센 신념을 심어주기에 충분했다.

아버지께 틈틈이 한문을 약 6개월간 배우고 나니 조금씩 흥미가 생기고 공부에 대한 강한 열망이 일었다. 우스운 이야기지만 열심히 한 덕분에 아버지 대신 학생들을 가르치게 되었다. 같은 또래의 학생들에게 선생님 소리를 들어가면서 가르쳤는데 지금 생각하면 재미있는 일이었다. 그러나 그렇다고 해서 욕을 먹었던 기억은 없으니 큰 실수는 하지 않았던 모양이다. 신문을 읽게 되자 사회의 움직임에 눈을 뜨게 되었다.

독학 2년 만에 중·고등 과정을 마치고

이대로 일생을 시골에서 취생몽사 할 수는 없었다. 어떠한 어려움이 있더라도 배워야 한다. '아는 것이 힘'이라고 하지 않는가. 그러나 끼니 걱정을 해야 하는 마당에 부모님께 공부하겠다고 조르는 것은 철없는 짓이었다. 나의 고민을 눈치 채신 부모님이 먼저 이야기를 꺼내셨다. "네가 하다하다 쓰러지는 한이 있더라도 하는 데까지 힘껏 해보아라." 아버지는 전에 따놓으셨던 한약방 허가증을 반납하시고 책을 사주셨다.

꿈 같은 일이지만 대학에 가고 싶었다. 어엿한 대학 배지를 달고 싶었다. 그러나 생계유지도 급급한 형편인데 대학생이 되기 위해 검정고시 준비를 한다는 것은 나 자신이 용납할 수 없었다. 그보다는 공무원 시험을 쳐서 면서기가 되어 가계를 돕는 것이 부모님에 대한 도리라고 생각했다. 말이 독학이지 막상 착수하고 보니 도대체 종잡을 수가 없었다. 친구들은 벌써 고등학교에 다니는데 뒤늦게 공사장에서 일하며 공부하는 것이 무모한 일처럼 생각되기도 했다. 그러나 더 이상 뒤쳐지지 않기 위해 때와 장소를 가리지 않고 영어 단어와 수학 공식을 외웠다. 영양실조로 쓰러지기도 했고, 피곤이 쌓여 코피를 쏟기도 했지만, 용케도 견디어냈다.

한번은 공사장에서 지게를 진 채 단어를 외우며 일을 하다가 널빤지 위의 큰 못에 발을 찔려 언덕 아래로 굴러 떨어지기도 했다. 정신없이 못을 빼고 발을 감싸 쥐었는데 벌써 피가 신발을 붉게 물들이고 있었다. 공사장 현장감독이 뛰어와 내의를 찢어 상처를 싸매고 시골병원으로 데려갔다. 발의 상처도 컸지만 온몸의 타박상은 더 심했다. 죽지 않은 게 다행이었다.

이 일로 나는 한 달을 누워 있어야 했다. 집으로 돌아와 몸이 저리도록 차가운 방에 누워 하염없이 눈물을 흘렸다. 넌 왜 유복한 환경에서 공부하지 못하느냐, 그래, 공부가 네 목숨을 걸 만큼 중요한 거냐, 무엇이 너를 이렇게 만들었느냐, 이게 무슨 분수 넘치는 짓이냐, 쓰라린 자기 비하와 누구에게 향하는지 모를 원망이 나를 괴롭혔다. 그러나 그 순간에도 내 손에는 책이 있었다.

너무 추워 화로를 껴안은 채 책을 보다 잠든 일이 있었다. 그러다 얼마나 지났을까, 갑자기 온몸이 후끈후끈할 정도로 따뜻해서 잠을 깼다. 뒤집어쓴 이불에 불이 붙어 조금씩 타들어오고 있었다. 불이야! 소리 지르며 뛰쳐나와 타 죽는 것은 면했지만 불을 끄고 나니 방이 온통 엉망이었다. 방 한구석에는 아버지가 한약방 허가증을 반납하여 사주신 책이 물에 젖은 채 나뒹굴고 있었다.

이렇게 사연 많은 독학을 시작한 지 2년 만에 중·고등 과정을 마칠 수 있었다, 1966년, 만 18세 되던 해 봄이었다. 이제는 어엿한 공무원이 되어 펜대를 잡나 보다 하고 흐뭇한 생각으로 군청에 가서 공무원 시험 일자를 알아보니 만 20세가 되어야 응시할 수 있다는 것이 아닌가. 하늘이 노랬다. 지방 공무원이 되어 이 고생을 벗어나고, 부모님께 도리를 할 수도 있다는 소박한 꿈마저 산산조각나는 순간이었다. 이제는 또 무엇을 해야 하나 2년을 더 기다릴 수 없었다.

나는 좀더 눈을 크게 뜨고 이 세상을 보고 싶어졌다. 차라리 더 어려운 시험을 찾아보자. 무모한 생각인 줄 알았지만, 그때까지의 체험으로 열심히 하면 무언가 손에 잡힐 거라는 믿음이 생겼다.

신문에서 본 기억으로 이웃 마을에 사는 대학 출신 형에게 가서 고시가 무엇이냐고 물었다. 그 형은 내 생각을 눈치 챘는지 쓸데없는 생각은 집어치우고 열심히 일을 해서 고생이나 면해보라고 나를 타일렀다. 여러모로 생각한 끝에 고시 계통 잡지사에 문의를 해보았다. 고등고시에 대해 상세히 안내된 답장이 왔다. 당시에는 학력 제한이 있어서 4년제 정규대학을 졸업해야만 사법고시나 행정고시에 응시할 수 있었기 때문에 나와 같은 독학자는 사범 및 행정요원 예비시험을 치러야 했다. 시험과목은 국어·국사·영어·정치학·문화사·철학개론·법학개론·경제원론·자연과학개론 등 도합 10과목이었다.

첫 도전으로 고등고시 예비시험에 합격하다

고등고시 예비시험을 준비하겠다고 하니 부모님은 펄쩍 뛰셨다. 올라가지 못할 나무는 쳐다보지도 말라며…. 주위에서는 중학교도 못 간 애가 공부에 미쳤나 보다, 괜히 젊은 애 하나 버렸다고 수군거렸다. 그러나 뜻이 있는 곳에 길이 있다고 기쁜 소식이 날 찾아왔다. 아버지께서 한약방을 하실 때 사정이 어려운 손님에게 무료로 약을 지어준 적이 있으셨는데 이를 감사하게 여긴 그분이 내 어려운 사정을 듣고 친척되는 아주머니에게 도움을 요청하신 거였다. 어느 아주머니께서 날 만나자고 하셨다. 나는 그 댁에 머물면서 난생처음 공부에만 전념할 수 있었다. 고시 응시티켓을 따느냐, 미친놈 소리를 듣고 물러서느냐의 한판이었다. 약 9개월간 피나는 노력을 했다.

1966년 11월 말 드디어 첫 번의 도전으로 제7회 사범 및 행정요원 예비시험에 당당히 합격했다. 그것은 나의 보람인 동시에 부모님의 기쁨이었고, 나를 대신해 가계를 꾸린 동생 화영, 화숙의 고생의 대가이기도 했다. 그리고 도와주신 아주머니의 은혜에 대한 조그마한 보답이었다. 나의 합격이 믿어지지 않았던지 동네 유지 한 분이 응시표를 확인하고 나서 기뻐하시는 것도 보았다.

합격이 확인되자 갑자기 주위의 시선이 달라졌다. 나는 차츰 자만심에 빠졌으며 곧 고시에 합격할 것 같은 착각에 들뜨게 되었다. 그러나 뚜렷한 가치관이 정립되지 못한 상태에서 오직 승부 기질 하나만으로 합격했다는 데 문제가 있었다. 지나친 자만심은 자신을 게으름과 방종의 구렁으로 몰아넣었다. 예전처럼 일을 열심히 하는 것도 아니고, 고시에 대한 방향도 제대로 잡지 못한 채 세월만 허송하다가 군에 입대하게 되었다. 그때 허비한 시간들은 나에게 내면적 성숙이 따르지 않은 외면적 성공이란 얼마나 허무한 것인가를 여실히 보여주었다는 의미에서 값진 경험이었다고 생각한다.

군 생활을 마치고 다시 생활전선에 나서다

군에 입대하자 나는 철없던 초등학교 시절 이후 처음으로 단체생활을 하게 되었다. 그리고 비로소 나의 시야가 얼마나 좁았던가 느꼈다. 자신의 내적 충실을 이룬 후에 눈을 뜨고 큰 것을 보자, 내실 없는 외적 화려함은 사상누각이 아닌가 하고 생각하게 되었다.

이제 제대 후 자력으로 공부할 수 있는 학자금을 마련해야 했다. 더 이상 남의 신세를 질 수 없었다. 숙고 끝에 월남에 지원하기로 했다. 백마 부대 30연대에 배속되어 20개월간 수많은 전투에 참가했다. 죽을 고비를 넘기고 기적적으로 살아난 것도 여러 번이었다. 생사를 넘나드는 전투의 체험은 어떠한 난관에도 굴하지 않는 의지력과 인내심, 그리고 살아 숨 쉬는 것만으로도 신에게 감사하게 되는 겸허함을 가르쳐주었다.

1972년 여름, 월남에서 돌아왔을 때 내 손에는 제대 후 2년 정도 공부할 수 있는 약 30만 원이란 돈이 쥐어져 있었다. 고향에 돌아오자 나는 엄청난 현실에 망연자실해야 했다. 1972년 8월 중순, 충주 지방 일대에 가옥과 농경지를 휩쓴 큰 물난리가 나서 당시 충주 달천에 이사해 있던 우리 집은 가재 도구 하나 건지지 못하고, 실의에 빠진 가족들은 탈진한 상태에서 무작정 상경을 하고 난 뒤였다. 제대하고 착실히 공부하리라던 꿈은 산산조각이 났고 이미 학자금은 내 몫이 될 수 없었다. 고생하는 부모 형제를 어찌 외면할 수 있단 말인가.

한 가닥 희망의 여지도 없이 제대를 하고 사회에 나왔을 때, 그 절망감은 27살인 내 나이에 어울리지 않게 깊고 어두운 그림자를 드리웠다. 게다가 설상가상으로 제대 후 얼마 있지 않아 국가고시에 학력 철폐라는 대개혁이 있었다. 독학자들에게는 일대 복음 같은 이 학력 제한 철폐가 나에게는 현실적인 불이익으로 다가왔다. 어렵게 따낸 나의 예비 합격증이 휴지가 되는 순간 나는 단지 국민학교 졸업에 불과한 원위치로 돌아오고 말았다. 남들은 대학을 졸업하고 취직을 하여 자리를 잡았을 27세에 말이다.

이제는 모든 것이 쓸모없게 되었구나 하는 심경에 자포자기가 되어 방향 감각을 잃고 있었다. 어떠한 일도 안중에 없다는 듯 그저 우직하게 일만 해댔다. 방 한 칸 전세 낼 돈이 없어 사글세방을 전전하며 그날그날의 호구도 어려운 부모 형제를 보면서 한없이 슬픔에 잠겼다. 추운 겨울에 밤을 지새우고 돌아갈 때에는 나의 처지가 너무나도 서러워 별을 보며 울었다. 이렇게 흘린 눈물은 어느덧 기뻐도 슬퍼도 울지 않는 딱딱한 사람으로 자신을 단련시

켜가고 있었다. '나는 울지 않는다. 결코 울지 않는다. 언젠가 기뻐할 수 있는 그날이 오면 그날을 위해 눈물이라도 저축해두어야지.'

이러한 생활이 계속되면서 또다시 나에게는 생명의 불꽃이 일기 시작했다. 옛날에 그 고통 속에서도 책을 잡았던 자신이 아닌가? 한때 나를 붙잡아 세웠던 불우한 이웃을 위하여 일을 해야만 한다는 사명감이 서서히 솟아올랐다. 곰팡내 나는 음지를 비칠 수 있다면 비록 작은 빛이라 해도 그 빛이 불행한 이들에게 얼마나 값진 것인가 배웠다. 이 체험을 통한 확고한 신념은 그 뒤 역경 속에서도 나를 지탱시켜주는 힘의 원천이 되었다. 낮에는 아파트 공사장에서 일을 하고 돌아오면 나는 내 자신의 육체와 끈질기고 외로운 싸움을 했다. 솜방망이처럼 풀어진 온몸이 집중을 방해했지만 절대로 굴복할 수 없었다. 공부의 성과보다도 그 어려움 속에서도 나의 정신 자세가 다시 확고해질 수 있었다는 점만으로도 값진 시기였다.

누님의 도움으로 사시 준비에 돌입

이렇게 기약 없는 생활이 계속되고 있을 때 부산 누님에게서 소식이 왔다. 만사 제치고 내려오라는 것이었다. 나의 고통을 더 이상 볼 수 없다는 게 그 뜻이었다. 누님은 중학교 2학년에 중퇴한 형을 부산으로 데려가 중학교에 복교시키고 고등학교까지 졸업시켜주었다. 호영 형님은 이것을 토대로 자신의 길을 개척, 감리교 신학대학과 동 대학원을 거쳐 현재 구로구 시흥동에 있는 지혜감리교회 목사로 봉직하고 있다. 고생하는 가족들을 두고 혼자 떠나는 것이 마음 아팠지만 뒷일을 동생들에게 부탁하고 부산행 열차에 몸을 실었다.

부모님께서는 내가 다시 공부를 하게 되니 죄를 벗는 것 같다며 오히려 기뻐하셨다.

누님댁에 기숙하며 독서실에 나가는 생활이 계속되었다. 누님을 실망시키지 않기 위해 열심히 노력했지만 어디서부터 어떻게 시작해야 할지 모르는데 능률이 오를 리 만무했다. 나의 심정을 알고 누님은 무리를 해서 고시 준비생들의 하숙인 부산법우회관으로 보내주셨다. 당시 법우회관에는 부산·경남 일대의 쟁쟁한 고시생들이 포진하고 있었고, 그들과 접하면서 처음으로 주먹구구식 공부에서 벗어날 수 있었다. 나의 어려운 처지를 안 그곳 원장님은 하숙비를 면제해주는 온정을 베푸셨다. 그러나 고생하시는 부모님을 동생들에게 맡긴 채 떠나온 죄책감, 책값·잡비 등 일체의 보조 지원을 약속하셨던 누님의 파산이 겹치게 되었다.

원장님의 크나크신 호의에도 불구하고 공부를 제대로 하지 못한 채 제21회 사시에서 1차에 낙방하고 제22회에는 겨우 1차에만 합격하였으나 정든 법우회관을 떠날 수밖에 없었다. 그동안에 법우회관 생활 중 파산한 누님을 대신해서 나를 돕겠다며 원양 어선을 타고 외국에 나가는 등 애써주던 동생 화영에게서 진한 형제애를 느끼기도 했다.

공무원 고시학원 강사 생활

어느 조그만 암자에서 잠일을 해주며 쉬고 있을 때 법우회관 원장님으로부터 새로 부산고시학원에서 강사로 일해 보면 어떻겠느냐는 전갈이 왔다. 나 자신이 스승에게 배워본 적이 없는 처지에 공무원 시험준비생들을 가르친다는 것이 두려웠다. 그러나 부족한 실력은 열성으로 극복하리라 마음먹고 강사 생활을 시작했다. 어려운 여건 속에서도 내일을 위해 공부하는 학생들을 보니 새삼 용기가 솟았다. 나보다 더 불우한 청소년들이 많은데 내가 좌절해서는 안 될 일이었다.

학생들과 생활하는 가운데 이들에게 하나의 좌표를 제시해주어야만 한다는 사명감이 서서히 불타올랐다. 나는 그들에게 열심히 공부하라고 용기를 북돋아주었다. 집을 옮길 때마다 이삿짐을 날라다주던 학생들의 성의와, 수강을 마치고 난 후에도 개인적으로 찾아주던 정은 지금도 아름다운 추억으로 남아 있다. 그러나 또 이 무슨 운명의 장난인가! 제22회 사시 2차에서 떨어진 것은 그래도 좋았는데 23회에서는 1차에서마저 간발의 차이로 패배하는 쓰라린 상처를 남길 줄이야!

1차시험에서의 패배, 그것은 1년간의 피땀 어린 노력을 물거품처럼 만들어버렸다. 실패에는 이유가 있을 수 없다. 또 변명을 해서도 안 된다. 시험에 떨어질 때마다 며칠 밤을 뜬눈으로 지새우며 괴로워했던 일이 어디 한두 번이랴만 그때의 충격은 너무나도 컸다. 이 광활한 대지 위에 다시 홀로 서게 된 나! 승리의 기쁨을 찾기보다 패배의 괴로움을 피하기 위해서 싸움에서 반드시 이겨야 한다는 것을 뼈아프게 느끼게 해준 계기였다. 나는 이겨야 한다. 그리고 이길 수 있다.

본격적으로 고시와 대결하다

아무도 몰래 조용히 부산을 떠나기로 했다. '고시여! 그대는 얼마나 많은 젊은 가슴에 한과 눈물을 남긴 채 살과 뼈를 깎게 했던고, 이제 그대와의 일대일 대결에서 기필코 그대의 오만한 콧대를 꺾어 나의 응어리진 설움을 꼭 풀고 말리라.'

부산을 떠나며 꼭 합격해서 도와주신 분들에게 사죄하리라 마음먹었다. 34살 노총각의 비애를 아무도 모르리라. 시험 준비 자체뿐만 아니라 합격·불합격에 대한 기대와 예측으로 빚어지는 인간적 갈등과 좌절의 극복 드라마를 당해보지 않고 누군들 쉬이 짐작이나 할 수 있겠는가?

무작정 내가 도착한 곳은 통도사 S암이었다. 앞길에 방향이 설 리 만무했지만 어떻게든 2년 후면 꼭 합격하겠노라고 이를 악물었다. 내가 아무도 모르게 부산을 떠나버리자 몇 개월 후 나의 주소를 수소문하신 누님이 찾아오셨다. 더 이상 고생하는 누님께 짐을 지워드리기 싫어 몰래 떠나온 건데…. 이제 딴 일에 매달리지 않고 오직 공부에만 몰두할 수 있게 해줄 테니 운명을 걸고 한 번 더 공부해보라는 것이었다. 가세가 기울어진 누님이었지만 동생에게 거는 눈물겨운 마지막 열의였다. 마음이 아팠으나 합격 후 갚아드리기로 하고 꾹 참았다. 오랜 세월 만에 처음으로 공부에 전념할 수 있는 기회가 내게 주어진 셈이었다. 피나는 노력을 했다. 한여름의 대나무 죽순처럼 실력이 죽죽 느는 것 같았다.

그러나 인생사는 마음먹는 대로 되는 것이 아닌지 통도사에 온 지 몇 개월 못 되어 묘한 인연으로 본사 박물관에 근무하는 J양을 만나게 되었다. 오랜 떠돌이 생활 속에 메말라버린 심신에 J양과의 만남은 횟수를 거듭할 수밖에 없었고, 제24회 시험을 불과 3개월 앞둔 중요한 시기였음에도 불구하고 그녀에게 향하는 마음을 멈출 수가 없었다. 은근히 걱정이 되었다. 합격하기 전에는 절대 여자를 가까이 하지 말라고 다짐하셨던 누님의 얼굴이 떠올랐다. 온갖 정성을 다해 뒷바라지를 해주시는 데 아가씨와 연애를 하다니 아무래도 용납될 것 같지 않았다. 그러나 아무래도 J양을 포기할 수 없었다. 좋다. 내 분명히 다 성공해 보이겠다. 어쨌든 약속한 2년 안에 합격하면 되는 것이 아닌가.

잠을 줄였다. 한 시간 만나면 한 시간 덜 잤다. 긴장 덕분으로 24회 1차에서 아주 좋은 성적으로 합격하였지만 2차에는 민사소송법 과락으로 불합격되고 말았다. 원래 목표가 25회 합격이었기에 큰 충격은 받지 않았다. 오히려 2차시험 성적은 나를 고무하기에 충분했다.

그러나 은근히 합격을 기대하셨던 누님은 더 이상 뒷바라지를 해줄 수 없을 정도로 지치셨고, 더욱이 자기 말을 듣지 않고 연애를 해서 떨어졌다고 생각하시는 누님의 노여움은 풀릴 줄 몰랐다. 연애를 안 했어도 결과는 마찬가지였을 텐데… 변명이 통할 리 없었다.

또다시 모르는 곳으로 떠날 계획을 은밀히 세웠다. 이러한 나의 표정을 눈치챈 J양이 밤새워 자신의 부모님을 설득시켰는지 어느 날 갑자기 J양의 부모님으로부터 만나자는 전갈이 왔다. 마을로 내려가니 학자금 지원을 해주시겠다는 것이 아닌가. 나는 거절했다. 어려우신 그분들에게 폐를 끼쳐 드리는 것 같아 죄스러웠지만 이제 고지가 가까이 와 있는데 마지막에 여자 쪽의 도움을 받는다는 것이 싫었다. 몇 번 강력하게 거절 의사표시를 했지만 결국에는 그분들의 진심에 설득되고 말았다.

그때부터 J양의 부모님께서 생활의 이모조모를 자상하게 보살펴주셨고 J양의 진실된 마음은 새로운 힘을 불어 넣어주었다. 누님의 노여움도 차츰 풀리셨기에 더욱 공부에 박차를 가했다. 이제껏 산발적으로 쌓였던 실력이 차곡차곡 정리되는 것 같았다.

팔전구기로 사법고시에 합격

1983년 여름, 서울에서 나흘간 제25회 2차시험을 치렀다. 이상하게 마음이 평온했다. 마지막 도전이라 생각하고 최선을 다했기에 아쉬움은 없었다. 2차시험 발표 날이 가까워져 올수록 된다는 생각만 하기로 했다. 떨어진다는 것은 상상조차 두려웠기 때문이다. 오후에 합격 소식을 들었다. 칠전팔기가 아닌 팔전구기의 순간이었다. 지나온 20여 성상을 되돌아보며 그 발자국 하나하나에 눈물이 줄줄이 뺨을 타고 흘렀다.

부모님께 마지막 도리를 다했다는 기쁨, 누님·동생들에게 정신적이나마 해방감을 드렸다는 안도감이 생겼다. 도와주신 분들에게 비로소 죄를 벗었다는 느낌이었다.

2차 발표 후 3차시험까지는 상당히 지루했다. 기다리던 한 시간의 초조감에 비해 3차시험은 비교적 무난했던 거 같다. 3차 발표날은 공교롭게도 35번째로 맞는 내 생일이었기 때문에 다시 태어난다는 기분으로 최종 합격의 기쁨을 누릴 수 있었다. 합격 후 바쁜 나날이 계속되었고, 몸은 피로에 지쳐 있었지만 그래도 마음은 뿌듯했다. 시험 합격 후 오랜 세월 헤어져 있던 가족들이 10여 년 만에 다시 모일 수 있는 기회가 되었다는 사실 하나만으로도 지나온 파란만장한 역사를 청산할 수 있을 것 같았다.

글을 맺으며

시험을 준비함에 있어 '하면 된다'는 신념은 필수적인 요소다. 문제는 자기에게 주어진 여건을 어떻게 슬기롭게 극복하느냐에 있다. 시험 자체, 아니 합격의 영광에 의미가 있다기보다 무슨 일이든 최선을 다할 수 있는 집념, 소기의 목표에 도전해서 뜻을 이루었다는 성취감 그 자체에 고시의 의미를 부여하고 싶다. 현재의 어려운 처지를 약진의 발판으로 삼아 굳센 전진을 계속할 때 승리는 반드시 당신의 것이 되리라 믿는다. 인간적인 최선 앞에 신인들 외면할 수 있겠는가?

이제 새로운 출발점에 서서 겸허한 자세로 성실하게 사는 길만이 오늘이 있게 해준 여러분께 보답하는 길임을 안다. 위에서 언급한 여러 분 외에도 잊을 수 없는 분이 많다. 20회 1차시험 실패 후 방황하던 때 거제도로 안내해주신 H형과 K형, 행정고시를 중단하면서 고시 잡지 50여 권을 몽땅 넘겨준 K형, 통도사 생활 중 친절을 다하신 H형 그리고 법우회관, 암자 등지에서 고락을 같이하던 고시 동지들, 특히 절친했던 C, P, L, N 형들께 감사드리며 빨리 그분들이 합격의 영광을 누리시기를 빈다.

이 많은 분들이 나에게 베풀어주신 온정에 나는 무릎을 꿇고 엎드려 감사하고 싶다. 그리고 어려운 처지에도 꿈을 버리지 않는 많은 젊은이에게 힘찬 격려를 보낸다. 지칠 줄 모르는 정력으로 굳세게 도전하는 그들의 불굴의 의지에 신의 가호가 있기를 빈다.

나와 같은 불우한 이웃을 위하여 무언가 보탬이 될 수 있는 길로 최선을 다할 때 고시 합격이 결코 출세의 길이 아닌 봉사의 길이 될 것이다. 감사합니다.